高等职业教育财务会计类专业新形态一体化教材

财务管理

周顾宇　蒋　崴　主　编
谈礼彦　周剑飞　李亚微　副主编

清华大学出版社
北　京

内 容 简 介

本书广泛吸取高职高专财务管理教学经验和教材建设成果,根据财务管理学科的新发展和高职高专应用型人才培养目标的要求编写。本书以企业财务管理工作过程为主线,以职业能力培养为宗旨,内容深入浅出,每一任务前有引导案例,每个项目后附有同步测试和实训项目,每个实训项目下分两项内容,一是"创业财务计划书的编制";二是"结合课程项目内容进行的课后调研",这两大实训内容是贯穿本书设计的一大特色,所有课程内容均围绕这两项工作任务展开,即以创业财务计划书为载体,并以分项目调研能力训练为补充,设计教学过程,教、学、做相结合,强化学生能力的培养,调动学生参与教学过程的积极性。

本书可作为高职高专院校、成人高校及本科院校举办的二级职业技术学院财经商贸大类相关专业的教学用书,还可作为财务从业人员掌握、提高财务管理知识与技能的自学用书。

本书封面贴有清华大学出版社防伪标签,无标签者不得销售。
版权所有,侵权必究。举报: 010-62782989,beiqinquan@tup.tsinghua.edu.cn。

图书在版编目(CIP)数据

财务管理/周顾宇,蒋崴主编.—北京:清华大学出版社,2021.9
高等职业教育财务会计类专业新形态一体化教材
ISBN 978-7-302-58490-2

Ⅰ.①财… Ⅱ.①周… ②蒋… Ⅲ.①财务管理-高等职业教育-教材 Ⅳ.①F275

中国版本图书馆 CIP 数据核字(2021)第 121298 号

责任编辑:左卫霞
封面设计:傅瑞学
责任校对:李 梅
责任印制:沈 露

出版发行:清华大学出版社
网　　址:http://www.tup.com.cn, http://www.wqbook.com
地　　址:北京清华大学学研大厦 A 座　　　　邮　编:100084
社 总 机:010-62770175　　　　　　　　　　邮　购:010-62786544
投稿与读者服务:010-62776969, c-service@tup.tsinghua.edu.cn
质量反馈:010-62772015, zhiliang@tup.tsinghua.edu.cn
课件下载:http://www.tup.com.cn, 010-83470410

印 装 者:三河市天利华印刷装订有限公司
经　　销:全国新华书店
开　　本:185mm×260mm　　　印 张:17　　　字 数:389 千字
版　　次:2021 年 9 月第 1 版　　　印 次:2021 年 9 月第 1 次印刷
定　　价:49.00 元

产品编号:091987-01

前言

根据国务院2019年印发的《国家职业教育改革实施方案》的精神,高职高专院校要对接科技发展趋势和市场需求,完善职业教育和培训体系,坚持知行合一、工学结合,深化产教融合、校企合作,这就要求高职院校积极进行课程设置、教学内容和教学方法方面的改革。教学改革,教材先行。本书基于财务管理工作过程,以实际应用案例为导向,尽量突出对企业财务管理工作各环节的具体操作要求、操作结果的实用性。本书通过引导案例,使学生从被动学习转为主动学习,探究财务管理知识,更有利于提高学生的综合素质,培养学生的科学思维方式与创新能力,体现了"实用是学生学习最好的动力"的思想。为方便学生检验学习的效果,在每章后面都备有同步测试题。

本书科学地阐述了企业财务管理的基本理论、内容、方法和技能,其主要特点如下。

(1) 以真实职业顺序(作业流程)为主线。通过对企业财务工作岗位的分析,以真实职业顺序(作业流程)为主线进行本书内容设计。

(2) 教学内容重点突出。本书坚持知识的掌握服务于能力的构建,围绕职业能力的形成组织课程内容,以财务管理各个环节为中心来整合相应的知识和技能;不追求理论知识的体系完整,但求教学内容先进、重点突出、取舍合理、结构清晰、层次分明,表达由浅入深,信息传达高效简洁。

(3) 重视学生技能培养。本书立足于高职学生文化基础及就业特点,以提高学生应用能力为目标,围绕财务管理工作的各个环节,以职业能力培养为宗旨,内容深入浅出,每一任务前都有引导案例,每个项目后附有同步测试和实训项目,其中,实训项目下的"创业财务计划书的编制"和"结合课程项目内容进行的课后调研"是贯穿本书设计的一大特色,所有课程内容均围绕这两项工作任务展开,即以创业财务计划书为载体,并以分项目调研能力训练为补充,设计教学过程,教、学、做相结合,强化学生能力的培养,调动学生学习的积极性。

本书由湖州职业技术学院"公司理财实务"精品课程课题组的老师共同编写,周顾宇、蒋崴担任主编,具体编写分工如下:周剑飞编写项目一,周顾宇编写项目二、项目七,李亚微编写项目三,唐洁编写项目四,谈礼彦编写项目五、项目六、项目八,蒋崴编写项目九,周顾宇负责全书的结构设计以及统稿工作。

本书在编写过程中得到了编者所在院校的大力支持以及相关企业的热情协助。另外,本书在编写过程中参阅了财务管理方面的教材,吸收、借鉴并引用了大量国内学者的理论成果、有关资料与案例等,谨在此一并致谢!书中不足之处,敬请广大读者和同行批评指正。

编　者
2021年3月

目录

项目一 财务管理理论基础 …… 1
- 任务一 财务管理内容 …… 2
- 任务二 财务管理目标 …… 10
- 任务三 财务管理环境 …… 17
- 同步测试 …… 26
- 实训项目 …… 30

项目二 财务管理计算基础 …… 31
- 任务一 资金时间价值 …… 32
- 任务二 风险与收益分析 …… 42
- 同步测试 …… 50
- 实训项目 …… 54

项目三 筹资理论 …… 55
- 任务一 筹资概念及筹资规模 …… 55
- 任务二 筹资方式概述 …… 64
- 同步测试 …… 96
- 实训项目 …… 100

项目四 资金成本和资本结构 …… 101
- 任务一 资金成本 …… 101
- 任务二 杠杆原理 …… 108
- 任务三 资本结构 …… 113
- 同步测试 …… 118
- 实训项目 …… 121

项目五 项目投资管理 …… 122
- 任务一 投资管理概述 …… 123
- 任务二 项目现金流量 …… 128
- 任务三 项目投资决策 …… 136

| | 同步测试 | 142 |
| | 实训项目 | 145 |

146　项目六　证券投资管理
　　任务一　证券投资概述 …… 146
　　任务二　债券投资 …… 150
　　任务三　股票投资 …… 155
　　同步测试 …… 159
　　实训项目 …… 162

163　项目七　营运资金管理
　　任务一　营运资金管理概述 …… 164
　　任务二　现金管理 …… 168
　　任务三　应收账款管理 …… 176
　　任务四　存货管理 …… 186
　　同步测试 …… 196
　　实训项目 …… 200

201　项目八　利润分配管理
　　任务一　利润分配概述 …… 202
　　任务二　股利政策 …… 206
　　任务三　股利分配的程序与方式 …… 211
　　任务四　股票分割与股票回购 …… 215
　　同步测试 …… 219
　　实训项目 …… 223

224　项目九　财务分析
　　任务一　财务分析基础 …… 225
　　任务二　财务指标分析 …… 229
　　任务三　财务综合分析 …… 249
　　同步测试 …… 259
　　实训项目 …… 264

265　参考文献

财务管理理论基础

学习目标

知识目标

1. 掌握财务管理的概念、财务活动的主要内容。
2. 理解财务管理的基本环节、方法。
3. 精通财务管理的总体目标、具体目标。
4. 熟悉不同财务主体间的冲突及协调方法。
5. 熟悉财务管理环境包含的内容。

财务管理概论

能力目标

1. 能分析具体企业财务活动的主要内容和财务关系。
2. 能分析不同理财目标的特点及其对公司经营的影响。
3. 能根据经济、法律、金融政策的变化判断对财务管理的影响。

思政目标

1. 能结合财务管理概念特征,形成大局意识,培养集体主义精神。
2. 能结合财务管理目标,树立远大理想和人生目标。

导语:本项目阐述企业财务人员在日常工作中要用到的理财基本常识。通过本项目学习,要求学生能初步认识企业财务管理人员工作的主要内容及所采用的理财方法;能初步分析不同的理财目标对企业经营的影响,并能从中吸取经验教训;能根据宏观环境、法律环境、金融环境等理财环境的变化判断对财务管理的影响,并采取应对措施。

任务一　财务管理内容

引导案例

2020年以来，受新冠肺炎疫情的影响，以及山东省内大型民营企业产业特点和经济周期的叠加影响，很多企业存在着资金链流动性差、债务危机严重的问题，甚至出现了债务违约、破产倒闭的现象。烟台的丛林集团有限公司等23家公司，由于企业经营管理不善，大规模举债进行无序扩张，盲目对外投资，深陷互联互保资金借贷担保圈，使企业财产面临查封甚至拍卖的情况，导致企业经营严重受阻。有鉴于此，一方面企业积极自救；另一方面政府出面，主动协调化解危机；同时聘请专业机构设计策划债务重组方案并付诸实施。

通过以上措施，丛林集团有限公司等23家公司调整了产业结构，脱离了困境，实现了持续性的盈利，同时也为处于同样困境中的企业做了一个良好的示范。

【引入问题】
1. 从以上案例中，你能否意识到财务管理的重要性？
2. 以上企业在财务活动中的哪些方面管理不到位？

一、财务活动

企业的财务活动包括筹资、投资、日常资金营运、分配等一系列行为，它们构成了企业理财的基本内容。

1. 筹资

顾名思义，筹资就是筹集资金，是指企业为了满足生产经营和发展的需要，通过改变企业资本及债务规模和构成而筹集资金的活动。

企业所筹集的资金按照权益性质不同，分为股权资本和债务资金。股权资本即自有资金（计入股东权益），其筹集方式有吸收直接投资、发行股票、留存收益等。债务资金即借入资金（计入负债），其筹集方式有发行债券、银行借款、融资租赁、商业信用等。

企业所筹集的资金按照使用期限长短不同，一般可分为短期资金（一年内）、中期资金（一年至五年）、长期资金（五年以上）。其中短期资金的筹集方式有发行短期债券、短期银行借款、商业信用等。中长期资金的筹集方式有吸收直接投资、发行股票、发行长期债券、长期银行借款、融资租赁等。

2. 投资

投资是一种资金运用的行为，是指企业根据生产经营需要，将所筹集的资金投放于流动资金、长期投资、固定资产、无形资产及其他资产的过程。

对于生产型企业来说，企业的生产经营过程包括供应、生产、销售三个阶段。企业的生产经营过程，既是产品的生产过程，也是各种活劳动和物化劳动的消耗过程。在这里，资金表现为实物商品资金运动的形式。要使企业的生产经营活动能够顺利开展，企业的资金必须顺利经过货币资金形态—储备资金形态—在产品资金形态—产成品资金形态，最后回到货币资金形态。企业拥有自主理财权限，可以根据需要和自主财力，确定资金投向和投向结构，以灵活调度资金和统筹规划运用资金，提高资金的使用效率。

3. 日常资金营运

日常资金营运是指企业在平时的生产经营过程中所发生的一系列资金收付行为。例如企业购入材料或商品，支付费用、工资，出售商品。

这里涉及营运资金的概念。一个企业要维持正常的运转，就必须拥有适量的营运资金，因此，营运资金管理是企业财务管理的重要组成部分。营运资金管理就是对企业流动资产和流动负债的管理。据调查，公司财务经理有60%的时间都花在营运资金管理上。从会计角度看，营运资金就是流动资产与流动负债的差额。如果流动资产等于流动负债，则占用在流动资产上的资金是由流动负债融资；如果流动资产大于流动负债，则与此相对应的"净流动资产"要以长期负债或所有者权益的一定份额为其资金来源。从财务角度看，营运资金则是流动资产与流动负债关系的总和，在这里的"总和"不是金额上的加总，而是两种关系的反映。营运资金一般具有以下特点。

（1）周转上的短期性。流动资产是指一年内将要变现的资产，流动负债是指一年内将要偿还的负债，因此，作为这两者差额的营运资金在周转上也表现为短期的特性。

（2）变现上的便利性。非现金形态的营运资金（如短期有价证券、应收账款等）比较容易变现，这一点在企业应对临时性的资金需求方面具有重要意义。

（3）数量上的波动性。流动资产、流动负债容易受很多其他因素的影响，所以数量的波动往往很大。

（4）来源上的多样性。解决营运资金的需求，既可以通过长期筹资方式，也可以通过短期筹资方式。仅短期筹资就有银行短期借款、商业信用、短期融资、票据贴现等多种方式。

4. 分配

分配有广义和狭义之分。狭义的分配仅指对利润的分配，而广义的分配是指对投资收入或销售收入进行分配。企业所取得的主营业务收入，要弥补主营业务的各项耗费和主营业务税金及附加，形成主营业务利润，主营业务利润加上企业的其他业务利润构成企业的业务利润，业务利润加上投资收益和营业外收支净额构成了企业的利润总额。企业利润应按税法规定，调整为应纳税所得额，按规定的税率缴纳企业所得税。税后利润按国家规定分配，税后利润首先提取盈余公积和公益金，用于企业扩大积累、弥补企业亏损和职工集体福利设施的开支。盈余公积、公益金和未分配利润与股本、资本公积等共同组成企业自有资金参与企业生产经营过程的资金运动。提取盈余公积金后，企业根据股利政策，再对投资者分配股利。企业从经营活动收回的货币资金，还应按计划向债权人偿付本金和利息。

企业筹集的资金从来源上来说不外乎两大类，即权益资本和债务资本，所以企业应该对这两种资本分配报酬。这对权益资本而言，是通过利润分配方式进行的，属于税后

利润的分配;对债务资本而言,是通过将利息计入财务费用等形式进行的,属于税前分配。另外,作为社会的一分子,每个企业都要向国家缴税,以利于国家履行经济管理的职能。这同样属于分配的范畴。随着分配的进行,资金是退出还是留在企业,企业偿还债权人本息、向投资人支付股利、向国家缴纳税金的多少必然影响企业资金运动的规模和结构,因此,企业应合理确定分配的规模和方式,以确保资金运动的顺利进行。

二、财务关系

财务管理的实质是处理资金运动过程中企业与各方面发生的经济关系,包括企业与投资者之间的财务关系,企业与受资者之间的财务关系,企业与债权人之间的财务关系,企业与债务人之间的财务关系,企业与往来单位之间的财务关系,企业与税务机关之间的关系,企业内部各部门、各单位之间的财务关系,企业与职工之间的财务关系。

1. 企业与投资者、企业与受资者之间的财务关系

一方面,因为企业成立时在工商行政管理部门登记的注册资金来源于投资人,企业成立的目的是通过生产经营活动,销售产品并获取相应的利润,所以应按投资者出资比例将所获利润进行分配。另一方面,企业还可以投资者的身份用自己的法人财产向其他单位投资,而被投资单位就是受资者。

企业与投资者之间的财务关系,属于企业产权和法人权利的性质,企业的所有权是属于投资人的,其法人财产任何人(包括投资人)不得任意侵占、处分。企业必须根据有关法律法规维护投资者、受资者和企业法人的合法权益,正确处理企业与投资者、企业与受资者之间的财务关系,区分投资者个人财产和投入企业的法人财产。

2. 企业与债权人、债务人、往来单位之间的财务关系

企业与银行等金融或非金融机构、企业与其他企业之间,经常会发生资金融通和商业信用等经济行为。债权人和债务人是一组相对的概念。相对于某个具体企业来说,债权人是指给企业提供资金的单位或个人、购买企业债券的单位或个人、企业销售商品或劳务时预付了款项的单位或个人、企业购买商品或劳务时赊欠了货款的单位或个人。与此相反,债务人是企业在销售商品或劳务时尚未付款的单位,企业在采购时预付给供应方货款的单位和个人。企业与债权人、债务人、往来单位之间的财务关系是经济活动中的债权、债务关系,企业应按照合同约定,如期偿付本息,履行付款义务,也应根据合同规定收回对方所欠账款,保证企业、债权人、债务人各方正常交往的延续。

3. 企业与税务机关之间的关系

各级税务机关代表国家运用行政、法律、经济等手段,行使国家等职能,督促企业遵守各项财经法规。税务机关以代理社会管理者的身份向所有企业征收税款,形成国家财政收入的主要来源。企业应按税法规定及时、足额缴纳各种税款,认真履行纳税义务和社会责任。

4. 企业内部各部门、各单位之间的财务关系

一般来说,企业内部各部门、各单位之间实行内部经济核算制或经营责任制,企业内部各单位都有相对独立的资金定额或独立支配的费用限额,各部门、各单位之间提供产品和劳务都要进行计价结算,使内部各单位责、权、利有机地结合起来,形成良好的

机制。这样，在企业财务部门同各部门、各单位之间，就要发生资金结算关系。处理这种财务关系，要严格区分有关各方的经济责任，以便有效地发挥激励机制和约束机制的作用。企业应对内部各单位内部经济核算制、经营责任制、生产经营任务、经济技术指标等的完成情况进行客观公正考核评价，按规定要求进行奖励，确保企业总目标实现。

5. 企业与职工之间的财务关系

企业要用自身的产品销售收入，向职工支付工资、津贴、奖金等。它是根据职工劳动的数量和质量，贯彻按劳分配原则，进行的劳动成果结算。企业应建立科学的薪酬机制，并按时用货币进行工资结算。企业与职工之间的财务关系体现了有关分配政策。

企业的资金运动，从表现上看是钱物的增减变动，其实，这些钱物的增减变动都离不开人与人之间的关系。企业财务活动要正确处理好这些财务关系，保证生产经营活动顺利进行，最终达成理财目标。

三、财务管理的概念

简单地说，财务管理是组织企业财务活动、处理财务关系的一项经济管理工作。财务管理是着重研究企业当前或未来经营活动所需要的资金取得、使用与分配的管理活动。它是企业管理的一个重要组成部分，是根据财经法规制度，按照财务管理的原则，组织企业财务活动、处理财务关系的一项经济管理工作。财务管理形式上是财务活动，表现为围绕企业当前或未来的资源取得、使用和分配活动。而实质上是处理财务活动中形成的企业与各方的经济关系。财务管理运用预测、决策、规划、控制、分析等手段增加企业的价值，实现公司所有者利益的最大化。

企业生产经营活动的复杂性，决定了企业管理必须包括多方面的内容，如生产管理、技术管理、劳动人事管理、设备管理、销售管理、财务管理等。各项工作是互相联系、紧密配合的，同时又有科学的分工，具有各自的特点。财务管理的特点有如下几个方面。

1. 财务管理是一项综合性管理工作

企业管理在实行分工、分权的过程中实施了一系列专业管理，有的侧重于使用价值的管理，有的侧重于价值的管理，有的侧重于劳动要素的管理，有的侧重于信息的管理。社会经济的发展，要求财务管理主要是运用价值形式对经营活动实施管理。通过价值形式，把企业的一切物质条件、经营过程和经营结果都合理地加以规划和控制，以达到企业效益不断提高、财富不断增加的目的。因此，财务管理既是企业管理的一个独立方面，又是一项综合性的管理工作。

2. 财务管理与企业各方面具有广泛联系

在企业中，一切涉及资金的收支活动，都与财务管理有关。事实上，企业内部各部门与资金不发生联系的现象是很少见的。因此，财务管理的触角，常常伸向企业经营的各个角落。每一个部门都会通过资金的使用与财务部门发生联系。每一个部门也都要在合理使用资金、节约资金支出等方面接受财务部门的指导，受到财务制度的约束，以此来保证企业经济效益的提高。

3. 财务管理能迅速反映企业生产经营状况

在企业管理中，决策是否得当、经营是否合理、技术是否先进、产销是否顺畅，都可迅速地在企业财务指标中得到反映。例如，如果企业生产的产品适销对路，质量优良可靠，则可带动生产发展，实现产销两旺，加快资金周转，增强盈利能力，这一切都可以通过各种财务指标迅速地反映出来。这也说明，财务管理工作既有其独立性，又受整个企业管理工作的制约。财务部门应通过自己的工作，向企业领导及时通报有关财务指标的变化情况，以便把各部门的工作都纳入提高经济效益的轨道，努力实现财务管理的目标。

四、财务管理的基本环节与方法

在企业理财各阶段，需要借助企业理财一系列方法进行有关理财活动，实现财务管理目标。企业理财各个阶段就是理财的基本环节，它主要包括进行财务预测、运用财务决策、制订财务计划、实施财务控制、开展财务分析等。企业理财的基本方法是与这些管理环节相适应的，分别是财务预测方法、财务决策方法、财务计划方法、财务控制方法和财务分析方法，它们紧密联系，构成财务管理循环，形成一个完整的企业理财工作体系。

1. 财务预测方法

财务预测是根据企业过去的财务活动资料，结合市场变动情况，对企业未来财务活动的发展趋势做出科学的预计和测量，以便明确方向、把握未来。财务预测的主要任务是：通过测算企业财务活动的数据指标，为企业决策提供科学依据；预计企业财务收支变动情况，确定企业未来的经营目标；测定各项定额和标准，为编制计划、分解计划指标提供依据。财务预测是在前一个财务管理循环的基础上进行的，它既是两个管理循环的联结点，又是财务决策的必要前提。财务预测的内容涉及企业资金运动的全过程，一般以销售收入预测为基础，包括流动资产需要量的预测、固定资产需要量的预测、成本费用预测、利润总额与分配预测，以及有关长短期投资预测等。

财务预测是按一定的程序进行的，财务预测一般程序如下。

（1）明确预测目标。为了达到预测的效果，应根据决策的需要，针对不同的预测对象，确定财务预测的目标。

（2）搜集整理资料。根据预测目标和预测对象，有针对性地搜集有关资料，检查资料的可靠性、完整性和典型性，排除偶发因素对资料的影响，同时还要对各项资料进行必要的归类、汇总和调整，使资料符合预测需要。

（3）建立预测模型。按照预测的对象，找出影响预测对象的一般因素及其相互关系，建立相应的预测模型，对预测对象的发展趋势和水平进行定量描述，以此获得预测结果。

（4）论证预测结果。为了使预测结果符合预期要求，在定量分析的基础上，还需要对定量预测的结果进行必要的定性分析和论证，做出必要的调整。这样就可得到精确度较高的预测结果，为决策提供依据。

财务预测的方法包括定性预测方法和定量预测方法两大类。定性预测方法是由熟悉情况和业务的专职人员，根据过去的经验和专业知识，各自进行分析、判断，提出初步预测意见，然后通过一定的形式（如座谈会、讨论会、咨询、调查、征求意见等）进行综合，作为预测未来的依据。定量预测方法主要依据历史和现实的资料，建立数学模型，进行定量预测。常见的财务预测模型有因果关系预测模型、时间序列预测模型、回归分析预测模型等。定性和定量预测方法并不是相互排斥的，在进行预测时，应当将它们结合起来，互相补充，以便提高预测的质量。

2. 财务决策方法

财务决策是指财务人员根据财务目标的总要求，运用专门的方法，从各种备选方案中选择最佳方案的过程。财务决策在实质上是选定财务目标和实施方案的选优过程。财务决策是在财务预测的基础上进行的，它还是财务计划的前提。

财务决策的内容很广，一般包括筹资决策、投资决策、股利决策和其他决策。筹资决策主要解决以最小的资本成本取得企业所需要的资本，并保持合理的资本结构问题；投资决策主要解决投资对象、投资数量、投资时间、投资方式和投资结构的优化选择问题；股利决策主要解决股利分配的股利支付比率、支付时间、支付数额等问题；其他决策包括企业兼并与收购决策、企业破产与重整决策等。

财务决策的基本程序如下。

（1）确定决策目标。根据国家宏观经济的要求，作为决策参考，以预测数据为基础，结合企业总体经营的部署，从企业实际出发，确定决策期内企业需要实现的财务目标。

（2）提出实施方案。以确定的财务目标为主，考虑市场可能出现的变化，结合企业内外有关财务和业务活动资料以及调查研究材料，设计出实现财务目标的各种实施方案。

（3）评价选择方案。通过对各种备选可实施方案的分析论证和对比研究，主要是对各方案的经济效益的分析研究，运用合适的决策方法，做出最优财务决策。

财务决策的技术方法分为确定性决策方法、不确定性决策方法和风险决策方法三类，包括决策树法、决策表法、大中取小法、小中取大法、对比法以及综合平衡法等具体方法。

3. 财务计划方法

财务计划是组织企业财务活动的纲领，它是运用科学的技术手段和数学方法，对目标进行综合平衡，制定主要计划指标，拟定增产节约措施，协调各项计划指标。财务计划是财务决策所确定经营目标的系统化、具体化，不仅保证企业经营目标实现的重要工具，还是控制财务收支活动、分析和检查生产经营成果的依据。

企业编制的财务计划主要包括资金筹资计划、固定资产增减和折旧计划、流动资产及其周转计划、成本费用计划、利润及利润分配计划、对外投资计划等。财务计划的编制要做到科学性、先进性和合理性，力求反映企业的实际和客观经济规律的要求。

财务计划的一般程序如下。

（1）制定计划指标。根据国家经济发展规划和产业政策的要求，按照企业供产销的条件和生产能力，运用科学方法，对决策提出的目标进行因素分析，确定对其有影响的

各种因素，按照效益原则，制定出系列主要计划指标。

（2）提出保证措施。从挖掘企业潜力、提高经济效益出发，合理安排企业人力、财力、物力，组织好财务收支的协调和平衡，制订各部门、各单位增产节约和增收节支的措施，完善各项定额管理制度，用以保证企业计划指标的落实。

（3）具体编制计划。以企业经营目标为中心，以平均先进定额为基础，计算出企业计划期内资本占用、成本费用、收入利润等各项指标，并检查各项计划指标是否相互衔接、协调和平衡。

编制财务计划的方法有平衡法、余额法、限额法等。

在企业实践中，财务计划常常以财务预算的形式表现出来。财务预算是一系列专门反映企业在未来一定预算期内预计财务状况、经营成果以及现金收支等价值指标的各种预算的总称。财务预算是企业全面预算体系的重要组成部分。企业全面预算体系包括特种决策预算、日常业务预算和财务预算三类。特种决策预算最能直接体现决策结果，是优选方案的进一步规划；日常业务预算是与企业日常经营业务直接相关的预算，如销售预算、生产预算、直接材料预算、直接人工预算、制造费用预算、产品生产成本预算等；财务预算以价值形式综合反映企业特种决策预算和日常业务预算的结果，也称总预算，包括现金预算、预计资产负债表、预计损益表、预计现金流量表。

4. 财务控制方法

财务控制是在生产经营过程中，以计划任务和各项定额为依据，按照一定的程序和方式，对资金的收支、占用、耗费进行日常计算和审核，发现和纠正偏差，确保企业内部机构和人员全面实现财务计划目标的过程。实行财务控制是落实计划任务、保证计划实现的有效措施。财务控制是一种连续性、系统性和综合性最强的控制。

财务控制是由确定控制目标、建立控制系统、信息传递和反馈、纠正实际偏差等所组成的控制体系。

（1）确定控制目标。财务控制目标一般可以按财务计划指标确定，对于一些综合性的财务控制目标应当按照责任单位或个人进行分解，使之能够成为可以具体掌握的可控目标。

（2）建立控制系统。即按照责任制度的要求，落实财务控制目标的责任单位和个人，形成从上到下、从左到右的纵横交错的控制组织。

（3）信息传递和反馈。这是一个双向流动的信息系统，它不仅能够自下而上反馈财务计划的执行情况，也能够自上而下地传递调整财务计划偏差的要求，做到上情下达、下情上报。

（4）纠正实际偏差。即根据信息反馈，及时发现实际脱离计划的情况，分析原因，采取措施加以纠正，以保证财务计划的完成。

5. 财务分析方法

财务分析以企业会计报表信息为主要依据，运用专门的分析方法，对企业财务状况和经营成果进行解释和评价，挖掘企业潜力，提出改进措施，投资者、债权人、管理者、其他信息相关者依此做出正确的决策。

借助于财务分析，可以掌握各项财务计划和财务指标的完成情况，检查国家财经制度、法令的执行情况，并有利于改善财务预测、财务决策工作，还可以总结经验，掌握企业财务活动的规律性问题。

财务分析的主体不同，分析的目的也不同：债权人主要关注企业的资产负债水平和偿债能力；投资者主要关注企业的盈利能力和资本保值增值能力；企业管理者主要关注企业经营活动和财务活动的一切方面；国家和社会主要关注企业的贡献水平等。财务分析的目的不同，分析的侧重点也不同。一般而言，财务分析的主要内容如下。

（1）偿债能力分析。企业偿债能力分析包括短期偿债能力分析和长期偿债能力分析。短期偿债能力分析主要分析企业债务能否及时偿还。长期偿债能力分析主要分析企业资产对债务本金的支持程度和对债务利息的偿付能力。

（2）营运能力分析。营运能力分析既要从资金周转期的角度，评价企业经营活动量的大小和资产利用效率的高低，又要从资产结构的角度，分析企业资产构成的合理性。

（3）盈利能力分析。盈利能力分析主要分析企业营业活动和投资活动产生收益的能力，包括企业各层次盈利水平分析和上市公司税后利润分析。

（4）发展能力分析。发展能力分析主要研究企业在生存的基础上，扩大规模、扩充实力的潜在能力的大小，包括资本保值增值率、资本积累率等指标。

（5）综合财务分析。综合财务分析即从总体上分析企业的综合财务实力，评价企业各项财务活动的相互联系和协调情况，揭示企业经济活动中的优势和薄弱环节，指明企业改进的主要方向。

财务分析常用的方法有对比分析法、因素分析法、比率分析法和趋势分析法。对比分析法是指将企业相关的财务指标进行对比，计算出财务指标变动的绝对数和相对数，并分析变动差异的一种方法。因素分析法是一种根据影响分析对象的主要因素，逐项分析各因素变动对分析对象影响程度的方法。比率分析法是指在同一财务报表的不同项目之间，或在不同报表的有关项目之间进行比较，计算出财务比率，反映各项目之间的相互关系，据以评价企业的财务状况和经营成果的一种方法。趋势分析法就是将两个或两个以上连续期的财务指标或比率进行对比，计算其增减变动的方向、数额和幅度，据以预测财务指标变动趋势的一种分析方法。

财务分析的一般程序：首先，进行对比，做出评价，即通过对比分析辨认先进与落后、节约与浪费、成绩与缺点。财务分析要在充分占有资料的基础上，通过数量指标的对比来评价业绩，发现问题，找出差异，明确责任。其次，因素分析，抓住重点，即从影响企业财务活动各个因素中找出影响财务指标完成的主要因素，以便分清责任，抓住重点。最后，落实措施，改进工作，即通过因素分析找出各种财务活动之间以及财务活动与其他经济活动之间的本质联系，然后提出改进措施。改进措施应明确负责人员，规定实现的期限。措施一经确定，就要组织各方面的力量认真贯彻执行，并进行相应的跟踪检查。

应当注意，财务分析既要考虑业务经营活动对财务活动的主要影响，同时还不应忽视会计处理原则、方法的变更对财务状况和经营成果的影响；财务分析既要以企业的日常会计报告、计划资料为依据，也要结合同行业、先进企业的资料以及调查研究资料开展分析，从而有利于全面分析企业财务状况。

任务二 财务管理目标

引导案例

华为作为一个中国非上市的民营高科技企业,和众多的大企业不同的是,华为是100%由员工持股的民营企业,没有任何政府部门、机构持有华为股权。员工想要获得更多的股票,就必须多贡献力量为企业多创造价值。华为同样注重"以客户为中心",以顾客需求为导向,以顾客利益为重要目标。华为也一直重视与供应商之间的交流与合作,提升可持续发展在绩效评估和供应商认证中的权重。在注重以上三方面的同时,华为从来没有忘记自己承担的社会责任,一直致力于教育、社区环保、关爱弱势群体、节能减排等工作。

华为始终把利益相关方的参与作为公司可持续发展管理工作的重点。与各利益相关方密切合作,真正做到了为员工和股东、顾客、供应商、社会等利益相关者着想,不但成为我国电信行业的龙头企业,而且其智能手机2019年市场份额达到17.6%,稳居全球前二的位置,5G手机市场份额全球第一。

【引入问题】

1. 从以上案例中,能否判断华为公司的财务管理目标是什么?
2. 华为是一个什么样的企业,有哪些值得我们学习的地方?

一、财务管理目标的基本概念

财务管理目标是指财务管理活动所要达到的目的,是评价财务管理决策是否正确的标准。我们做任何工作,都要根据工作对象的客观规律性提出自身需要解决的主要问题,这就是目标。合理确定财务管理的目标,对指导理财活动具有重要的意义。

1. 财务管理目标的作用

(1) 导向作用。财务管理目标的作用首先就在于为各种管理者指明方向。财务管理目标是理财活动最终要达到的目的,犹如万里行船所要抵达的彼岸,它的指导作用十分显著。

(2) 激励作用。目标是激励公司全体成员的力量源泉,只有明确了公司的目标,并将财务管理目标作为公司考核的依据,才能调动起每个部门、每个员工的潜能,尽力而为,创造出最佳成绩。

(3) 凝聚作用。公司是一个凝聚协作系统,公司凝聚力的大小受到多种因素的影响,其中一个重要因素就是它的目标。财务管理目标明确,能充分体现全体职工的共同利益,就会极大地激发公司职工的工作热情、献身精神和创造能力,形成强大的凝聚力。

(4) 考核作用。以明确的目标作为绩效考核的标准,就能按职工的实际贡献大小如实地进行评价，使业绩考核规范有效、评价科学客观。

2. 财务管理目标的基本特征

（1）相对稳定性。财务管理目标具有相对稳定性。随着宏观经济体制和企业经营方式的变化，随着人们认识的发展和深化，财务管理目标也可能发生变化。但是，宏观经济体制和企业经营方式的变化是渐进的，只有发展到一定阶段以后才会产生质变；人们的认识在达到一个新的高度以后，也需要有一个达成共识、为人们所普遍接受的过程。因此，财务管理目标作为人们对客观规律性的一种概括，总的说来是相对稳定的。

（2）多元性。多元性是指财务管理目标不是单一的，往往是一个多元目标的组合。公司必须坚持以经济效益为中心，同时社会效益和环境效益并重，体现财务管理目标。否则，公司将既无经济效益，也无社会效益和环境效益，最终将被淘汰。

（3）层次性。财务管理目标是企业财务管理这个系统顺利运行的前提条件，同时它本身也是一个系统。各种各样的理财目标构成了一个网络，这个网络反映着各个目标之间的内在联系。财务管理目标之所以有层次性，是由企业财务管理内容和方法的多样性以及它们相互关系上的层次性决定的。

（4）可操作性。财务管理目标是实行财务目标管理的前提，它要能够起到组织动员的作用，要能够据以制定经济指标并进行分解，实现职工的自我控制，进行科学的绩效考评，这样，财务管理目标就必须具有可操作性。具体说来，包括可以计量、可以追溯、可以控制。

二、财务管理的总体目标

公司目标决定了财务管理的总目标，财务管理目标按其涉及的范围大小，可分为总体目标和具体目标。总体目标是指整个财务管理活动要达到的目标，决定着整个理财过程的发展方向，是财务管理活动的出发点和归宿。具体目标是指在总体目标的制约下，从事某一部分理财活动所要达到的目标。总体目标是各个具体目标的集中表现，具体目标是总体目标的明细化。

关于财务管理总体目标，理论界和实务界提出了许多不同的观点，归纳起来有以下几种。

1. 利润最大化

利润最大化观念在西方经济理论中根深蒂固，西方学者都是以利润最大化概念来分析、评价公司行为与业绩。以追逐利润最大化作为财务管理目标，主要原因如下。

（1）人类进行生产经营活动的目的是创造更多的剩余产品，在商品经济条件下，剩余产品的多少可以用利润这个价值指标来衡量。

（2）在自由竞争的资本市场中，资本使用权最终属于获利最多的公司，坚持这一目标有助于资源的最优配置。

（3）每个公司都最大限度地获得利润，整个社会的财富才可能实现最大化，从而带来社会的进步和发展。

利润最大化目标在实践中存在一些难以解决的问题。

（1）利润是指公司一定时期实现的利润总额，它没有考虑资金的时间价值。

(2) 没有反映创造的利润与投入的资本之间的关系，因而不利于不同资本规模的公司或期间之间的比较。

(3) 没有考虑风险因素，高额利润往往要承担过大的风险，不利于收益与风险的权衡决策。

(4) 片面追求利润最大化，可能导致公司短期行为，如忽视在科技开发、产品开发、人才开发、生产安全、技术装备水平、生活福利设施、履行社会责任等方面的投资与管理。

(5) 利润最大化强调了实现利润的最大化，没有要求利润分配的最优化。收益分配为财务管理的重要内容之一，要求决策者根据理财的外部环境和公司的实际情况，正确地做出收益分配决策。

因此，利润最大化不能成为现代财务管理目标。

2. 每股盈余最大化或资本利润率最大化

每股盈余最大化目标是把企业实现的利润与股东投入的资本联系起来，计算出单位股票（资本）的盈利能力。指标值越高，说明投资带来的收益越高。资本利润率是净利润与平均股东权益的百分比。该指标同样反映了股东权益的收益水平，用以衡量公司运用自有资本的效率。资本利润率最大化在本质上和每股盈余最大化是一致的，但从某种程度上来说，它弥补了每股税后利润指标的不足。例如在公司对原有股东送红股后，每股盈余将会下降，从而在投资者中造成错觉，以为公司的获利能力下降了，而事实上，公司的获利能力并没有发生变化，用资本利润率来分析公司获利能力就比较适宜。

用资本利润率或每股盈余来概括企业的财务管理目标，其基本观点是应当把企业的利润和股东投入的资本联系起来考虑，解决了"利润最大化目标"中未能考虑所获取利润和资本投入的比率的缺陷，但事实上这种财务目标同样不能反映资金的时间价值和风险因素，也不能说明每股盈余最大化时间的长短。

3. 公司价值最大化（股东财富最大化）

公司价值是指公司全部资产的市场价值（股票与负债市场价值之和），它是以一定期间归属于投资者的现金流量，按照资本成本或投资机会成本贴现的现值表示。公司价值不同于利润，利润是新创造价值的一部分，而公司价值不仅包含了新创造的价值，还包含了公司潜在的或预期的获利能力。公司价值的评价一般是通过投资大众的市场评价进行的，投资者对公司潜在的获利能力预期越高，其价值就越大。在公司负债水平一定的情况下，公司价值主要体现在公司股票价格上，股票投资报酬的现值越大，股票的市场价格就越高，公司的价值就越大。因此公司价值最大化也可表述为股东财富最大化。

公司价值最大化（股东财富最大化）作为财务管理的目标，克服了利润最大化目标的某些缺陷。其优点表现如下。

(1) 这一目标概念明确，便于股东评价理财工作的绩效。公司的价值体现在股票的价格上，而股票价格的高低则反映了投资者对公司经营绩效的综合评价，这样使公司的经营置于股东的监督之下。

(2) 这一目标考虑了货币的时间价值和投资的风险价值。这是因为在投资者看来，股票的价格不仅受公司利润因素的影响，还受风险因素的影响；公司的经营风险加大，股票价格就会下跌。

（3）这一目标能克服公司在追求利润上的短期行为，反映了对公司资产保值增值的要求。股东的财富表现为股票的市场价格，股票市场价格是公司资产价值的反映，它不仅与当前的利润水平有关，而且与投资者预计的未来报酬关系更密切。

（4）这一目标强调了财务管理是一项综合性的管理活动。某一公司的股票价格不仅受公司的利润多少和风险大小的影响，而且受外部环境变化的影响。这就要求公司经营者除研究公司内部的各种有利与不利因素以外，还要注意分析外部环境的变化对公司价值高低可能产生的影响。

公司价值最大化（股东财富最大化）作为理财目标，存在的缺陷如下。

（1）对于非股票上市公司，这一目标值不能依靠股票市价做出评判，而需要通过资产评估方式进行，出于评估标准和评估方式的影响，这种估价不易客观和准确。

（2）公司股票价格并非为公司所控制，其价格波动受多种因素（包括非经济因素）的影响，并非与公司财务状况的实际变动相一致，这给公司实际经营业绩的衡量带来了一定的困难。

股东财富与公司价值最大化是财务管理目标的优化选择，该目标在总体目标中处于重要地位。但无论是利润最大化、每股盈余最大化，还是企业价值最大化和股东财富最大化，都没有考虑企业利益主体多元化对企业财务目标选择的影响，使企业财务目标的选择具有不可实现性。

4. 相关主体利益最大化

当今社会，和平与发展是两大主题，但两大主题都离不开和谐这一前提。只有和谐相处，才能和平；只有和谐发展，才能持续发展。财务目标主体是企业，企业的发展离不开社会各界的支持与配合，离不开多元化利益主体的利益均衡，单纯、孤立地谈企业利益最大化是不切实际的，也必然影响整个社会的和谐，最终使个体利益难以保全。企业的利益相关者包括股东、经营管理者、债权人、债务人、雇员、供应商、顾客、政府、银行、保险机构等。相关主体利益最大化的基本观点是不仅考虑债权人、股东等相关方的利益，也考虑企业员工、顾客以及企业社会责任等因素，力求使各方利益达到最大化。这里的利益均衡是动态的均衡，是不断博弈的过程，且贯穿企业经营和发展的整个过程，即企业在生产和经营过程中，始终应兼顾各方利益。在经济谈判中，只有互惠互利才能达成协议，如果一方总是只谋求自身利益最大化，那么企业就不可能实现长期发展。因此，从20世纪80年代中后期开始，财务目标从股东价值为导向逐步转向以相关利益者为导向。

5. 财务管理社会责任目标

公司首先是一个社会组织，它除受市场经济规律的作用外，必然受其他社会规律的影响。因此，公司要正确处理提高经济效益和履行社会责任之间的关系。公司在谋求自身的经济效益的过程中，必须尽到自己的社会责任。一是要保证产品质量，做好售后服务工作，不能以不正当手段追求公司的利润；二是要维护社会公共利益，不能以破坏资源、污染环境为代价，谋求公司的效益。公司承担一定的社会责任，出资参与社会公益事业，有助于提高公司的知名度，进而提高股票市价。当然，公司承担的社会责任应当

是通过立法以强制的方式让每个公司平均负担。公司按法律规定履行自己的社会责任，同时，保护自身利益，拒绝非法律、法规规定的项目外一切形形色色的摊派。

三、财务管理的具体目标

财务管理的总体目标是理财的最根本和最终的目标，总体目标是由许多具体目标构成的。具体目标以总体目标为依据，同时又是为总体目标服务的。财务管理的具体目标取决于财务管理的具体内容。具体目标由三个方面构成，即企业的筹资目标、投资目标及收益分配目标。

1. 筹资目标

筹集资金是公司向资金供应者取得生产经营资金的财务活动。筹集资金是公司资金运动的起点，是决定公司资金运动规模和生产经营发展速度的重要环节。资金好比公司的"血液"，是公司生存和发展的前提。公司创建、设立、开展日常生产经营业务，购置设备材料等生产要素，都需要一定数量的资金，扩大生产规模、开发新产品、提高技术水平更要追加投资。因此，公司以较低的资金成本与适度的筹资风险、用合法的方式筹集公司所需生产资金是筹资的目标。具体来说，筹资决策应注意以下几方面：所筹资金能满足公司不同时期的投资需要；资金成本尽可能低；财务风险控制在合理的限度内；所筹集的资本结构尽量保持合理。

2. 投资目标

在市场竞争环境下，公司必须有效地投放和运用资金以改善公司财务，提高经营成果。公司投资的目的就是通过资金的使用提高公司经济效益。要实现公司价值最大化，必须进行投资，包括扩大生产经营规模的直接投资和提高资产使用效益的间接投资。投资是一个投入产出的过程，产出具有很大的不确定性，因此，投资总是有风险的，这就要求决策者必须认真分析影响投资收益和风险的各种因素，科学地进行投资项目的可行性研究，不但要测算投资项目建成投产后能给公司带来的收益，而且要充分预估投资项目的风险大小。投资决策的主要目标是：权衡投资报酬与风险的得失，使投资项目在一定风险水平下取得最理想的报酬，或者在取得一定的报酬下风险最小，实现投入产出最大化、资产配置合理化、资产利用高效化、资产质量优良化。

3. 收益分配目标

收益分配目标是按国家规定与公司发展需要，正确处理好积累与消费、当前利益与长远利益之间的关系，正确处理公司与各方面之间的经济利益关系。公司价值最大化的总体目标不但要求公司获得最大的收益，而且要求公司合理地分配收益。收益分配不但关系到投资者眼前的利益，也影响公司的发展。收益分配决策应达到的目标是：在不违反国家法律、法规的前提下，处理好发放股利和留存收益之间的矛盾，使两者之间的比例达到最理想的状态。保持公司良好的收益分配目标的实现，为公司实现提高社会效益和经济效益打下基础。

此外，公司管理阶层应加强公司管理并促进财务管理具体目标的实现，财务管理的具体目标除上述几方面以外，还包括财务预算计划的目标、成本计划与控制的目标等。综上所述，公司的财务管理目标绝不是一种单一的目标，而是经过合理组合的目标群，不断提高公司价值,才能获得财富最大化。

四、股东、经营者和债权人之间的冲突与协调

财务管理活动中形成的资金运动,涉及公司生产经营的各个方面,体现了各方面的经济利益关系,这些经济利益关系的主体是国家、所有者、经营者和债权人,他们追求的目标不尽相同。因此,各种利益主体在追求各自经济利益的过程中,通常会产生各种利益冲突,这就要求理财专家正确认识和处理这些利益冲突,并设法协调各方的利益,最终实现财务管理的目标。

1. 国家和公司之间的利益冲突与协调

各种投资主体(包括国家)以所有者的身份,要求公司根据发展的需要,进行公司税后利润的分配,依法缴纳各种税费。从总体上讲,公司的利益与国家的利益是一致的,公司的财富增加了,国家对公司征收的税费也会相应地增加。但是,纳税毕竟是公司的一项支出,最终会减少公司的财富。所以,公司所有者总是希望公司的经营者能设法尽可能地避税,甚至偷税、漏税,这就损害了国家的利益。如何来协调这种利益冲突呢?一是要加强宣传,增强纳税主体遵纪守法的自觉性;二是要不断完善税制,克服税收征收管理上的不科学性;三是要扩大税收稽查的范围,加大处罚的力度。

2. 所有者和经营者之间的利益冲突与协调

公司这种组织形式的最大特点是所有权与经营权分离,这种两权分离是产生所有者和经营者之间利益冲突的根本动因。公司是所有者出资设立的,所有者委托经营者经营公司,希望获得预期的投资报酬。公司经营得好,取得的收益是归所有者所有的,即增加了股东的财富;经营得不好,公司发生了亏损,也由所有者来承担,即减少了股东的财富。因此,所有者的利益是与公司的利益直接联系在一起的。

经营者是接受所有者的委托来管理公司的经营活动,他们不是公司财产的所有者;经营者的利益虽与公司的利益有某种联系,却不如所有者与公司之间联系得那么密切。对经营者来说,股东财富最大化是他们的受托责任,但并不是他们的目标,经营者的目标主要有以下几项。

(1) 高额工资薪金,即希望在公司中获得理想的或预期的工资收入。

(2) 社会地位和政治地位。由于受传统观念的影响,公司经营者(尤其是高层管理者)被人们视为"老板",这便是一种社会地位,国有公司的高层经营者还有一种政治地位。因此,经理们把公司经营得出色,一方面是为了经济利益,另一方面自然也为了这种社会地位和政治地位。

(3) 自身的形象。经营者不但要树立公司的良好形象,也要设法创造理想的个人形象,这通常是通过适当的装饰来实现的。

(4) 避免风险。经营者为了维护自己的地位和形象,通常处事谨慎,不愿冒险。因为冒险即使能获得高额收益却不会给他们带来太多的好处,但一旦失败,则可能会影响他们的地位。

显然,经营者和所有者追求的目标不尽相同,有时甚至会发生某种利益冲突。例如,经营者获得高额薪金会增加公司的费用,减少公司的收益,损害股东的利益;树立

经营者的自身形象需要增加公司的开支，如配备高档汽车、豪华的办公设备等；避免风险可能会使公司失去良好的投资机会。如何协调经营者和所有者之间的利益冲突呢？一般有两种策略：一是激励；二是监督。

激励就是将经营者的利益与公司的利益挂钩，使经营者分享公司增加的一部分财富，鼓励经营者采取符合公司最大利益的行动。例如，给经营者加薪，把他们的奖金与公司的当前和将来较长一段时间经营业绩联系起来；提高经营者的政治地位，给予各种形式的精神鼓励等。

监督就是所有者直接或委托第三者对经营者的管理活动进行控制，使经营者按照所有者的意愿去支配其经营活动。《中华人民共和国公司法》（以下简称《公司法》）规定，公司必须设立监事会，来监督经营者的行为。然而，监督通常起不到理想的作用。这是因为，股东及其委托的监督人对公司并不像经营者那样了解，在业务上也不如经营者精通，所以，他们不可能处处监督，有时也不敢横加指责。监督需要一定的成本，企业的投资人必然在监督成本和监督效果之间进行权衡，采用较小的监督成本取得较大的监督效果。

激励和监督的最终目的都是使经营者维护所有者的利益，不违背或偏离所有者的目标。但是，激励和监督都有相应的成本或代价，所以，采用这两种策略要注意适度。激励成本太低，可能对经营者起不到很大的作用；要使经营者感受到激励的刺激，就得增加激励成本。同样，要使监督有成效，必须加大监督的广度和力度，增加监督成本。因此，如何把握激励、监督的度，使激励成本和监督成本不超过由此引起的收益增加，这是所有者需要研究的一个重要课题。从理论上讲，激励和监督应控制在这样的最佳状态上，使激励成本、监督成本和偏离目标损失（由于激励与监督不得力而引起经营者的行为背离股东财富最大这一目标的偏差）三项之和达到最小。

3. 所有者和债权人之间的利益冲突与协调

债权人把资金提供给公司使用，其目标是到期收回本金，并按时取得约定的利息收入。公司从债权人那里取得资金的目的是维护正常的生产经营，或扩大生产经营规模，抓住投资机会，发挥财务杠杆的有利作用，最终是为了增加股东的财富。显然，债权人与所有者之间的利益会产生一些冲突。

债权人把资金让给公司使用，其实也是一种投资行为，这种投资行为自然也有风险，与这种风险相对应的报酬便是利息收入。债权人总是设法来避免或减少这种风险，但这并不是完全由债权人控制的，因为资金借给公司以后就成为公司的法人财产，债权人无法再对其进行控制了。

所有者常常通过经营者来损害债权人的利益，维护其自身的利益。例如，所有者通过经营者将借得的资金投资到高风险的项目中。如果冒险成功，分享成果的是所有者，而不是债权人；如果冒险失败，所有者当然首先应承担损失，但承担的损失是有限度的，在公司的财产不足以偿付债务时，债权人不但拿不到利息，可能连本金也不能全部收回。再如，所有者通过经营者增加负债筹资，提高公司的负债比率，造成了公司财务风险的增大，这样，公司用同样的净资产来保证更多的债务，这种保证程度就会受到削弱，这实际上是损害了原来债权人的利益。

债权人为了保护自己的利益，减少其出借资金的风险，必然要采取相应的对策来限制投资人做出上述各种行为。债权人的对策主要是在有关合同中规定一些附加性或限制性的条款，包括：规定出借资金的用途，限制公司将资金用于高风险的项目；规定公司将负债比率控制在一定的限度内；要求公司定期提供财务报表，并规定某些重要财务指标（如流动比率、有形净值债务率等）必须保持在一定的水平；限制公司分派股利的金额等。

任务三　财务管理环境

引导案例

2019年12月开始的新冠肺炎疫情对全世界的影响几乎可以说是史无前例的。这样的事件，不可避免地给企业财务管理带来了影响，特别是本身就比较弱小的中小民营企业。如停工导致合同规定的产品无法按期交货、原有项目无法按时完工、同时，医疗防护用品方面的相关支出却大量增加，造成营运资金压力过大。一些无法用互联网完成的工作难以继续，受交通运输、人员流动限制，大量工作无法正常开展。即使复工了，后续的赶工措施也将产生大量的预算外费用。

【引入问题】

1. 新冠肺炎疫情涉及哪些方面的财务管理环境？
2. 疫情中受到冲击最大的是哪些行业？对这些行业的财务管理有何影响？应该如何应对？

财务管理环境又称理财环境，是指对企业财务活动产生影响作用的内、外部条件，可分为外部的宏观理财环境和内部的微观理财环境。其中，财务管理外部环境涉及范围很广，其中最重要的是经济环境、法律环境、金融环境。财务管理是一个开放系统，它与各方面发生千丝万缕的联系，公司经营活动的各种因素都对理财活动产生影响。理财环境是财务管理赖以生存的土壤，是公司开展理财活动的舞台。只有清楚公司所处理财环境的现状和发展趋势，才能把握开展理财活动的有利条件，为公司财务决策提供充分可靠的依据，提出相应的战略措施，以便更好地实现公司的理财目标。

一、宏观经济环境对企业理财的影响

财务管理作为一种微观经济管理活动，与其所处的宏观经济环境密切相关。这些宏观经济环境主要包括经济发展状况、宏观经济政策等因素。

（一）经济发展状况

经济发展状况对理财有重大影响。经济发展速度的快慢、国民经济的繁荣与衰退影响公司的销售额，销售额增加会引起公司存货的枯竭，需筹资扩大生产经营规模；销售

额减少会阻碍现金的流转,产品积压需筹资或变卖资产以维持公司经营。

经济形势看好,投资机会增多,财务管理活动就趋于活跃。在市场经济条件下,宏观经济的发展呈现出周期性的变化,这是市场经济的一个规律。宏观经济的周期性变化可通过反映宏观经济的有关统计指标表示出来,包括国民生产总值(GNP)、国内生产总值(GDP)、消费总量、投资总量、工业生产指数、失业率等,其中,国内生产总值(GDP)是一个国家或地区的经济中所生产出的全部最终产品和劳务的价值,常被公认为衡量国家经济状况的最佳指标。宏观经济周期一般经过四个阶段,即萧条、复苏、繁荣、衰退。宏观经济周期性运行对社会经济生活产生深刻的影响,对公司的理财活动也会产生重大的影响。

1. 经济发展状况影响公司的经营及理财对策

在萧条阶段,经济明显萎缩降至低谷,百业不振,公司经营状况不佳影响到公司财务状况不佳、公司股票市场价格徘徊不前、投资者对公司的投资信心受挫。针对这些情况,公司可采取以下对策:建立投资标准、尽力保持市场份额,放弃次要利益、削减管理费用、削减存货、裁减雇员、采取稳健的股利分配政策以储备现金存量等,尽力维持公司的生产经营能力。在复苏阶段,宏观经济从经济周期的谷底逐步回升,公司经营状况开始好转,业绩上升,投资者对公司投资的信心逐渐增强,公司财务状况趋于好转,资信能力有所提高。这时公司可采取以下对策:增加存货、劳动力、增加厂房设备等。在繁荣阶段,经济迅速增长达到周期的高峰,公司的经营业绩也在不断上升,财务状况良好,使投资者的投资信心大为增强,证券价格大幅上扬。公司可采取以下对策:进一步扩充厂房设备投资,增加存货、提高销售价格,以增加公司未来的现金净流量。在衰退阶段,经济的发展从周期的顶峰逐步回落,可采取以下措施:停止扩张、出售多余设备、停产滞销产品、停止长期采购、削减存货、停止增加雇员等。

2. 经济发展状况影响公司对负债的承受能力

一般而言,在经济萧条时期,公司对于负债的承受能力相对较低,此时公司应削减债务的规模,防止公司因资产的流动性的降低而导致财务危机,同时,资产流动性的降低,可能会导致公司利用较多的流动负债,但不排除个别效益良好的公司基于投资时机的掌握,而举借大量的长期债务;在经济复苏阶段的利率较低,为有效发挥负债的财务杠杆作用,此时是公司提高负债比率的良好时机,因此,长期债务的比例会有所增加;在经济繁荣时期,公司积极扩张,会出现债务与权益投资并重的情况。

3. 通货膨胀对公司筹资的影响

通货膨胀会使负债利率上升和证券市场价格下跌,公司产品成本增加,资金周转困难,产生虚假利润,税负增加,筹资压力和筹资成本增大。对财务管理人员来说,应开展对通货膨胀的预期分析,提前购进或延期出售存货与设备,从而减少通货膨胀带来的损失。

(二)宏观经济政策

我国是实行社会主义市场经济的国家,政府具有调控宏观经济的职能。国民经济发展规划、国家产业政策、货币政策、财政政策、汇率政策、经济体制改革的措施、政府的行政法规等对公司财务活动具有特别重要的影响,因此,公司在进行财务决策时,应认真研究政府政策,特别是货币政策和财政政策,根据不同时期国家宏观经济的调整政策对财务管理的影响,而采取相应的对策,才能趋利除弊。

1. 货币政策对财务管理的影响

中央银行贯彻货币政策、调节信贷和货币供应量的手段主要有以下几种:①调整法定存款准备金;②再贴现政策;③公开市场业务。当国家为了刺激经济的发展,防止经济衰退而实行扩张性货币政策时,中央银行就会通过降低法定存款准备金率、降低中央银行再贴现率或在公开市场买入国债的方式来增加货币供应量,扩大社会的有效需求。当经济持续高涨、通货膨胀压力较大时,国家会采取相反的方式紧缩货币供应量,以实现社会需求与供给的平衡。

中央银行实行的货币政策对财务管理具有以下影响:①利率的调整通过影响投资者要求的必要报酬率(资本成本)影响财务管理。利率提高时,投资者要求的报酬率提高,融资成本升高,股票价格下跌,公司价值相对下降,此时,公司对投资机会要求有更高的报酬率;利率下降时,投资者要求的报酬率下降,融资成本降低,股票价格上升,公司价值相对增加,是公司投资的良好时机。当公司预计到未来利率上升时,一般通过发行长期固定利率债券进行融资;当公司预计到未来利率下降时,一般发行短期债券进行融资,以降低公司的利息负担。②当货币供应量增加时,公司筹集资金相对容易,证券市场价格上扬,在货币供应量增加的初期,是公司进行短期证券投资的良好机会。反之,当货币供应量下降时,公司筹集资金相对困难,证券市场价格也下降。③中央银行在市场上公开买进证券时,对证券的需求增加,促进证券价格上涨,由于此时证券投资者的增多,是公司发行股票、债券等进行融资的良好时机。

2. 财政政策对财务管理的影响

财政政策是通过财政收入和财政支出的变动影响宏观经济活动水平的经济政策。财政政策的手段主要包括改变政府购买水平、改变政府转移支付水平和改变税率。当经济增长持续放缓、失业增加时,政府要实行扩张性财政政策,增加财政性支出,提高政府购买水平,提高转移支付水平,降低税率,以增加总需求,解决衰退与失业问题。当经济增长强劲,通货膨胀严重时,政府要实行紧缩性财政政策,降低政府购买水平,降低转移支付水平,提高税率,以减少总需求,抑制通货膨胀。

当政府奉行扩张性财政政策时,财政支出增加,财政收入相对减少,政府购买水平提高,从而导致社会需求的增加;增加对道路、桥梁、港口等非竞争领域的投资,从而直接增加相关产业的投资,提高相关产业的需求,促进其他产业以乘数的方式发展;改变政府转移支付水平,如增加社会福利、增加为维持农产品价格对农民的拨款等,提高一部分人的收入水平,间接促进公司利润的增长;税率的调整直接影响公司的收益水平。扩张性的财政政策将导致公司的市场需求扩大,现金流量增加,创造投资机会,公司的生产经营业绩上升,是提高公司价值的良好时机。紧缩性的财政政策对公司的影响正好与扩张性的财政政策的影响相反。

政府财政政策与货币政策的传导机制不同,财政政策是通过控制政府的财政收入与财政支出,经过公司的投入与产出来影响总需求的,这与通过调节信贷和货币供应量影

响需求的货币政策具有明显的区别，财政政策传导过程比较长，因此，对公司财务管理具有缓慢而持久的影响。

3. 汇率政策对财务管理的影响

一国货币的汇率水平往往会对该国的国际贸易、经济增长速度、货币供求状况甚至政治稳定都有重要影响。汇率政策的波动对财务管理的影响主要表现在影响资本在国际的流动，以及影响本国的进出口贸易。

从国际资本的流动情况来看，汇率的上升导致本币贬值，将导致资本流出本国，证券市场价格下降；反之，汇率下跌，则资本流入本国，本国的投资增加，证券的市场价格上升。

从进出口贸易方面来看，汇率上升时，本币贬值，本国产品的竞争能力增强，出口型公司将受益，现金净流量将会增加，但进口公司将多支付本币，发生损失，汇率下跌的情形与此相反。

随着我国加入世界贸易组织和对外开放的进一步扩大，公司应关注汇率的变化，进行汇率变化的预期分析。

除上述公司所处的经济环境的主要因素对财务管理具有影响外，地区经济发展水平的不同可能会由于公司资本、人才、市场活跃程度、公司管理水平、地理因素等多方面的不同而影响公司的理财。此外，经济管理体制的不同对财务管理的要求也不相同，这些因素的影响由于是次要的，这里不再赘述。

二、法律环境对企业理财的影响

财务管理的法律环境是指公司与外部发生经济关系时所应遵守的各种法律、法规和规章。公司的理财活动，无论是筹资、投资还是利润的分配，都要和公司外部发生经济关系。而法律环境对公司财务管理来说是一把"双刃剑"，公司的财务行为既受到法律的保护，不合法的财务活动也相应受到法律的约束。

（一）企业组织法规

企业组织必须依法成立，组建不同的企业要依照不同的法律规范。它们包括《中华人民共和国公司法》（简称《公司法》）、《中华人民共和国全民所有制工业企业法》《中华人民共和国外商投资企业法》《中华人民共和国中外合资经营企业法》《中华人民共和国合伙企业法》《中华人民共和国个人独资企业法》等。其中《公司法》是公司制企业财务管理最重要的法律规范，公司的活动不能违反该法律，公司的自主权不能超过该法律的限制。企业组织法规既是企业的组织法，也是企业的行为法。在企业组织法规中，规定了企业组织的主要特征、设立条件、设立程序、组织机构、组织变更、终止的条件和程序等，涉及企业的资本组织形式、企业筹集资本金的渠道、筹资方式、筹资期限、筹资条件、利润分配等诸多理财内容的规范，也涉及不同的企业组织形式的理财特征。

企业是市场经济的主体，不同组织形式的企业所适用的法律是不同的。按国际惯例，企业划分为独资企业、合伙企业和公司制企业。不同类型的组织形式对财务管理有着不同的影响。

1. 独资企业

独资企业西方也称"单人业主制",是由业主个人出资兴办,完全归个人所有和控制的企业。其出资人既是所有者,也是管理者。我国的个体户和私营企业很多属于此类企业。其特点是易于设立和解散,经营方式灵活多样,所得归业主,无须与他人分摊,不具有法律地位,对企业的债务承担无限责任。这类企业财务管理的内容比较简单,资本的投入和抽回也比较方便。由于信用有限,银行和其他投资者都不愿意冒险借钱给独资企业,独资企业利用借款筹资的能力十分有限,企业主要会利用自己的资本和供应商提供的商业信用来理财。

2. 合伙企业

合伙企业是由两个或两个以上的投资人共同出资兴办、联合经营、共负盈亏的企业。合伙企业往往采用书面协议的形式明确收益分享和亏损分担的责任。合伙企业与独资企业相比扩大了筹资来源和信用能力,分散了经营风险;合伙人各显其能,有利于提高企业的竞争能力,扩大企业的发展规模。但是合伙企业与独资企业一样,在法律上不具有法人地位,因而对其债务需承担无限责任。在合伙企业,财务管理活动比独资企业复杂,企业的资本来源和信用能力比独资企业有所增强,盈余分配也更加复杂。合伙企业不如独资企业自由,决策通常要合伙人集体做出,但它具有一定的企业规模优势。

以上两类企业属自然人企业,出资者对企业承担无限责任。

3. 公司制企业

公司制企业的设立必须符合《公司法》的有关规定。公司制企业是由两个以上的股东共同出资,每个股东以其认缴的出资额或认购的股份对公司承担有限责任,公司以其全部资产对其债务承担有限责任的法人企业。公司包括有限责任公司和股份有限公司两种形式。

有限责任公司的特点:公司资本不分为等额份额;公司向股东签发出资证明书而不发行股票;公司股份的转让有严格的限制;股东人数受到限制;股东以其出资额比例享受权利,承担义务。

股份有限公司的特点:公司资本平均分为金额相等的份额;经批准后,其股票可以向社会公开发行,股票可以交易或转让;股东人数没有上限限制;股东按其持有的股份享受权利、承担义务;股份公司要定期公布经注册会计师审查验证的财务报告。

由上述可见,有限责任公司和股份有限公司都是依法集资、联合组成、有独立的注册资本、自主经营、自负盈亏的股权式法人企业。公司的股东作为出资人按投入公司的资本份额享有所有者的资产收益、参与重大决策和选择管理者的权利,并以其出资额或所持股份为限对公司承担有限责任。公司的最大优点是可以通过发行股票、债券,迅速筹集大量的资本,这比独资企业和合伙企业有更大发展的可能性。在公司制企业,企业不仅要争取获得最大的利润,还要谋求股东财富最大化;公司的资本来源多种多样,筹资方式纷繁复杂,需要认真地加以分析和选择;企业盈余分配也要考虑企业内部和外部的各种因素。

(二)税务法规

企业理财决策要受到税收的直接影响和间接影响,因此,国家税收是企业理财的重

要外部环境。税收是国家为实现其职能,强制地、无偿地取得财政收入的一种手段。任何企业都具有纳税的法定义务。税收对财务管理的投资、筹资、股利分配决策都具有重要的影响。在投资决策中,税收是一个投资项目的现金流出量,计算项目各年的现金净流量必须扣减这种现金流出量,才能正确反映投资所产生的现金净流量,进而对投资项目进行估价;在筹资中,债务利息具有抵减所得税的作用,确定企业资本结构也必须考虑税收的影响;股利分配比例和股利分配方式影响股东个人缴纳所得税的数额,进而可能对企业价值产生重要的影响。此外,税负是企业的一种费用,要增加企业的现金流出,企业无不希望减少税收负担,企业进行合法的税收筹划,也是理财工作的重要职责。目前我国现行税收的立法分为三类:流转税类法规、所得税类、其他税类及地方税法规。企业都有纳税的义务,税负是一种费用,要增加企业的现金流出,对企业理财有重要影响。

税收环境对财务管理影响主要有以下几方面。

(1) 国家采取高税率的税收政策时,留给企业的纯收入将减少,企业现金流出增加,现金流入相对减少甚至绝对减少,增加企业的资金紧缺程度。与此相应,公司应控制投资规模增收节支、增加自我积累,积极寻找新的资金来源,适当增加利润留存比重。

(2) 国家采取低税率的财收政策时,留归公司的纯收入将增加,企业从国家获得投资和补贴的可能性增加,使企业现金流入增加,现金流出相对减少甚至绝对减少。结果使企业资金出现盈余。与此相对应,公司应积极寻找新的投资领域,扩大投资规模,减少对外筹资数量,适当扩大股利支付比重。

(3) 国家调整税收政策时,公司应善于用好用足政策调整给公司带来的潜在好处,合理进行税收筹划和财政补贴筹划,以期获得最大的政策利益。

(4) 国家调整税收政策和支出政策时,公司应善于把握其政策导向,如产业导向和生产力布局导向,及时调整投资方向,谋求最大投资收益。

(三) 财务法规

财务法规主要是《中华人民共和国会计法》《企业会计制度》《企业财务通则》《企业会计准则》、分行业的财务制度和企业内部财务管理办法等。除上述法规外,与财务管理有关的经济法规还有很多,包括各种证券法规、合同法规、结算法规、金融法规、审计法规等。经营管理者和财务人员应尽量熟悉这些法规,在守法的前提下从事财务管理工作。现代财务会计法规体系是以财务通则为主导,以行业财务制度为主体、以企业内部财务会计管理办法为补充的基本框架构建的。

1.《企业财务通则》

《企业财务通则》是企业从事财务活动必须遵循的基本原则和规范,也是国家进行财务管理、制定财务制度的法规依据,它在财务制度的法规依据和财务法规制度体系中处于最高层次,它把各类企业财务活动均纳入调节范围,主要对以下四个方面作了规定。

(1) 建立企业资本金制度。要明确企业资金供应的来源渠道、各种资金的筹集方式、股票等的发行和流通办法、各类企业出资的最低限额、资本金登记制度、资本金保全要求等。

(2) 建立固定资产折旧制度。要明确固定资产的划分标准和资金来源、计提折旧固定资产的范围和分类、固定资产的折旧年限、计提折旧的方法、加速折旧的应用等。

(3) 建立成本开支范围制度。要明确企业各种支出的计算方式，允许列入成本、期间费用的支出范围和支出标准，还要规范成本的计算方法。

(4) 建立利润分配制度。要规定确认销售收入实现的标准，利润的构成，利润总额和所得税后利润中允许调整的项目，税后利润中公积金、公益金等的提留项目和提留比例，向投资者分配利润的顺序等。

2. 行业财务制度

不同行业的企业，在资本筹集、资本运用、成本与费用开支、营业收入与利润构成分配等方面有着不同的特点，为了使财务通则的规定能够全面贯彻实施，还必须结合各行业的特点，制定若干具体财务规定，这些规定就是行业财务制度。

根据我国实际情况，国民经济行业可划分为工业、运输、邮电通信、商品流通、旅游与饮食服务、金融保险、施工与房地产开发、农业、电影与新闻出版、对外经济合作十个行业，行业财务制度也分别按这十个行业制定。财务通则的制定权在财政部，行业财务制度也由财政部制定，以便于保持财务通则与行业财务制度的一致性。

3. 企业内部财务管理办法

企业内部财务制度的依据是国家统一的财务制度，同时应当充分考虑企业内部的生产经营特点以及管理要求。企业内部财务制度一般应当包括资金管理制度、成本管理制度、利润管理制度。资金管理制度主要包括资金指标的分解、归口分级管理办法、资金使用的审批权限、信用制度、收账制度、进货制度；成本管理制度包括成本开支范围和开支标准、费用审批权限、成本降低指标以及分解等；利润管理制度主要包括利润分配程序、利润分配原则、股利政策等。

(四) 企业经营法规

企业经营法规是对企业经营行为所制定的法律规范，包括反垄断法、环境保护法、产品安全法等，这些法规不仅影响企业的各项经营政策，而且也会影响企业的财务决策及实施效果，对企业投资、经营成本、预期收益均会产生重要的影响。

三、金融环境对企业理财的影响

(一) 金融市场的含义与构成要素

金融市场是实现货币借贷和资金融通、办理各种票据和有价证券交易活动的市场。广义的金融市场是指一切金融性交易，包括金融机构与客户之间、金融机构与金融机构之间、客户与客户之间的金融活动，其交易对象为货币借贷、票据承兑与贴现、有价证券的买卖、黄金与外汇买卖、办理国内外保险、生产资料的产权交换等；狭义的金融市场一般是指以票据和有价证券为交易对象的市场。

金融市场的构成要素主要包括以下四个。

1. 参与者

参与者是指参与金融交易活动的企业、个人、政府机构、商业银行、中央银行、证券公司、保险公司、基金会等。按照它们进入市场的身份,可分为资金供应者、资金需求者、中介者和管理者。一般而言,金融交易活动的推动力来自两个方面:一是参与者对利润的追求,参与者对利润的追求推动着资金从富余部门流向短缺部门。二是参与者之间的相互竞争,资金供应者与需求者之间的相互竞争引导着资金的流向和流量,从而使资金从效益低的部门流向效益高的部门,实现资金的优化配置。

2. 金融工具

金融工具是金融市场的交易对象,它是企业融资的载体,具有流动性、偿还性、收益性、风险性的特征。资金供求者对借贷资金数量、期限和利率的多样化的要求,决定了金融市场上金融工具的多样化,而多样化的金融工具不仅满足了资金供求者的不同需要,而且也由此形成了金融市场的各类子市场。

目前金融工具分为两大类:货币市场金融工具与资本市场金融工具。货币市场金融工具包括商业票据、短期公债、银行承兑汇票、可转让大额存单、回购协议等。资本市场金融工具包括股票、公司债券、中长期公债等。企业应注意对金融工具的选择与组合,使金融资产收益最大化、负债成本最小化,并有效降低融资风险,提高资本的利用效益。

3. 组织形式和管理方式

金融市场的组织形式主要有交易所交易和柜台交易两种,交易方式主要有现货交易、期货交易、期权交易、信用交易。目前,我国金融市场的管理方式主要包括管理机构的日常管理、中央银行的间接管理以及国家的法律管理。

4. 内在机制

金融市场的内在机制主要是指具有一个能够依据市场资金供应情况灵活调节的利率体系。在金融市场上,利率是资金商品的"价格",利率的高低取决于社会平均利润率和资金的供求关系。

但是,利率又会对资金供求和资金流向起着重要的作用。当资金供不应求时,利率上升既加大了资金供应,又减少了资金需求。当资金供过于求时,利率下降既减少了资金供应,又扩大了资金需求,因此,利率是金融市场上调节资金供求,引导资金合理流动的主杠杆。

(二)金融市场的种类

金融市场可以从不同的角度进行分类。

(1)按交易的期限划分为短期资金市场和长期资金市场。短期资金市场是指期限不超过一年的资金交易市场,因为短期有价证券易于变成货币或作为货币使用,所以也叫货币市场。

长期资金市场是指期限在一年以上的股票和债券交易市场,因为发行股票和债券主要用于固定资产等资本货物的购置,所以也叫资本市场。

（2）按交割的时间划分为现货市场和期货市场。现货市场是指买卖双方成交后，当场或几天内买方付款、卖方交出证券的交易市场。

期货市场是指买卖双方成交后，在双方约定的未来某一特定的时日才交割的交易市场。

（3）按交易的性质分为发行市场和流通市场。发行市场是指从事新证券和股票等金融工具买卖的转让市场，也叫初级市场或一级市场。

流通市场是指从事已上市的旧证券或票据等金融工具买卖的转让市场，也叫次级市场或二级市场。

（4）按交易的直接对象分为同业拆借市场、国债市场、企业债券市场、股票市场、金融期货市场等。

（三）金融机构

我国金融机构按其地位和功能大致可分为以下几类：代表政府管理全国的金融机构和金融活动的中国人民银行；由政府设立，以贯彻国家产业政策、区域发展政策为目的，不以营利为目的的政策性银行，包括国家开发银行、中国农业发展银行、中国进出口银行；以经营存款、放款，办理转账结算为主要业务，以营利为主要经营目标的商业银行；非银行金融机构，包括保险公司、城市和农村信用合作社、信托投资公司、证券交易所、证券公司、投资基金管理公司、财务公司、金融租赁公司等。

（四）金融市场对企业理财的作用

金融市场对企业理财具有重要的作用。

（1）金融市场是企业筹资和投资的场所，企业在符合有关法律规定的条件下，经过批准以发行股票、债券的方式筹集资金，也可以将企业的资金投放于有价证券，或者进行与证券相关的其他财务交易。

（2）企业通过金融市场实现长期资金与短期资金的相互转化。企业所持有的长期股票和债券投资，随时可以通过出售有价证券使其转化为短期资金；同理，企业的短期资金也可以通过购买股票、债券而转化为长期投资。长短期资金的相互转化，在理财上从属于企业资产收益性与流动性的关系的有效处理，从属于企业经营发展战略。

（3）由金融市场传递的信息，如资金供求和利率、汇率、股价变化等，将有助于企业进行财务管理的决策。

（五）金融市场上利率的决定因素

在金融市场上，利率是进行资金交易的价格。一般而言，金融市场上资金的购买价格可用下式表示。

$$利率＝纯利率＋通货膨胀贴补率＋变现力风险贴补率＋违约风险贴补率＋到期风险贴补率$$

1. 纯利率

纯利率是在无风险、无通货膨胀情况下的平均利率，也称无风险报酬率。没有通

货膨胀情况下的国债利率，可以作为纯利率。纯利率的高低主要受社会平均利润率、资金供求关系和国家宏观调控的影响。社会平均利润率是纯粹利率高低的一个基本影响因素，利息率的高低依附于社会平均利润率的高低；资金供过于求时，利率下降，资金供小于求时，利率上升；政府为抑制经济发展过热，有可能削减资金的供应，从而使利率上升，反之，为刺激经济发展，政府有可能增加货币供应，从而使利率下降。

2. 通货膨胀贴补率

通货膨胀会造成货币贬值，投资者的真实报酬率下降，因此，为了补偿因通货膨胀所造成的货币贬值损失，投资者会对因承担通货膨胀损失而要求相应的、在纯粹利率基础上的一种贴补报酬，即通货膨胀贴补。

3. 变现力风险贴补率

资产的变现力是资产以合理的价格转化为现金的能力，不同证券的变现力是不同的。对于预期难以以合理的价格转化为现金的变现力风险，投资者要求相应的补偿，就是变现力贴补率。

4. 违约风险贴补率

违约风险是投资者承担的债务人到期无法还本付息的可能性。违约风险越大，投资者要求的报酬率就越高。违约风险与债务人的经营和财务状况有关，经营不善导致的企业财务状况不佳的债务人，到期不能清偿债务本金和利息的可能性就越大，违约风险也就越大。根据债务人的经营与财务状况、由信用评定机构所确定的信用等级，代表了违约风险的大小。信用等级越低，违约风险就越高。

5. 到期风险贴补率

到期风险是指因到期时间长短不同而形成的利率变动的风险。一般而言，到期时间越长，利率变动的可能性就越大，利率变动将导致证券价格波动，如果利率上升，长期债券的价值下降，投资者就会蒙受损失。到期风险贴补率就是对投资者承担利率变动风险的一种补偿。

对于企业理财而言，准确地预测利率的变动趋势是非常必要的。在预期利率上升时，企业应使用长期资金；在预期利率下降时，企业应使用短期资金，以降低利息成本负担。由于预测利率变动趋势比较困难，企业可以根据利率的变动使用资金的一种替代形式——合理确定长短期资金的结构，这样企业在任何利率环境下都不会遭受重大损失。

同步测试

一、单项选择题

1. 企业经营而引起的财务活动是（　　）。
   A. 投资活动　　B. 筹资活动　　C. 资金营运活动　　D. 分配活动

2. 企业投资可以分为广义投资和狭义投资，狭义投资仅指（   ）。
   A. 固定资产投资   B. 证券投资   C. 对内投资   D. 对外投资
3. 企业与政府间的财务关系体现为（   ）。
   A. 债权债务关系   B. 强制和无偿的分配关系
   C. 资金结算关系   D. 风险收益对等关系
4. 财务关系是企业在组织财务活动过程中与有关各方面所发生的（   ）。
   A. 经济往来关系   B. 经济协作关系
   C. 经济责任关系   D. 经济利益关系
5. 作为财务管理目标，每股利润最大化较之利润最大化的优点在于（   ）。
   A. 考虑了资金时间价值因素   B. 反映了创造利润与投入资本的关系
   C. 考虑了风险因素   D. 能够避免企业短期行为
6. 相对于每股利润最大化目标而言，企业价值最大化目标的不足之处是（   ）。
   A. 没有考虑资金的时间价值   B. 没有考虑投资的风险价值
   C. 不能反映企业的潜在获利能力   D. 不能直接反映企业当前的获利水平
7. 下列属于通过采取激励方式协调股东与经营者矛盾的方法是（   ）。
   A. 股票选择权   B. 解聘   C. 接收   D. 监督
8. 下列不属于企业组织形式的是（   ）。
   A. 独资企业   B. 合伙企业   C. 政府机关   D. 公司
9. 注册资本由等额股份构成并通过发行股票筹集资本的是（   ）。
   A. 独资企业   B. 合资企业   C. 合伙企业   D. 股份有限公司
10. 下面（   ）的利率，在没有通货膨胀的情况下，可视为纯利率。
    A. 国库券   B. 公司债券   C. 银行借款   D. 金融债券

二、多项选择题

1. 下列经济行为中，属于企业财务活动的有（   ）。
   A. 资金营运活动   B. 利润分配活动   C. 筹集资金活动   D. 投资活动
2. 下列经济行为中，属于企业投资活动的有（   ）。
   A. 企业购置无形资产   B. 企业提取盈余公积金
   C. 支付股息   D. 企业购买股票
3. 广义的分配活动包括（   ）。
   A. 弥补生产经营耗费，缴纳流转税   B. 缴纳所得税
   C. 提取公积金和公益金   D. 向股东分配股利
4. 以下财务关系在性质上属于债务与债权关系有（   ）。
   A. 企业与投资者之间的财务关系   B. 企业与债权人之间的财务关系
   C. 企业与债务人之间的财务关系   D. 企业与职工之间的财务关系
5. 以下财务关系体现所有权性质的投资与受资的关系有（   ）。
   A. 企业与投资者之间的财务关系   B. 企业与债权人之间的财务关系
   C. 企业与债务人之间的财务关系   D. 企业与受资者之间的财务关系

6. 企业财务管理的基本环节，除财务分析、财务控制外，还包括（　　）。
   A. 财务预测　　　　B. 财务计划　　　　C. 财务决策
   D. 财务考评　　　　E. 财务稽核
7. 以资本利润率最大化作为财务目标，存在的缺陷是（　　）。
   A. 不能反映资本的获利水平　　　　B. 不能用于不同资本规模的企业间比较
   C. 没有考虑风险因素和时间价值　　D. 不能避免企业的短期化行为
8. 所有者与债权人之间矛盾的协调方式有（　　）。
   A. 限制性借债　　B. 禁止借债　　C. 收回借款　　D. 不再借款
9. 公司的特点有（　　）。
   A. 有限寿命　　　　　　　　B. 所有权与经营权分离
   C. 股东承担有限责任　　　　D. 双重税负
10. 影响资金利率的主要因素有（　　）。
    A. 纯利率　　B. 通货膨胀率　　C. 固定利率　　D. 风险报酬率

三、判断题

1. 在依据一定的法律原则下，如何合理确定利润分配规模和分配方式，以使企业的长期利益最大，也是财务管理的主要内容之一。（　　）
2. 随着分配过程的进行，资金或者退出或者留存企业，它必然会影响企业的资金运动，这不仅表现在资金运动的规模上，还表现在资金运动的结构上。（　　）
3. 企业同其所有者之间的财务关系，体现着监督与被监督的关系。（　　）
4. 企业与政府之间的财务关系体现为一种投资与受资关系。（　　）
5. 在众多企业组织形式中，独资企业是最为重要的组织形式。（　　）
6. 全部注册资本由等额股份构成并通过发行股票筹集资本的企业法人称为股份有限公司。（　　）
7. 金融工具风险性一般包括系统风险和非系统风险两个方面。（　　）
8. 利润额可以反映企业价值最大化目标实现程度。（　　）
9. 从资金的借贷关系看，利率是一定时期运用资金的交易价格。（　　）
10. 短期证券市场由于交易对象易于变为货币，所以也称资本市场。（　　）

四、案例分析题

1. 利通公司由三位出资人黄元、张康和李帅共同出资，三人平均分配股权比例。这是一家从事外贸服装生产加工的企业。企业发展之初，大家都很看重企业的长期发展，他们注重产品质量，严格成本管理，不断开拓市场，提高市场占有率，这时企业的客户遍及日本、东南亚、欧洲市场。随着企业的顺利发展，利润也越来越可观。张康和李帅两位创始股东认为应该享受一下创业的成果，他们提出分红。但黄元认为还不是时候，他觉得应将利润用于扩大再生产，实现企业的长远发展。三位创始人的意见不统一，矛盾愈演愈烈，最后，由于黄元势单力薄，只能选择退出，他将持有的1/3股份转让给另外两人就离开了企业。

让张康和李帅始料不及的是，黄元离开的消息传出后，引起了许多企业上下游供应商和经销商的不满，因为这些年的长期合作，这些上下游企业的利益已经和利通公司息息相关，他们认为利通公司的分红会影响企业的发展，而如果利通公司能够扩大再生产，则将为他们带来更多的业务。换言之，这些合作企业是和黄元站在同一立场的。

在供应商和经销商的重重压力下，张康和李帅两位股东提出只要黄元出钱收购他们的股份，他们愿意离开企业。黄元陷入两难的境地：一方面，不收购的话，他无法回到企业，即使能回去，也是道不同不相为谋；另一方面，如果出钱收购股份，就没有资金用于企业的长远发展战略投资，企业很难维持下去。正在犹豫的时候，众多供应商和经销商给了黄元无私的支持，他们或者主动延长应收账款的期限，或者预付货款，帮助黄元渡过了难关，最终使他重新成为公司的掌门人。

得到合作方帮助的黄元振奋精神，一鼓作气，带领企业员工不断加大投入，实现了企业规模化发展，成为同行业中的领头羊。

请回答：

（1）黄元和另两位股东的目标哪个更合理？黄元的想法是否和股东财富最大化的目标相矛盾？

（2）案例中两位大股东与供应商、经销商等利益相关主体之间的矛盾应如何协调？

（3）利通公司的所有权和经营权的分配是否符合现代企业制度？

2. 浙江HQ纺织机械厂是成立于20世纪60年代的国有企业，主要生产平网印花机、系列浆纱机、高档清梳联设备、干法腈纶设备等纺织机械。当初刚建厂时，所有员工加起来不到200人，固定资产不过40万元，流动资金只有10万元。当时的厂长、书记、副厂长等领导班子均由上级主管部门任命，该厂每年的主要任务是完成国家下达的生产任务指标。20世纪六七十年代，该厂年年超额完成国家下达的生产任务，多次被评为红旗单位，在当地是数一数二的知名企业。厂长、书记等也多次被评为当地的劳动模范。企业生产的产品质量上乘，原材料都由国家无偿调配，生产所需资金每年均由上级预算下拨。仓库里堆满了足可使用几年的备用的生产工具和生产资料，上面积满灰尘。

20世纪80年代开始，国家由计划经济时代进入商品经济时代。虽然国家对企业拨款实行有偿制，流动资金实行贷款制，产品取消调配制，国有企业吃皇粮的日子结束，导致许多企业产生了危机感，但是浙江HQ纺织机械厂的领导班子能够顺应形势、解放思想，走改革创新之路。企业在管理上下大力气，在人员管理、机构管理、物资管理、生产管理、销售管理等方面都进行了深入改革，并建立健全了一系列制度，如竞争机制、定额管理制度、全员成本管理制度、送货上门制度等。企业在领导班子的带动下实现了自负盈亏，创造的利润也每年递增，不仅为国家多做了贡献，企业员工的奖金和福利也得到了增长。

20世纪90年代之后，随着市场经济深入发展，国家推出了抓大放小的政策，浙江HQ纺织机械厂又一次面临着变革。因为从规模上来看，该企业毕竟属于中小企业，在这样的宏观背景下，企业不得已进行了股份制改革。20世纪90年代中期，政府将浙江

HQ纺织机械厂的净资产2 000万元转化为2 000万股,按照每股面值1元、售价2元向社会公开发售,当地一位民营企业家认购了其中的1 000万股,其余股份被大大小小的30位股东分割,按所占股份比例,该民营企业家成为董事长,董事长任命后,又聘请了一位企业管理专业的海归人士担任HQ纺织机械股份有限公司总经理。自此原来的领导班子退出了该厂的历史舞台。

股份有限公司成立之后,董事会决定,利用6年左右时间使企业的生产技术水平赶上国内同行业一流水平,争取产品在全省市场占有率达到30%,在全国市场占有率达到5%,股东的投资报酬率达到28%,并在10年内争取股票上市。为实现这些宏伟目标,公司决策层决定扩大生产规模,并首先考虑更新设备,引进国外先进生产线等重大投资问题。基于此,同时又在筹划按照目标资本结构,即自有与借入之比为4∶6的比例进行负债融资。

请回答:

(1) HQ公司在各个不同阶段的财务目标一样吗?如果不同,分析该公司财务管理目标的演进过程。

(2) 财务目标是否具有体制性特征?各种财务管理目标的优点和局限性表现在哪里?

实 训 项 目

1. 创业财务计划书的初步编制

全班按4~5人一组、男女搭配、优势互补的原则分成n组,讨论设计成立不同行业、不同规模、不同组织形式的企业,作为本学期初步编制创业财务计划书的背景资料,并针对企业的经营前景设计调查问卷,进行市场调查。设计好本企业的理财内容,注意兼顾各方面的财务关系。考虑将会影响本组创业计划的法律因素、金融因素和其他外部因素,整理成文字,写入创业财务计划书。

2. 关于树立对财务管理感性认识的调查分析

分小组采访一位企业主,请教他在开办企业时的年龄和背景。联系财务管理的基本理论,分析他在开办企业时所面临的外部环境对企业的影响。

财务管理计算基础

项目二

学习目标

知识目标

1. 熟悉资金时间价值的含义。
2. 精通资金时间价值的计算原理。
3. 掌握折现率、期间和利率的推算原理。
4. 熟悉风险及其衡量原理。
5. 理解风险收益率的确定原理。

能力目标

1. 能够熟练地运用复利现值、复利终值、年金现值、年金终值的计算方法分析有关企业日常资金问题。
2. 能够熟练地运用资金时间价值观念来分析家庭、个人日常生活中的一些实际问题。
3. 能够结合和运用不同种类的利率分析有关经济问题。
4. 能够掌握单项资产风险价值的计算方法以及组合投资风险的衡量方法。

思政目标

1. 能结合资金时间价值,培养勤俭节约意识,养成储蓄习惯,科学理财。
2. 能结合风险原理,合理评估风险,警惕高风险网贷。

导语: 本项目阐述财务管理过程中必须树立的资金时间价值、风险价值两大价值观念,这两大价值观念对现代财务管理有重要影响。通过本项目学习,要求学生理解时间价值的概念和意义,熟练掌握和灵活运用各类时间价值的计算;了解风险及风险价值的含义,掌握单项资产风险价值的计算和组合投资风险的衡量。

资金时间价值

任务一 资金时间价值

从1901年开始至今，诺贝尔奖已经颁发了120年，那么，这钱怎么会用之不竭呢？

据说，最初诺贝尔设立的奖金为3 100万瑞士法郎，而迄今为止，已经发放的奖金总额早已远远超过诺贝尔留下的奖金数额。根据诺贝尔当初的遗愿，诺贝尔奖数额应该能保证一位教授20年不拿薪水仍能继续他的研究。而再多的奖金也总有发完的一天。因此，诺贝尔奖之所以能够持续不断发放，要归功于诺贝尔基金会的投资理财。诺贝尔基金会的一项重要任务是如何让钱生钱，这样才能保证诺贝尔奖能够持续不断地发放。管钱是很累的，如何让钱生钱而又不致造成损失，这让基金会很伤脑筋。从最初只是投资于国债与贷款等安全的证券，到后来投资股票、房地产为主的理财，诺贝尔奖的金额不但没花光，奖金数额反而不断上涨，基金的盘子也越来越大。诺贝尔奖完全是依靠投资理财的收入在继续执行着诺贝尔的遗嘱，理财专家的出色表现延续了诺贝尔的梦想。

【引入问题】

1. 运用资金时间价值观念，分析为何诺贝尔奖奖金能够持续不断地发放？
2. 从风险价值观念角度，考虑诺贝尔奖奖金的发放有没有可能受宏观环境的影响？

一、资金时间价值的概念

资金时间价值在财务管理中是非常重要的价值观念，学习财务管理，首先必须搞清资金时间价值的概念和计算方法，为以后各模块内容的学习打好基础。

先看几个例子：美国房地产价格最高的纽约曼哈顿是当初欧洲移民花费大约28美元从印第安人手中购买的，如果按照10%的年利息率，且按复利计息计算，这笔钱现在相当于美国几年的国内生产总值之和，远远大于整个纽约曼哈顿的所有房地产价值。

又如，你计划投资钢铁厂，面临的问题是，如果现在开发，马上可获利50万元，如果5年后开发，由于钢材价格上涨，可获利80万元，你该选择什么时候投资呢？有人主张在5年后投资，因为80万元明显大于50万元，有人主张应将资金时间价值考虑进去，也就是说，如果现在投资获利50万元，这50万元又可以进行新的投资，假设社会平均获利率是15%，那么5年后50万元可变成100万元[50×(1+15%)×1.15×1.15×1.15×1.15]，金额显然大于80万元。这样在考虑了资金时间价值后，你赚的钱又多了，如果不考虑时间价值，你的钢铁厂投资虽然不至于失败，但肯定不是最科学的。

从上面的例子中可以看出，在现实经济生活中，资金随着时间的推移会产生增值，一定量的货币资金在不同时点上具有不同的价值。年初的1元钱和年末的1元钱不等值，前者要比后者的价值大。即使不考虑通货膨胀因素，年初的 1 元钱在投入企业运营后，经过 1 年时间的生产经营，企业生产出了新的产品，创造出了新的价值，原来的 1 元钱也同样产生了增值，其最终价值超过了 1 元钱。如果企业将年初的 1 元钱存入银行，假定银行以 10% 计算存款利息，年末企业能拿到的就不是 1 元钱，而是 1.1 元。这多出来的 0.1 元即是资金时间价值。

资金时间价值是指资金在周转使用中由于时间因素而形成的差额价值，资金时间价值相当于没有风险和没有通货膨胀下的社会平均资金利润率。

资金时间价值的产生必须同时具备两个前提条件：一是资金必须投入社会再生产过程；二是要有一定的时间间隔。由于资金时间价值产生的根本原因是企业将资金投入使用而创造出了新的价值，所以，只有周转使用中的资金才具有时间价值。资金的循环和周转以及因此实现的资金增值，需要一定的时间，每完成一次循环，资金就增加一定数额；资金循环周转的次数越多，其增值额也越大。因此，资金随着时间的推移，其增值额不断增加，资金时间价值也就表现为资金周转使用后的增值额。

资金时间价值相当于没有风险和没有通货膨胀下的社会平均资金利润率，由于资金时间价值广泛使用计算利息的各种方法，因而时间价值与利率容易混为一谈。事实上，利率不仅包括时间价值，而且包括风险价值和通货膨胀因素。只有购买国库券等政府债券，几乎没有风险，如果通货膨胀率很低，可以用政府债券的利率来表示时间价值。

由于资金时间价值的存在，不同时点上的资金，其经济价值不等，不能直接进行比较。所以，企业在理财中，必须对不同时点上的收入或支出进行换算，使它们在相同的时间基础上具有可比性。

二、资金时间价值的计算方法

（一）一次性收付款项终值与现值的计算方法

资金时间价值的计算涉及两个重要的概念，即终值和现值。终值又称未来价值，是指现在的一定量现金在未来某一时点上的价值，俗称本利和；现值又称本金，是指未来时点上的一定量现金折算到现在的价值。

一次性收付款项是指在生产经营过程中收付款项各一次的经济活动，例如定期存款。一次性收付款项的资金时间价值可以用单利法和复利法计算。

1. 单利终值与现值的计算方法

单利是只就本金计算利息的方法，而以前年度本金产生的利息不再计算利息。在单利计算方式下，资金现值与终值的计算比较简单，计算公式为

利息 $I = Pin$

终值 $F = P + I = P(1+in)$

现值 $P = \dfrac{F}{1+in}$

式中，I 为利息；i 为利率（折现率）；P 为现值；F 为终值；n 为计算利息的期数。

【例 2-1】 亨利公司目前购买 20 000 元企业债券,债券利率为 6%,采用单利计息。要求:计算 5 年后可以收回的金额。

解: $F = 20\,000(1 + 6\% \times 5) = 26\,000$ (元)

【例 2-2】 亨利公司准备存入一笔钱,希望 5 年后得到 26 000 元用于归还贷款,银行存款利率为 6%,采用单利计息。要求:计算现在应存入多少钱。

解: $P = \dfrac{26\,000}{1 + 6\% \times 5} = 20\,000$ (元)

2. 复利终值与现值的计算方法

复利不同于单利,不仅本金要计算利息,而且涉及以前年度的利息继续按利率生息的问题,即所谓的"利滚利",就是把赚得的利息定期转加到本金上去,再赚得利息。

(1) 复利终值。复利终值是指一次性收付款项经过若干期使用后,所获得的包括本金和利息在内的未来价值。其计算公式为

$$F = P(1+i)^n$$

式中,$(1+i)^n$ 为复利终值系数,可以用 $(F/P, i, n)$ 表示,通过查阅复利终值系数表直接获得(可扫描右侧"资金时间价值表"二维码)。

【例 2-3】 亨利公司将 300 000 元用于一个投资项目,投资期为 6 年,复利率为 6%。要求:计算该公司 6 年后的投资本利和。

解: $F = 300\,000 \times (F/P, 6\%, 6)$
$= 300\,000 \times 1.418\,5$
$= 425\,550$ (元)

资金时间价值表

(2) 复利现值。复利现值是复利终值的逆运算,即未来一定资金的现在价值。复利现值的计算公式为

$$P = \dfrac{F}{(1+i)^n} = F(1+i)^{-n}$$

式中,$(1+i)^{-n}$ 为复利现值系数,可以用 $(P/F, i, n)$ 表示,通过查阅复利现值系数表直接获得(可扫描上文"资金时间价值表"二维码)。复利现值系数 $(F/P, i, n)$ 与复利终值系数 $(P/F, i, n)$ 互为倒数。

【例 2-4】 亨利公司准备 5 年后要用现金 200 000 元拓展异地业务,银行存款利率为 5%,按复利计息。要求:计算公司现在需要向银行一次性存入的金额。

解: $P = 200\,000 \times (P/F, 5\%, 5)$
$= 200\,000 \times 0.783\,5 = 156\,700$ (元)

(二) 年金终值与现值的计算方法

年金是指间隔相等期间内发生相等金额的收付款项。按照收付的次数和支付的时间不同,年金分为后付年金、先付年金、递延年金和永续年金。租金、利息、保险金、养老金、分期付款赊购、分期偿还贷款等通常都采取年金的形式。年金一般用符号 A 表示。

后付年金又称普通年金,是指每期期末收付的年金。普通年金的收付即发生在(或折算为)某一特定时间序列各计息期末(不包括零期)的等额资金(用字母 A 表示)

序列的价值。

先付年金又称预付年金或即付年金,是指在每期期初收付的年金。

递延年金是指第一次支付发生在第二期或第二期以后的年金。

永续年金是指无限期定额收付的年金。现实中的存本取息、股票固定股息,可视为永续年金的例子。

1. 普通年金的计算方法

普通年金,又称后付年金,是指一定时期每期期末等额的系列收付款项。

(1) 普通年金终值。普通年金终值是指一定时期内每期期末系列收付款项的复利终值之和,如零存整取的本利和。普通年金终值示意图如图 2-1 所示。

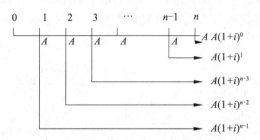

图 2-1 普通年金终值示意图

由图 2-1 可知,普通年金终值 F 的计算公式为

$$F = A(1+i)^0 + A(1+i)^1 + A(1+i)^2 + \cdots + A(1+i)^{n-1}$$

将上式两边同时乘以 $(1+i)$ 得

$$(1+i)F = A(1+i)^1 + A(1+i)^2 + A(1+i)^3 + \cdots + A(1+i)^n$$

再将两式相减得

$$(1+i)F - F = A(1+i)^n - A$$

推出普通年金终值的计算公式为

$$F = A \frac{(1+i)^n - 1}{i}$$

式中,$\frac{(1+i)^n - 1}{i}$ 为年金终值系数,可以用 $(F/A, i, n)$ 表示,通过查阅年金终值系数表直接获得(可扫描前文"资金时间价值表"二维码)。

【例 2-5】 亨利公司准备从现在起每年年末存入银行 100 万元,一共存 4 年,已知银行利率是 6%。要求:计算第四年年末这系列款项的本利和。

解:
$$F = 100 \times (F/A, 6\%, 4)$$
$$= 100 \times 4.374\ 6$$
$$= 437.46(万元)$$

(2) 年偿债基金。偿债基金是指为了在约定的未来时点清偿某笔债务或积蓄一定数量的资金而必须分次等额形成的存款准备金。即为使年金终值达到既定金额的年金数额,也就是已知年金终值 F,求年金 A。计算公式为

$$A = F \frac{1}{(F/A, i, n)} = F \frac{i}{(1+i)^n - 1}$$

式中，$\dfrac{1}{(F/A, i, n)}$ 或 $\dfrac{i}{(1+i)^n-1}$ 为偿债基金系数，可以用 $(A/F, i, n)$ 表示。偿债基金系数是年金终值系数的倒数，查一元年金终值系数表求倒数可得（可扫描前文"资金时间价值表"二维码）。

【例2-6】 亨利公司有一笔4年后到期的借款，数额为1 000万元，企业每年年末向银行存入一笔款以便到期一次还清借款。要求：计算在年利率为10%的情况下，每年年末应存入的金额。

解：$$A = \dfrac{1\ 000}{(F/A, 10\%, 4)} = \dfrac{1\ 000}{4.641\ 0} = 215.47(万元)$$

（3）普通年金现值。年金现值是指一定时期内每期期末系列收付款项的复利现值之和。典型的例子就是整存零取方式下求最初应存入的资金额。普通年金现值示意图如图2-2所示。

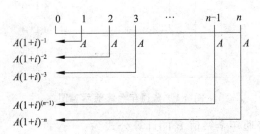

图2-2 普通年金现值示意图

由图2-2可知，普通年金现值 P 的计算公式为
$$P = A(1+i)^{-1} + A(1+i)^{-2} + A(1+i)^{-3} + \cdots + A(1+i)^{-n}$$
将上式两边同时乘以 $(1+i)$ 得
$$(1+i)P = A(1+i)^0 + A(1+i)^{-1} + A(1+i)^{-2} + \cdots + A(1+i)^{-(n-1)}$$
再将两式相减得
$$(1+i)P - P = A - A(1+i)^{-n}$$
推出普通年金现值的计算公式为
$$P = A\dfrac{1-(1+i)^{-n}}{i}$$

式中，$\dfrac{1-(1+i)^{-n}}{i}$ 为年金现值系数，可用 $(P/A, i, n)$ 表示，通过查阅年金现值系数表直接获得（可扫描前文"资金时间价值表"二维码）。

【例2-7】 亨利公司租入一台设备，每年年末需支付租金120万元，已知银行利率为10%。要求：计算5年内支付租金总额的现值。

解：$$P = 120 \times (P/A, 10\%, 5)$$
$$= 120 \times 3.790\ 8$$
$$= 454.896(万元)$$

（4）年资本回收额。年资本回收额是指在给定的年限内每期期末等额回收初始投入资本或清偿所欠债务的金额。年资本回收额的计算是年金现值的逆运算，已知年金现值 P，求年金 A，其计算公式为

$$A = P\frac{1}{(P/A, i, n)} = P\frac{i}{1-(1+i)^{-n}}$$

式中，$\frac{1}{(P/A, i, n)}$ 或 $\frac{i}{1-(1+i)^{-n}}$ 为资本回收系数，可用 $(A/P, i, n)$ 表示。资本回收系数是年金现值系数的倒数，可以通过查阅一元年金现值系数表，利用年金现值系数的倒数求得（可扫描前文"资金时间价值表"二维码）。

【例 2-8】 亨利公司现在借得 1 000 万元的贷款，在 10 年内等额偿还，年利率为 12%。要求：计算每年应付的金额。

解：$A = \dfrac{1\,000}{(P/A, 12\%, 10)} = \dfrac{1\,000}{5.650\,2} = 176.985$（万元）

2. 即付年金的计算方法

即付年金是指一定时期内每期期初等额的系列收付款项，又称预付年金或先付年金。即付年金与普通年金的差别仅在于收付款的时间不同。

（1）即付年金终值的计算。即付年金终值是指一定时期内每期期初系列收付款项的复利终值之和。计算即付年金终值期数比相同的普通年金终值的计算期数多一期利息，因此，只要将普通年金的终值公式乘以 $(1+i)$，便可得到即付年金的终值公式。即付年金终值示意图如图 2-3 所示。

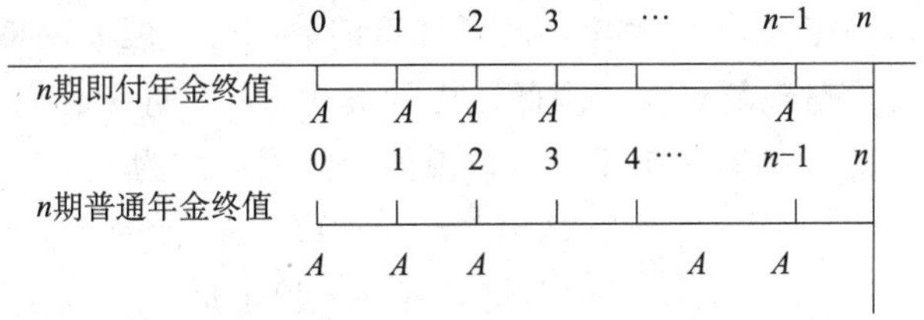

图 2-3 即付年金终值计算示意图

$$F = A\frac{(1+i)^n - 1}{i}(1+i)$$
$$= A(F/A, i, n)(1+i)$$

此外，根据 n 期即付年金终值和 $n+1$ 期普通年金终值的关系还可推导出另一公式。n 期即付年金与 $n+1$ 期普通年金比较，两者计息期数相同，但 n 期即付年金比 $n+1$ 期普通年金少付一次款。因此，只要将 $n+1$ 期普通年金的终值减去一期付款额，便可求得 n 期即付年金终值。计算公式为

$$F = A(F/A, i, n+1) - A$$
$$= A[(F/A, i, n+1) - 1]$$

【例 2-9】 亨利公司为支付固定资产的租金，将连续 3 年于每年年初支付 1 万元，银行存款利率为 10%。要求：计算该公司在 3 年支付的租金总额。

解：$F = 1 \times (F/A, 10\%, 3) \times (1+10\%)$
$\qquad = 1 \times 3.310\,0 \times 1.1$
$\qquad = 3.641$（万元）

或 $\qquad F = 1 \times [(F/A, 10\%, 3+1) - 1]$

$$=1×(4.6410-1)$$
$$=3.641(万元)$$

（2）即付年金现值的计算。n 期即付年金现值和 n 期普通年金现值比较，两者付款期数相同，但即付年金现值比普通年金现值少贴现一期。为求得 n 期即付年金的现值，可在求出 n 期普通年金现值后，再乘以 $(1+i)$，便可得到即付年金的现值公式。即付年金现值示意图如图 2-4 所示。

$$P = A\frac{1-(1+i)^{-n}}{i}(1+i)$$
$$= A(P/A, i, n)(1+i)$$

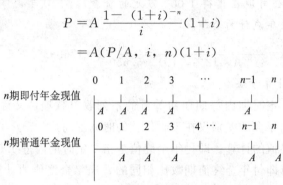

图 2-4　即付年金现值计算示意图

此外，根据 n 期即付年金现值和 $n-1$ 期普通年金现值的关系也可推导出另一公式。n 期即付年金与 $n-1$ 期普通年金比较，两者计息期数相同，但 n 期即付年金比 $n-1$ 期普通年金多了一期无须贴现的付款。因此，先计算出 $n-1$ 期普通年金的现值再加上一期无须贴现的付款，便可求得 n 期即付年金现值。计算公式为

$$P = A(P/A, i, n-1)+A$$
$$= A[(P/A, i, n-1)+1]$$

【例 2-10】　亨利公司为支付固定资产的租金，将连续 3 年于每年年初支付 1 万元，银行存款利率为 10%。要求：计算相当于现在一次性支付的金额。

解：
$$P = 1×(P/A, 10\%, 3)×(1+10\%)$$
$$= 2.4869×1.1$$
$$= 2.7356(万元)$$

或
$$P = 1×[(P/A, 10\%, 2)+1]$$
$$= 1×(1.7355+1)$$
$$= 2.7355(万元)$$

3. 递延年金的计算方法

递延年金，又叫延期年金，是指在最初若干期没有收付款项的情况下，随后若干期等额的系列收付款项。m 期以后的 n 期递延年金可用图 2-5 表示。

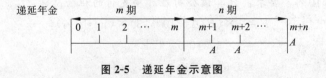

图 2-5　递延年金示意图

（1）递延年金终值。递延年金终值只与连续收付期 n 有关，与递延期 m 无关。其

计算公式为
$$F = A(F/A, i, n)$$

(2) 递延年金现值。递延年金现值的计算有两种方法。

方法一：分段法。将递延年金看成 n 期普通年金，先求出递延期末的现值，然后再将此现值折算到第一期期初，即得到 n 期递延年金的现值。
$$P = A(P/A, i, n)(P/F, i, n)$$

方法二：补缺法。假设递延期中也进行支付，先计算出 $m+n$ 期的普通年金的现值，然后扣除实际并未支付的递延期 m 的年金现值，即可得递延年金的现值。
$$P = A(P/A, i, m+n) - A(P/A, i, m)$$
$$= A[(P/A, i, m+n) - (P/A, i, m)]$$

式中，m 为递延期；n 为连续收付期数。

【例 2-11】 亨利公司拟购置一处二手房产，房主提出以下两种付款方案。

(1) 从现在起，每年年初支付 20 万元，连续支付 10 次，共 200 万元。

(2) 从第 5 年开始，每年年末支付 25 万元，连续支付 10 次，共 250 万元。

要求：假设该公司的资金成本率（即最低报酬率）为 10%，判断该公司应选择哪个方案？

解：(1) 即付年金现值
$$P = 20 \times (P/A, 10\%, 10) \times (1 + 10\%)$$
$$= 20 \times 6.1446 \times 1.1$$
$$= 135.18(万元)$$

或
$$P = 20 \times [(P/A, 10\%, 10-1) + 1]$$
$$= 20 \times (5.7590 + 1)$$
$$= 135.18(万元)$$

(2) 递延年金现值
$$P = 25 \times [(P/A, 10\%, 14) - (P/A, 10\%, 4)]$$
$$= 25 \times (7.3667 - 3.1699)$$
$$= 104.92(万元)$$

或
$$P = 25 \times (P/A, 10\%, 10) \times (P/F, 10\%, 4)$$
$$= 25 \times 6.1446 \times 0.6830$$
$$= 104.92(万元)$$

因为第二种方法付款的现值总额少，所以应选择第二种方案。

4. 永续年金的计算方法

永续年金是指无限期等额收付的年金，可视为普通年金的特殊形式，即期限趋于无穷的普通年金。存本取息可视为永续年金的例子。此外，也可将利率较高、持续期限较长的年金视同永续年金。

(1) 永续年金终值。由于永续年金持续期无限，没有终止的时间，因此没有终值。

(2) 永续年金现值。永续年金可以从极限的角度求现值。
$$P = A \frac{1 - (1+i)^{-n}}{i}$$

当 $n \to \infty$ 时，$(1+i)^{-n} \to 0$，所以永续年金的现值公式为

$$P = \frac{A}{i}$$

【例2-12】 亨利公司准备设立一项永久性奖励基金，计划每年用10万元的资金奖励在技术革新上有突出贡献的技术人员，年复利率为8%。要求：计算现在应存入银行的金额。

解： $P = \dfrac{10}{8\%} = 125(万元)$

三、资金时间价值计算方法的运用

1. 混合收付款项

混合收付款项是指各年收入或付出款项不相等的情况。对于混合收付款项的终值（或现值）计算，可先计算出每次收付款的复利终值（或现值），然后加总。

【例2-13】 亨利准备第一年存入银行1万元，第二年存入3万元，第三～第五年存入4万元，存款利率10%。要求：计算5年存款的现值总额（每期存款于每年年末存入）。

解： $P = 1 \times (P/F, 10\%, 1) + 3 \times (P/F, 10\%, 2) + 4 \times [(P/A, 10\%, 5) - (P/A, 10\%, 2)]$
$= 1 \times 0.9091 + 3 \times 0.8264 + 4 \times (3.7908 - 1.7355)$
$= 11.610(万元)$

2. 年内多次计息的问题

年内多次计息的问题主要涉及名义利率和实际利率的转换。

名义利率：以"年"为基本的计息期，每年计算一次复利。

实际利率：按照短于一年的计息期计算复利，并将全年利息额除以年初的本金，此时的利率是实际利率。

因此，若每年计息一次，名义利率＝实际利率；若每年计息多次，则实际利率＞名义利率。名义利率与实际利率的换算方法有以下两种。

名义利率与实际利率的换算关系为

$$i = \left(1 + \frac{r}{m}\right)^m - 1$$

式中，i 为实际利率；r 为名义利率；m 为每年复利计息次数。

【例2-14】 亨利公司于年初存入10万元，年利率为10%，每半年复利一次。要求：计算到第10年年末，该企业能得到的本利和。

解： $i = \left(1 + \dfrac{10\%}{2}\right)^2 - 1 = 10.25\%$

$F = 10 \times (1 + 10.25\%)^{10} = 26.53(万元)$

由于在用这种方法计算时以年利率表示的实际利率，一般情况下不是整数，再按复利计息年数计算到期的本利和时，不利于通过查表的方式计算到期本利和。因此可以考虑将 r/m 作为计算期利率，将 mn 作为计息期数进行计算。计算公式为

$$F = P\left(1 + \frac{r}{m}\right)^{mn}$$

本例用第二种方法计算过程为

$$F=10\times\left(1+\frac{10\%}{2}\right)^{2\times10}=26.53(万元)$$

3. 内插法的应用

内插法在资金时间价值计算中主要有三个方面的应用，即求复利系数、求计息期数、求利率。内插法应用的前提是：将系数与利率或计息期数之间的变动看成是线性变动。

以求普通年金现值下的贴现利率为例：大部分情况下，在系数表中不能找到完全对应的 i 值，这时就需要利用内插法来计算折现率。若已知 F，A，n，则可按以下步骤推算 i 值。

首先，计算出 F/A 的值，假设 $F/A=\alpha$。

其次，查普通年金现值系数表。沿已知 n 所在的行横向查找，若恰好能找到某一系数值等于 α，则该系数值所在的行相对应的利率就是要求的 i 值；若无法找到恰好等于 α 的系数值，就应在表中 n 行上找到与 α 最接近的左右临界系数值，设为 β_1、β_2（$\beta_1<\alpha<\beta_2$，或 $\beta_1>\alpha>\beta_2$），列出 β_1、β_2 所对应的临界利率 i_1、i_2，然后进一步运用内插法。

最后，在内插法下，可利用公式计算出 i。

$$i=i_1+\frac{\beta_1-\alpha}{\beta_1-\beta_2}\cdot(i_2-i_1)$$

【例 2-15】 亨利公司于第一年年初借款 20 000 元，每年年末还本付息额均为 4 000 元，连续 9 年还清。要求：计算借款利率。

解：根据题意，已知 $P=20\,000$，$A=4\,000$，$n=9$。

利率 i 和普通年金现值系数两者的关系为线性关系，即直线关系。

该题属于普通年金现值问题：$20\,000=4\,000(P/A, i, 9)$，通过计算可得，普通年金现值系数应为 5。查表不能查到 $n=9$ 时对应的系数 5，但可以查到和 5 相邻的两个系数 5.328 2 和 4.946 4。假设普通年金现值系数 5 对应的利率为 i，则有

12%	5.328 2
i	5
14%	4.946 4

根据内插法中利率 i 和普通年金现值系数两者的线性关系原理可得

$$\frac{i-12\%}{14\%-12\%}=\frac{5-5.328\,2}{4.946\,4-5.328\,2}$$

$$i=13.72\%$$

或直接代入内插法的公式得

$$i=12\%+\frac{5.328\,2-5}{5.328\,2-4.946\,4}\times(14\%-12\%)$$

$$=13.72\%$$

总之，不同时点上的资金价值不同，必须将不同时点上的资金按照一定的计息方式计算出终值与现值，换算到同一时点上才能进行比较、运算。复利终值与现值及各种年金终值与现值的计算是进行理财决策的重要前提。

任务二 风险与收益分析

引导案例

2017年1月,周先生到某银行的支行办理业务时,柜员向其推荐了某保险公司的一款分红型保险。这款保险每年交保费10 000元,共交费5年,每年都会有分红收益,从第6年开始可领取固定收益与分红。2021年3月,周先生因病去世,其女儿在整理遗物时发现父亲留下的保险单据。女儿仔细研究了保险条款并查阅了每年发来的保险对账单,算了一下才发现,对账单上的分红金额一年比一年少,共计投入50 000元,五年分红才3 500多元,还比不上银行定期存款收益!女儿去银行找工作人员理论,银行表示与保险公司之间只是合作关系,不承担任何责任。如有意见,需要她本人和保险公司直接取得联系。女儿于是找到保险公司,却被告知这种保险前几年的投资收益都比较低,况且周先生已去世,也无法证明当时推销人员是否保证过收益,保险合同里也没有约定收益。最终协商无果,只能作罢。

【引入问题】
1. 你会计算这项投资的收益率吗?
2. 根据上述案例,谈谈进行投资时应该怎样考虑风险和收益的关系?

一、风险与收益

(一)资产的收益与收益率

1. 资产收益的表示方式

资产的收益分为两种表示方式:一种是以绝对数表示的资产价值在一定期限内的增值量,包括利息、红利或股息等现金净收入的收益及资产价值的升值(资本利得);另一种是以相对数表示的资产价值的增值率,包括利息、股息等的收益率及资本利得收益率。

以绝对数表示的收益不利于不同规模资产之间收益的比较,而以相对数表示的收益则是一个相对指标,便于不同规模下资产收益的比较和分析。通常情况下,用收益率的方式来表示资产的收益。

为了便于比较和分析,对于计算期限短于或长于一年的资产,在计算收益率时一般要将不同期限的收益率转化成年收益率。如果不作特殊说明,资产的收益指的就是资产的年收益率。

【例2-16】某股票一年前的价格为10元,一年中的税后股息为0.25,现在的市价为12元。要求:计算在不考虑交易费用的情况下,一年内该股票的收益率。

解:一年中资产的收益为

$$0.25+(12-10)=2.25(元)$$

其中，股息收益为 0.25 元，资本利得为 2 元。

$$股票的收益率 = 0.25 \div 10 + 2 \div 10 = 2.5\% + 20\% = 22.5\%$$

其中，股利收益率为 2.5%，资本利得收益率为 20%。

2. 资产收益率的类型

资产收益率有以下六种类型。

（1）实际收益率，即已经实现或确定可以实现的资产收益率。

（2）名义收益率，即在资产合约上标明的收益率。

（3）预期收益率（期望收益率），即在不确定条件下，预测某种资产未来可能实现的收益率。

（4）必要收益率（最低必要报酬率或最低要求的收益率），即投资者对某资产合理要求的最低收益率。预期收益率＜投资人要求的必要报酬率，项目不能投资；预期收益率≥投资人要求的必要报酬率，项目可以投资。

（5）无风险收益率（短期国债利息率），即纯利率＋通货膨胀补贴。无风险资产（国债）满足两个条件：一是不存在违约风险；二是不存在再投资收益率的不确定性。

（6）风险收益率，即因承担该资产的风险而要求的超过无风险利率的额外收益，它等于必要收益率与无风险收益率之差。

（二）资产风险及衡量

1. 风险的含义

从财务管理的角度看，风险就是企业在各项财务活动中，由于各种难以预料或无法控制的因素作用，使企业的实际收益与预期收益发生背离，从而蒙受经济损失的可能性，也可以说是未来收益与预期收益的偏离程度。资产的风险是指资产收益率的不确定性，其大小可用资产收益率的离散程度来衡量。资产收益率的离散程度是指资产收益率的各种可能结果与预期收益率的偏差。

现代企业财务管理环境的一个重要特征是，在企业财务管理的每一个环节都不可避免地要面对风险。风险是客观存在的，如何防范和化解风险，以达到风险与报酬的优化配置是非常重要的。

假设有需要投资 1 000 万元的项目 A 和项目 B。项目 A 是没有风险的，投资项目 A 可获得的报酬是 100 万元；项目 B 存在着无法规避的风险，并且成功和失败的可能性分别为 50%，成功后的报酬是 200 万元，而失败的结果则是损失 20 万元。你选择哪个项目？这就涉及风险和报酬。

2. 风险的特征

（1）客观性。即不以人们的意志为转移，无论人们喜欢与否，它都无处不在，无时不有。

（2）不确定性。风险的发生令人难以琢磨，虽然整体风险可以通过概率计算预测，但某一特定风险何时发生、怎样发生则难以预测。

（3）风险与收益一般情况下具有对等性，即风险大，如成功则收益大，如失败则损

失大；反之亦然。

风险对不同的人来说是不一样的，它取决于风险的具体内容和人们选择风险时的偏好。人们对待风险的态度有三种，即喜好风险、厌恶风险和漠视风险。作为理性经济人对待风险的态度是厌恶风险，从而要求风险与收益挂钩，风险越大，收益也必然越大，否则，就没有经济意义；对于敢于冒险的人而言，喜欢收益一定的情况下，风险越大，越带有刺激性，越有成就感；对于漠视风险的人而言，风险与收益没有关系。

3. 风险与不确定性、损失、危险有密切关系

（1）风险与不确定性的区别。与风险相比，在不确定性状态下，人们不能预知各种后果出现的可能性状况。

（2）风险与损失的区别。风险只是存在损失的可能，而不是损失本身。损失是一个事后的概念，而风险是一个事前的概念。而且，风险不只有损失的可能性，还有不损失或获益的可能性。

（3）风险与危险的区别。危险是指能使损失事件更容易发生或损失事件一旦发生会使损失更加严重的因素，所以危险是影响风险的环境性因素，是导致风险水平增加的原因。

4. 风险价值

如上所述，在企业财务管理的每一个环节都不可避免地要面对风险，资金时间价值是指在没有风险和通货膨胀因素下的投资收益，因此，企业冒着风险进行投资时，就必须获得超过资金时间价值以外的额外收益。风险价值是指企业由于冒着风险进行投资而获取的超过资金时间价值的额外收益。风险价值又称风险收益或风险报酬。

5. 风险的衡量

由于风险是可能值对期望值的偏离，所以利用概率分布、期望报酬率和标准离差衡量风险的大小就成为一种最常用的方法。

（1）概率分布。概率是用来表示某一随机事件发生可能性大小的数值。某一事件在相同的条件下可能发生也可能不发生，这类事件称为随机事件。通常把必然发生的事件的概率定为1，把不可能发生的事件的概率定为0，而一般随机事件的概率介于0到1之间。概率越大，表示该事件发生的可能性越大。

【例2-17】 亨利公司为扩大经营规模，提高市场占有率，计划投资500万元进行新项目的开发，现有项目A和项目B两个开发方案，在综合分析影响企业盈利的各种因素后做出如表2-1所示项目收益概率分布。要求：分析项目A、B的风险和投资报酬率。

表2-1 项目收益概率分布

经济状况	发生概率	项目A预期收益率/%	项目B预期收益率/%
繁荣	0.3	80	60
正常	0.4	30	30
衰退	0.3	−20	0

解：预期收益率的概率分布反映了投资报酬的不确定程度。分布范围越大，说明风险越高，相应投资报酬率的预期也就越高。由表2-1可知，项目A的风险和投资报酬率

可能均高于项目 B。

(2) 期望报酬率。期望报酬率是指各种可能的报酬率按其概率进行加权平均得到的报酬率，它是反映集中趋势的一种量度。其计算公式为

$$\overline{K} = \sum_{i=1}^{n} K_i P_i$$

式中，$\overline{K}$ 为期望报酬率；K_i 为第 i 种可能结果的报酬率；P_i 为第 i 种可能结果的概率；n 为可能结果的个数。

【例 2-18】 沿用例 2-17 资料。要求：计算该企业 A、B 两个项目的期望报酬率。

解：项目 A 的期望报酬率 $\overline{K}_A = 0.3 \times 80\% + 0.4 \times 30\% + 0.3 \times (-20\%) = 30\%$

项目 B 的期望报酬率 $\overline{K}_B = 0.3 \times 60\% + 0.4 \times 30\% + 0.3 \times 0 = 30\%$

从上述计算结果得知，企业两项投资的期望报酬率相等，都是 30%，但从概率分布来看，项目 A 各种情况下报酬率分散程度大，变动范围为 −20%～80%；项目 B 相对较为集中，变动范围在 0～60%。这说明项目 A 和项目 B 报酬率相同，但风险不同，项目 B 的风险相对较小。

为了定量地衡量风险的大小，还要借助于统计学中衡量概率分散程度的指标如标准离差、标准离差率等进行分析。

(3) 标准离差。标准离差用来衡量概率分布中各种可能的报酬率对期望值的偏离程度，是反映离散程度的一种量度，可以说明风险的大小。标准离差计算公式为

$$\sigma = \sqrt{\sum_{i=1}^{n}(K_i - \overline{K})^2 \cdot P_i}$$

式中，σ 为标准离差；$\overline{K}$ 为期望报酬率；K_i 为第 i 种可能结果的报酬率；P_i 为第 i 种可能结果的概率；n 为可能结果的个数。

【例 2-19】 沿用例 2-17 资料。要求：计算项目 A、B 的标准离差，并判断各自风险的大小。

解：项目 A 的标准离差为

$$\sigma_A = \sqrt{(80\% - 30\%)^2 \times 0.3 + (30\% - 30\%)^2 \times 0.4 + (-20\% - 30\%)^2 \times 0.3} = 38.73\%$$

项目 B 的标准离差为

$$\sigma_B = \sqrt{(60\% - 30\%)^2 \times 0.3 + (30\% - 30\%)^2 \times 0.4 + (0 - 30\%)^2 \times 0.3} = 23.24\%$$

从计算结果来看，项目 B 的标准离差小于项目 A 的标准离差，相应地，项目 B 的投资风险比项目 A 小。

标准离差以绝对数衡量决策方案的风险：在期望值相同的情况下，标准离差越大，表明可能值对期望值的偏离程度越大，结果的不确定性越大，风险越大；反之，标准离差越小，风险越小。

(4) 标准离差率。标准离差率又称标准离差系数、变异系数，是标准离差与期望值之比，即单位期望值所承担的标准离差。

用公式表示为

$$V = \frac{\sigma}{\overline{K}} \times 100\%$$

式中，V 为标准离差率；σ 为标准离差；$\overline{K}$ 为期望报酬率。

【例 2-20】 沿用例 2-17 的资料。要求：计算项目 A、B 的标准离差率，并比较投资的风险大小。

解：项目 A 的标准离差率 $V_A = \dfrac{\sigma}{\overline{K}} \times 100\% = \dfrac{38.73\%}{30\%} \times 100\% = 129\%$

项目 B 的标准离差率 $V_B = \dfrac{\sigma}{\overline{K}} \times 100\% = \dfrac{23.24\%}{30\%} \times 100\% = 77.47\%$

从计算结果来看，项目 A 的标准离差率远远高于项目 B 的标准离差率，相应地，项目 A 的投资风险远远大于项目 B。

在期望值不同的情况下，标准离差率越大，表明可能对期望值的偏离程度越大，结果的不确定性越大，风险越大；反之，标准离差率越小，风险越小。

6. 风险与报酬的关系

(1) 风险报酬有以下两种表示方法。

风险报酬额：投资者因进行风险投资而获得的超过时间价值的那部分额外报酬。

风险报酬率：指投资者因冒险投资而获得的超过时间价值率的那部分报酬率。为方便比较和分析，财务管理中一般用风险报酬率表示风险报酬。

(2) 如果不考虑通货膨胀因素，投资报酬率就是时间价值与风险价值之和。因此，风险和期望的投资报酬率之间的关系可表示为

$$K = R_F + R_R = R_F + bV$$

式中，K 为必要投资报酬率；R_F 为无风险报酬率；R_R 为风险报酬率；b 为风险报酬斜率（风险报酬系数）；V 为标准离差率。

从公式可以看出，风险报酬系数 b 是风险报酬率确定的关键，该系数一般是由专门研究机构通过对企业历史资料的分析、统计回归或专家评议获得，其大小取决于全体投资者对待风险的态度。若大家都愿意冒风险，风险报酬系数就小，风险报酬率就低；若大家都不愿意冒风险，风险报酬系数就大，风险报酬率就越高。风险与报酬的关系如图 2-6 所示。

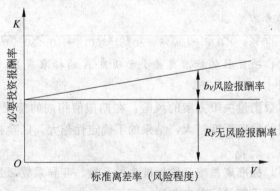

图 2-6 风险与报酬的关系

【例 2-21】 沿用例 2-17 资料，假定无风险报酬率为 5%，风险报酬系数为 20%。要求：计算项目 A 与项目 B 的风险报酬率及必要投资报酬率。

解：风险报酬率的计算如下。

项目 A 的风险报酬率 $R_R = 20\% \times 129\% = 25.8\%$

项目 B 的风险报酬率 $R_R = 20\% \times 77.47\% = 15.49\%$

由计算结果可知，项目 A 的风险报酬率大大高于项目 B 的风险报酬率。

必要投资报酬率的计算如下。

项目 A 的必要投资报酬率 $K_A = R_F + R_R = 5\% + 25.8\% = 30.8\%$

项目 B 的必要投资报酬率 $K_B = R_F + R_R = 5\% + 15.49\% = 20.49\%$

综合例 2-17~例 2-21 的计算结果，不难发现，项目 A 投资风险大。但期望报酬率 30% 略低于必要投资报酬率 30.8%，项目不可取；项目 B 投资风险小，期望报酬率 30% 远远高于必要投资报酬率 20.49%，经济上可行。因此该企业应该选择项目 B 作为投资开发方案。

综上所述，风险与报酬是理财的两个核心元素，决策者只有通过一系列方法将决策方案的风险与报酬加以量化，方可做出正确判断。对于单个方案，决策者可根据其标准离差（率）的大小，与其设定的可接受的此项指标最高限值对比，然后做出取舍；对于多方案择优，则应选择期望值高、标准离差（率）低的。但高报酬方案往往伴随着高风险；低报酬方案风险也较低，究竟何去何从不仅要权衡期望值和风险，还要视企业的具体情况、视决策者对待风险的态度而定，因时、因事、因人而异。如喜欢稳妥、思想保守的人可能会选择低风险、低报酬的方案，而喜欢冒险、思想激进的人则会选择高风险、高报酬的方案。

二、资产组合的风险和收益

（一）资产组合

两项或两项以上资产所构成的集合称为资产组合。如果资产组合中的资产均为有价证券，则该资产组合也可称为证券组合。

（二）资产组合的预期收益率

资产组合的预期收益率就是组成资产组合的各种资产的预期收益率的加权平均数，其权数等于各种资产在整个组合中所占的价值比例。资产组合的预期收益率计算如下。

$$E(R_y) = \sum_{i=1}^{n} W_i \times E(R_i)$$

式中，$E(R_y)$ 为资产组合的预期收益率；$E(R_i)$ 为第 i 项资产的预期收益率；W_i 为第 i 项资产在整个组合中所占的价值比例。

影响资产组合预期收益率的因素：一是投资组合中各个投资项目的预期收益率；二是投资组合中各个投资项目的投资比例。

【例 2-22】 亨利公司有 A、B 两个投资项目，计划投资总额为 2 500 万元（其中项目 A 为 1 000 万元，项目 B 为 1 500 万元）。两个投资项目的收益率及概率分布情况见表 2-2。

表 2-2　亨利公司投资项目的收益率及概率分布

项目实施情况	该情况出现的概率		投资收益率/%	
	项目 A	项目 B	项目 A	项目 B
好	0.3	0.2	25	20
一般	0.6	0.4	20	15
差	0.1	0.4	0	−10

要求：（1）计算 A、B 两个项目的预期收益率。

（2）如果这两个项目是互斥项目，则应该选择哪个项目？

解：（1）项目 A 的预期收益率 $=0.3\times25\%+0.6\times20\%+0.1\times0=19.5\%$

项目 B 的预期收益率 $=0.2\times20\%+0.4\times15\%+0.4\times(-10\%)=6\%$

（2）计算两个项目的标准离差

A 项目标准离差 $=\sqrt{(25\%-19.5\%)^2\times0.3+(20\%-19.5\%)^2\times0.6+(0-19.5\%)^2\times0.1}$
$=6.87\%$

同理，项目 B 的标准离差 $=13.19\%$

（3）计算两个项目的标准离差率

项目 A 的标准离差率 $=6.87\%\div19.5\%=0.35$

项目 B 的标准离差率 $=13.19\%\div6\%=2.198$

由于 A 项目的标准离差率＜B 项目的标准离差率，A 项目的预期收益率＞B 项目的预期收益率，所以选择 A 投资项目。

（三）资产组合的风险衡量

1. 两项资产组合的风险

两项资产组合的收益率的方差满足以下关系。

$$\sigma_p^2=w_1^2\sigma_1^2+w_2^2\sigma_2^2+2w_1w_2\sigma_{1,2}\sigma_1\sigma_2$$

式中，σ_p 为资产组合的标准离差，用于衡量资产组合的风险；σ_1，σ_2 分别为资产组合中两项资产的标准离差；w_1 和 w_2 分别为资产组合中两项资产所占的价值比例；$\sigma_{1,2}$ 为两项资产的相关系数。

两项资产组合的收益率的方差的公式可以这样来记忆：$(a+b)^2=a^2+2ab+b^2$，将上式 $w_1\sigma_1$ 看成 a，$w_2\sigma_2$ 看成 b，再考虑两项资产的相关系数 $\sigma_{1,2}$ 即可。

（1）影响资产组合的标准离差的因素有三个：投资比例、单项资产的标准离差、两项资产的相关系数。

（2）资产组合的标准离差与相关系数同向变化。两项资产的相关系数越大，资产组合的标准离差越大，风险越大。反之，两项资产的相关系数越小，资产组合的标准离差越小，风险越小。

（3）相关系数最大时，资产组合的标准离差（或方差）最大。两项资产的相关系数最大值为 1，此时，

$$\sigma_p^2=w_1^2\sigma_1^2+w_2^2\sigma_2^2+2w_1w_2\sigma_1\sigma_2=(w_1\sigma_1+w_2\sigma_2)^2$$

由此表明，资产组合的标准离差等于组合中各项资产标准离差的加权平均值。也就是说，当两项资产的收益率完全正相关时，两项资产的风险完全不能互相抵消，所以，这样的资产组合不能降低任何风险。

(4) 两项资产的相关系数最小时，资产组合的标准离差（或方差）最小。两项资产的相关系数最小值为-1，此时，

$$\sigma_p^2 = w_1^2\sigma_1^2 + w_2^2\sigma_2^2 - 2w_1w_2\sigma_1\sigma_2 = (w_1\sigma_1 - w_2\sigma_2)^2$$

方差达到最小值，甚至可能为 0。因此，当两项资产的收益率具有完全负相关关系时，两者之间的风险可以充分地抵消，甚至完全消除。因而，这样的资产组合就可以最大限度地抵消风险。

(5) 在实际中，两项资产完全正相关或完全负相关的情况几乎是不可能的。绝大多数资产两两之间都具有不完全的相关关系，即两项资产的相关系数小于 1 且大于 -1（多数情况下大于 0），因此，会有

$$0 < \sigma_p < (w_1\sigma_1 + w_2\sigma_2)$$

2. 多项资产组合的风险

(1) 一般来讲，随着资产组合中资产数目的增加，资产组合的风险会逐渐降低，当资产的数目增加到一定程度时，资产组合风险的降低将非常缓慢，直到不再降低。

(2) 随着资产数目的增加而逐渐减小的风险，只是由方差表示的风险。我们将这些可通过增加资产组合中资产的数目而最终消除的风险称为"非系统风险"。

(3) 不随着组合中资产数目的增加而消失的始终存在的风险称为"系统风险"。

（四）非系统风险与风险分散

非系统风险又被称为企业特有风险或可分散风险，是指由于某种特定原因对某特定资产收益率造成影响的可能性。它是可以通过有效的资产组合来消除掉的风险；它是特定企业或特定行业所特有的，与政治、经济和其他影响所有资产的市场因素无关。

对于特定企业而言，企业特有风险可进一步分为经营风险和财务风险。经营风险是指因生产经营方面的原因给企业目标带来不利影响的可能性。财务风险，又称筹资风险，是指由于举债而给企业目标带来不利影响的可能性。

在风险分散的过程中，不应当过分夸大资产多样性和资产数目的作用。实际上，在资产组合中资产数目较少时，通过增加资产的数目，分散风险的效应会比较明显，但当资产的数目增加到一定程度时，风险分散的效应就会逐渐减弱。

（五）系统风险及其衡量

1. 市场组合

市场组合是指由市场上所有资产组成的组合。它的收益率就是市场平均收益率，实务中通常使用股票价格指数的收益率来代替。市场组合的方差代表市场整体的风险。由于在市场组合中包含了所有资产，因此，市场组合中的非系统风险已经被全部消除，所以，市场组合的风险就是系统风险（市场风险）。

2. 系统风险及其衡量

(1) 单项资产的 β 系数。单项资产的 β 系数是指可以反映单项资产收益率与市场平均收益率之间变动关系的一个量化指标，它表示单项资产收益率的变动受市场平均收益率变动的影响程度。换句话说，就是相对于市场组合的平均风险而言，单项资产系统风

险的大小。β系数的定义式如下。

$$\beta_t = \rho_{i,m} \cdot \frac{\sigma_i}{\sigma_m}$$

$$单项资产\beta系数 = \frac{某项资产的系统风险}{市场组合的风险}$$

式中，$\rho_{i,m}$为第i项资产的收益率与市场组合收益率的相关系数；σ_i为该项资产收益率的标准离差，表示该资产的风险大小；σ_m为市场组合收益率的标准离差，表示市场组合的风险。

从上式可以看出，第i种资产的β系数的大小取决于三个因素：第i种资产收益率和市场资产组合收益率的相关系数、第i种资产收益率的标准离差和市场组合收益率的标准离差。

（2）资产组合的β系数。资产组合的β系数是所有单项资产β系数的加权平均数，权数为各种资产在资产组合中所占的价值比例。计算公式如下。

$$\beta_p = \sum_{i=1}^{x} W_i \cdot \beta_i$$

式中，β_p为资产组合的β系数；W_i为第i项资产在资产组合中所占的价值比重；β_i为第i项资产的β系数。

【例2-23】 亨利公司持有A、B、C、D四种股票，有关机构公布的四种股票的β系数分别为1.5、1.2、1.0和0.8。它们在资产组合中所占的价值比重分别为40%、30%、20%、10%。假定无风险报酬率为8%，整个股票市场的期望报酬率为14%。要求：计算该证券资产组合的风险报酬率。

解：该证券资产组合的β系数$=1.5\times40\%+1.2\times30\%+1.0\times20\%+0.8\times10\%$
$=1.24$

该证券资产组合的风险报酬率$=1.24\times(14\%-8\%)=7.44\%$

总之，投资的风险价值（风险报酬）是指投资者因进行风险投资而获得的超过时间价值的那部分额外报酬。风险报酬是对企业可能遇到的风险的一种价值补偿，它要求等量风险带来等量收益。风险是指资金运用过程中收益结果的不确定性程度，企业面临的风险既有通过多元化投资可以分散的风险，也有系统的不可分散风险；既有来自经营方面的风险，也有来自筹资方面的财务风险。风险是客观存在的，但可以通过概率、期望值、标准离差、标准离差率等指标度量。风险与报酬是共存的，企业在考虑报酬的同时必须考虑风险，风险与报酬是理财的两个核心概念，风险与报酬通常同向变化，报酬高的项目投资风险大，报酬低的风险也较小，需慎重选择。

同 步 测 试

一、单项选择题

1. 一定时期内每期期初等额收付的系列款项称为（   ）。

    A. 永续年金   B. 预付年金   C. 普通年金   D. 递延年金

2. 为在第三年年末获得本利和10 000元，每年年末应存款多少，应用（　　）。
   A. 年金现值系数				B. 年金终值系数
   C. 复利现值系数				D. 复利终值系数
3. 那些影响所有公司的因素引起的风险称为（　　）。
   A. 公司特有风险	B. 经营风险	C. 市场风险	D. 财务风险
4. 现在开始每年年末存入银行10 000元，年复利率为7%，则第五年年末得到本息和是（　　）元。
   A. 53 500	B. 14 030	C. 57 500	D. 41 000
5. 某项存款年利率为6%，每半年复利一次，其实际利率为（　　）。
   A. 12.36%	B. 6.09%	C. 6%	D. 6.6%
6. 投资者冒险投资，其期望报酬率应等于（　　）。
   A. 时间价值				B. 风险价值
   C. 时间价值和风险价值之和		D. 时间价值、风险价值和额外报酬之和
7. 关于风险报酬正确的表述是（　　）。
   A. 风险报酬是必要投资报酬
   B. 风险报酬是投资者的风险态度
   C. 风险报酬是无风险报酬加通胀贴补
   D. 风险报酬率＝风险报酬斜率×风险程度
8. 投资者由于冒风险进行投资而获得的超过资金价值的额外收益，称为投资的（　　）。
   A. 时间价值率	B. 期望报酬率	C. 风险报酬率	D. 必要报酬率
9. 对于多方案择优，决策者的行动准则应是（　　）。
   A. 选择高收益项目
   B. 选择高风险、高收益项目
   C. 选择低风险、低收益项目
   D. 权衡期望收益与风险，还要视决策者对风险的态度而定
10. 某企业拟进行一项存在一定风险的完整工业项目投资，有甲、乙两个方案可供选择：已知甲方案净现值的期望值为1 000万元，标准离差为300万元；乙方案净现值的期望值为1 200万元，标准离差为330万元。下列结论中正确的是（　　）。
    A. 甲方案优于乙方案			B. 甲方案的风险大于乙方案
    C. 甲方案的风险小于乙方案		D. 无法评价甲、乙方案的风险大小

二、多项选择题

1. 企业因借款而增加了（　　）。
   A. 经营风险	B. 财务风险	C. 市场风险	D. 筹资风险
2. 可以用来衡量风险大小的指标有（　　）。
   A. 无风险报酬率	B. 期望值	C. 标准离差	D. 标准离差系数
3. 普通年金终值系数表的用途有（　　）。
   A. 已知年金求终值			B. 已知终值求年金

C. 已知现值求终值　　　　　　　　D. 已知终值和年金求利率

4. 影响投资报酬率的最直接的因素有（　　）。
   A. 市场利率　　　　　　　　　　B. 无风险投资收益率
   C. 风险投资报酬率　　　　　　　D. 通货膨胀率

5. 下列表述中正确的是（　　）。
   A. 复利现值系数与复利终值系数互为倒数
   B. 普通年金终值系数与偿债基金系数互为倒数
   C. 普通年金终值系数与普通年金现值系数互为倒数
   D. 预付年金现值系数相对于普通年金现值系数来说，期数减1，系数加1

6. 收益标准离差率越高，则（　　）。
   A. 预期收益越高　　　　　　　　B. 投资风险越高
   C. 应得风险收益率越高　　　　　D. 投资风险越低
   E. 应得风险收益率越低

7. 关于风险报酬，下列哪些叙述是正确的？（　　）
   A. 风险越大，获得的风险报酬越高
   B. 标准离差和标准离差率可在相同条件下表示风险程度
   C. 风险报酬有风险报酬额和风险报酬率两种表示方法
   D. 在报酬率已确定的情况下要尽量选择风险小的方案
   E. 若一项投资方案风险报酬率为零，则此项方案的最终报酬为零

8. 风险投资的概率分布越集中，则（　　）。
   A. 实际收益率越小
   B. 实际可能的结果就会越接近预期收益
   C. 投资的风险程度也就越小
   D. 实际收益率低于预期收益率的可能性就越小
   E. 实际收益率低于预期收益率的可能性就越大

9. 风险与报酬的关系可表述为（　　）。
   A. 风险越大，期望报酬越大　　　B. 风险越大，期望投资报酬越小
   C. 风险越大，要求的收益越高　　D. 风险越大，获得的投资收益越小

10. 预期投资收益率应当包括（　　）。
    A. 无风险报酬率　　　　　　　　B. 平均资金利润率
    C. 通货膨胀补偿率　　　　　　　D. 风险报酬率
    E. 外汇利率

三、判断题

1. 在同期限、同利率的情况下，预付年金终值系数与普通年金终值系数相比，是期数加1，系数减1。（　　）
2. 资金时间价值是指没有投资风险和通货膨胀因素的投资报酬率。（　　）
3. 风险和收益并存，因此高风险的投资项目一定会带来高收益。（　　）

4. 计算递延年金终值的方法与计算普通年金终值的方法一样。（   ）
5. 普通年金与预付年金的区别仅在于计息时间的不同。（   ）
6. 永续年金只有现值，而无终值。（   ）
7. 资金时间价值，根源于其在再生产过程中的运动和转化，是资金在周转使用中产生的。（   ）
8. 风险就是不确定性，两者没有区别。（   ）
9. 在风险厌恶的假定下，风险程度越高，投资人要求的报酬率就越高。（   ）
10. 两个项目比较而言，标准离差较大的项目，其标准离差率也一定较大。（   ）

四、计算题

1. 某公司准备在7年后购买一套价值100 000元的设备，假定目前银行存款利率为10%。要求：计算公司现在需存入银行多少钱才能保证有足够的资金购买该设备。

2. 某公司需用一台设备，买价230 000元，可使用10年，如租赁此设备，则每年年末需付租金36 000元，连续付10年，假定利率为9%。要求：判断该公司应该购买还是租赁此项设备。

3. 某公司5年后需用现金150 000元购买设备。要求：计算如每年年末存款一次，在年利率为10%的情况下，该公司每年年末应存入多少现金才能保证购买设备的款项？若每年年初存款一次，又需存入多少现金才能购买设备？

4. 公司5年前发行的一种期限为15年，年末一次还本1 000元的债券，债券票面利率为5%，每年年末付息一次，第5次利息刚刚付过，目前刚发行的与之风险相当的债券，票面利率为8%。要求：计算这种旧债券目前的市价。

5. 某公司向银行借入一笔款项，银行贷款的年利率为10%，每年复利一次。银行规定前10年不用还本付息，但从第11年至第20年每年年末偿还本息8 000元。要求：用两种方法计算这笔借款的现值。

6. 丽华公司准备从留用利润中拿出80 000元进行投资，希望在7年后能有120 000元用来购买新设备。要求：计算丽华公司预期的投资报酬率不低于多少才能保证7年后购买此设备？

7. 某酒店为增加营业收入，提高市场竞争力，计划投资某项目，现有三个备选方案，方案一是在酒店增设咖啡厅，方案二是开设健身房，方案三是开设桑拿按摩房。方案投资期均为1年，在三种不同的经济情况下，三个方案预计报酬率资料见表2-3。

表2-3 某酒店项目投资方案预计报酬率

经济情况	概率	投资方案		
		方案一	方案二	方案三
衰退	0.3	5%	10%	15%
正常	0.4	15%	15%	15%
繁荣	0.3	25%	20%	15%

要求：利用期望报酬率、标准离差、标准离差率等指标对三个方案的风险程度进行评价，确定出最优方案。

8. 永安公司欲购置一台设备，设备供应商有四种销售方式。

(1) 从现在起，每年年末支付2 000元，连续支付10年。

(2) 从现在起，每年年初支付1 800元，连续支付10年。

(3) 从第5年开始，每年年末支付2 900元，连续支付10年。

(4) 一次性支付价款12 500元。

要求：假定资金成本率为10%，判断永安公司应选择哪一种付款方式。

五、案例分析题

1. 助学贷款的同学享受到的好处你计算过吗？假设市场平均贷款利息率为5%，在校3年时间，每年贷款额为6 000元，按复利到期一次还本付息计算。要求：计算一个助学贷款的同学实际一共享受到的优惠金额。

2. 到超市进行实地考察，选取一种提供分期付款的商品，记下它的一次性付款价格以及24期、12期、6期分期付款额。要求：计算并比较哪种付款期最合算？向银行求证，和同期银行贷款利率比较并说明分期和一次性付款哪种方式更合算？

3. 茂昌机械工程公司因技改项目资金需求，拟采用融资租赁方式筹资。找到一家租赁公司洽谈租赁事宜，双方约定租赁期为5年。在商议租金的支付方式时，双方发生了分歧：茂昌机械工程公司希望每年年末支付租金。而租赁公司则要求每年年初支付租金。最后双方达成一致：如果市场利率为10%，则若年初支付，每年支付1万元；若年末支付，每年支付1.1万元。

请回答：

(1) 为什么茂昌机械工程公司和租赁公司会不约而同地考虑租金的支付时间呢？

(2) 如果不考虑资金时间价值问题，则年初与年末支付的租金存在区别吗？

实训项目

1. 创业财务计划书中资金时间价值的运用

针对本组创业计划，考虑是否需要贷款。上网或实地到银行查找目前适用的贷款利率，考虑影响贷款利率的因素，并结合贷款期限计算贷款本利和。

2. 关于树立风险意识的调查分析

调研本组创业计划经营过程中可能面临的风险，包括系统风险和非系统风险。讨论如何防范和化解风险，以达到风险与报酬的优化配置。

筹 资 理 论

项目三

学 习 目 标

知 识 目 标

1. 熟悉筹资的含义、渠道和筹资方式。
2. 掌握资金需要量确定的销售百分比法。

筹资管理

能 力 目 标

1. 能正确理解筹资的实质和应用的必要性。
2. 能结合各种不同筹资方式和筹资渠道的特点对筹资做出合理选择。
3. 能准确计算某一时期企业资金需要量。

思 政 目 标

1. 结合筹资时信用评级要求,树立诚信守法意识。
2. 结合筹资方式和筹资规模,培养成本节约意识。

导语: 本项目主要介绍筹资管理中筹资规模的预测、筹资方式的运用,筹资决策的确定等相关内容。通过本项目学习,要求学生了解权益资本筹集的各种方式和特点,熟悉企业负债筹资的方式,了解各种负债筹资方式的优缺点,能运用所学知识合理进行筹资决策。

任务一 筹资概念及筹资规模

引 导 案 例

永达新材公司是一个季节性很强、信用评级为 AA 的大中型企业。2020 年的销售收入为 2 000 万元,预计 2021 年达到 2 500 万元。资金需要量会有所增加,促使公司需要筹集更多资金。

每年一到生产旺季，公司就会面临产品供不应求，资金严重不足的问题。今年公司同样碰到了这一问题，生产所需的 A 种材料面临缺货，急需 500 万元的资金投入，而公司目前尚无多余资金，急需对外筹资。

那么，公司该如何做出筹资决策以最小的成本筹集到企业需要的资金量呢？

【引入问题】

1. 企业为什么要筹资？
2. 企业需要筹集多少资金？
3. 从什么渠道以什么方式筹集？
4. 如何协调财务风险和资本成本，合理安排资本结构？

一、企业筹资渠道和筹资方式

（一）企业筹资的含义与分类

企业筹资是指企业根据生产经营、投资活动、资金结构调整等的需要，通过金融市场和筹资渠道，运用适当的方式筹措所需资金的行为。

企业筹资是企业生产经营各类环节的起点，是决定资金运动规模和企业发展程度的重要环节，能够为企业生产经营活动的正常开展提供财务保障。任何一个企业在各个时期会因为不同需要必须拥有一定数量的资金。企业在形成时期，要按照企业发展战略所确定的生产经营规模核定长期资本和流动资金的需要量。在日常生产经营活动中，需要一定数额的资金来满足营业活动的正常波动需求。企业在成长时期，往往会因扩大生产经营规模需要大量资金，引发扩张性的筹资动机。扩大企业生产经营规模的主要形式有外延式的扩大再生产和内涵式的扩大再生产两种。例如，增加设备、新建厂房等，增加固定资产的数量，属于外延式的扩大再生产；引进技术、改进设备，提高固定资产的生产能力，属于内涵式的扩大再生产。企业在成熟时期，会由于战略发展和资本经营的需要，而积极开拓有发展前途的投资领域，以联营投资、股权投资和债权投资等形式对外投资，往往会产生大额的资金需求。

企业通过不同筹资渠道、运用不同的筹资方式筹集资金，由于其分类标准有所不同，形成了不同的筹资分类。企业筹资的分类如表 3-1 所示。

表 3-1　企业筹资的分类

分类标准	筹资分类
筹资渠道	股东权益筹资、负债筹资、衍生工具筹资
是否借助金融机构	直接筹资、间接筹资
资金的来源范围	内部筹资、外部筹资
所筹集资金的使用期限	长期筹资、短期筹资
筹资结果是否在资产负债表上反映	表内筹资、表外筹资

1. 按筹资渠道不同可分为股东权益筹资、债务筹资、衍生工具筹资

股东权益筹资是指以发行股票的方式进行筹资。股东权益筹资形成的股权资本，又称自由资本、主权资本或股东权益资本,是企业依法长期拥有,能够自主调配运用的资本。企业的股权资本通常通过吸收直接投资、发行股票、内部积累等方式取得。股东权益筹资项目,包括实收资本、资本公积金、盈余公积金和未分配利润等。其中,盈余公积金、未分配利润共称为留存收益。

债务筹资是企业通过银行借款、发行债券、商业信用、融资租赁等方式获取并依法使用、按期偿还的资金行为。债务筹资主要包括银行信贷、非银行类金融机构或个人借款等。

衍生工具筹资包括兼具股权与债务特性的混合融资和其他衍生工具融资。该行为一般发生在我国上市公司中,目前最常见的混合融资是可转换债券融资,最常见的其他衍生工具融资是认股权证融资。

2. 按其是否借助金融机构可分为直接筹资、间接筹资

直接筹资是指企业不通过银行等金融机构,与资金供应者直接协商或者发行股票、债券等筹集资金。

间接筹资是指企业通过银行等金融机构所进行的筹资活动。这是一种传统的筹资活动。

3. 按资金的来源范围可分为内部筹资、外部筹资

内部筹资也称内部集资,是指企业为满足生产经营的需要,向其职工(包括管理者)募集资金的行为。一般可分为向职工借款和向职工发行股票两种形式。目前,我国企业内部筹资以向职工借款为主。

外部筹资是指企业筹集外部资金。主要有发行新的股票和发行债券两种途径。其中有一部分资金具有混合型特点,如优先股、认股权证、可转换证券等。

4. 按所筹集资金的使用期限不同可分为长期筹资和短期筹资

长期筹资是指企业筹集的资金使用期限在一年以上,主要用于战略性发展。企业的自由资金、长期债券、长期借款等都是长期筹资。

短期筹资是指企业筹集的资金使用期限在一年以内,主要用于生产经营过程中短期周转。商业信用和银行短期借款等都属于短期筹资。

5. 按筹资结果是否在资产负债表上反映可分为表内筹资、表外筹资

表内筹资是指所融入的债务资本必须在企业资产负债表中进行反映的筹资形式,如银行借款、发行债券等,按照国际通行的会计制度都必须反映在借款人的资产负债表上。表内筹资在企业的筹资总额中占有较大的比重,是企业筹资的主要形式。企业可以通过应收票据贴现,出售有追索权的应收账款等把表内筹资化为表外筹资。

表外筹资是指不需列入资产负债表的,即该项筹资既不在资产负债表的资产方表现为某项资产的增加,也不在负债及所有者权益方表现为负债的增加。

(二)筹资渠道与方式

1. 企业筹资渠道

筹资渠道是指企业资金来源的方向与通道,体现了资金的源泉和流量,这是客观存在的。企业的筹资渠道整体上可以分为内部资金来源和外部资金来源。内部资金来源主

要是指企业自留资金,如提取的折旧、保留的盈余等;外部资金来源主要有国家财政资金、银行信贷资金、非银行类金融机构资金、其他法人资金、民间资金和外商资金等。

(1) 企业自留资金是指企业内部形成的资金,又称内部资金。包括计提的固定资产折旧、提取的盈余公积或未分配利润等。这些资金不需要企业通过一定方式去筹集,而是企业内部自动生成或转移。与其他筹资渠道相比,企业自留资金不仅筹资成本相对较低,而且简单易行。

(2) 国家财政资金是指国家对企业的直接投资,是国有企业的主要资金来源渠道。在国有企业的资金来源中,其资本金绝大部分是由国家财政拨款形成的。另外,还有一部分是由国家对企业的税前还贷或减免各种税款形成的。企业从国家财政取得的资金,都是国家投入的资金,产权归国家所有。

(3) 银行信贷资金是指通过银行授信渠道取得的各类资金,包括流动资金贷款、固定资产贷款、个人按揭贷款以及银行承兑汇票、贴现以及贸易融资等产品项下企业获得的资金。

(4) 非银行类金融机构是指由各级政府及其他经济组织主办的,在经营范围内受到一定限制的金融企业。非银行类金融机构可以为企业及个人提供各种金融服务,包括信贷资金的投放、物资的融通以及为企业承销证券等服务。

(5) 其他法人资金包括以营利为目的的企业法人,包括社团法人,这些单位都会有一部分暂时闲置的资金,此处主要指企业法人资金。企业在生产经营中,为了使资金更多的增值或者控制其他企业,会将资金对外投资。另外,企业间的购销业务一部分是通过商业信用方式来完成的,从而形成企业间的债权债务关系,形成债务人对债权人短期信用的资金占用。这样,企业可以通过其他企业对本企业的投资及商业信用而取得资金。

(6) 民间资金是企业职工和城乡居民手中暂时不用的资金。企业可以通过一定的方式,例如发行公司债券、发行股票等,吸收这些闲置资金。民间资金是公司筹资中不可缺少的渠道,并且随着市场经济的进一步发展,这个渠道的地位将越来越突出。

(7) 外商资金是外国投资者以及我国香港、澳门特别行政区和台湾地区投资者投入的资金,是外商投资企业的重要资金来源。外商资金具有可以筹集外汇资金,出资方式比较灵活,一般只有中外合资(或中外合作)经营的旅行社才能采用等特点。

2. 企业筹资方式

筹资方式是指筹集资金时所采取的具体方法和形式,体现了资金的属性,属于企业的主观行为。企业筹资方式按照自有还是债务的资金属性主要分为股权筹资和债务筹资两类。股权筹资主要包括吸收直接投资、发行股票、留存收益等;债务筹资主要包括发行债券、银行借款、融资租赁、商业信用等。

(1) 吸收直接投资是指直接从投资者取得货币资金或财产物资作为资本金,用于企业的生产经营活动。吸收直接投资不以股票为媒介,是非股份制企业等筹集自有资金的基本方式。

(2) 股票是股份有限公司为了筹集自有资金而发行的一种有价证券,是持股人拥有公司股份的凭证,它代表了持股人对公司的所有权。发行股票是股份有限公司筹资的基本方式。

（3）留存收益来源于企业的生产经营活动所实现的净利润，包括企业的盈余公积和未分配利润两个部分，其中盈余公积是有特定用途的累积盈余，未分配利润是没有指定用途的累积盈余。

（4）债券是公司为了筹集负债资金而发行的一种有价证券，发行公司会承诺在一定期限内向债券持有人还本付息。发行债券是公司筹措资金的一种重要方式。

（5）银行借款是企业根据借款合同的规定，向银行以及非银行类金融机构借入的按规定还本付息的款项，是企业筹措短期以及长期负债资金的主要方式。

（6）融资租赁又称财务租赁，是由租赁公司按照承租企业的要求融资购买设备，并在较长的合同期限内提供给承租企业使用的信用性业务，它是现代租赁的主要类型之一。融资租赁集融资与融物于一身，具有借贷性质，是承租企业筹集长期负债资金的一种特殊方式。

（7）商业信用是指商品交易过程中由于延期付款或延期交货而形成的企业间的借贷关系，它表现为企业之间的直接信用关系，是一种自然筹资方式。目前，我国商业信用形式多样，使用广泛，比较常见的商业信用有应付账款、应付票据和预收账款等。

二、资金需要量的预测

资金需要量是指企业为达到生产经营的预期目标所需要的资金额。资金需要量的预测，是指企业根据生产经营的需求，对未来组织生产经营活动所需资金的估计、分析和推测，是企业制订融资计划的基础。

资金需要量的预测方法有很多，主要分为定性预测法和定量预测法两种。

（一）定性预测法

定性预测是指预测者根据已掌握的历史资料和直观材料，依靠熟悉业务知识、具有丰富经验和综合分析能力的人员与专家，运用个人的经验和分析判断能力，对某一事件或事物的未来发展做出趋势、优劣程度和发生概率等的判断，再通过一定形式综合各方面的意见，作为预测未来的主要依据。一般在缺乏完整、准确的历史资料和数据时采用定性预测法。

定性预测法主要有德尔菲法、主观概率法、领先指标法、厂长（经理）评判意见法、推销人员估计法、相互影响法、情景预测法等。

1. 德尔菲法

德尔菲法是根据有专门知识的人的直接经验，对研究的问题进行判断、预测的一种方法，是专家调查法的一种。德尔菲法是美国兰德公司于1964年首先用于预测领域的，具有反馈性、匿名性和统计性特点。选择合适的专家是做好德尔菲预测的关键环节。

德尔菲法的优点在于可以加快预测速度和节约预测费用；可以获得各种不同但有价值的观点和意见；适用于长期预测和对新产品的预测，在历史资料不足或不可测因素较多时尤为适用。德尔菲法的缺点在于对于分地区的顾客群或产品的预测则可能不可靠；

责任比较分散；专家的意见有时可能不完整或不切实际。

2. 主观概率法

主观概率是人们凭经验或预感而估算出来的概率，区别于客观概率。客观概率是根据事件发展的客观性统计出来的一种概率。在很多情况下，人们没有办法计算事情发生的客观概率，因而只能用主观概率来描述事件案发生的概率。主观概率法是一种适用性很强的统计预测方法，可以用于人类活动的各个领域。

用主观概率法有如下的步骤：准备相关资料、编制主观概率调查表、汇总整理、判断预测。

3. 领先指标法

领先指标法就是通过将经济指标分为领先指标、同步指标和滞后指标，并根据这三类指标之间的关系进行分析预测的方法。领先指标法不仅可以预测经济的发展趋势，而且可以预测其转折点。

4. 厂长（经理）评判意见法

厂长（经理）评判意见法就是由企业的负责人把与市场有关或者熟悉市场情况的各种负责人员和中层管理部门的负责人召集起来，首先，让他们对未来的市场发展形势或某一种大市场问题发表意见，做出判断；其次，将各种意见汇总起来，进行分析研究和综合处理；最后，得出市场预测结果。

5. 推销人员估计法

推销人员估计法就是将不同销售人员的估计值综合汇总起来，作为预测结果值。由于销售人员一般都很熟悉市场情况，因此，这一方法具有一些显著的优势。

6. 相互影响法

相互影响法就是从分析各个事件之间由于相互影响而引起的变化，以及变化发生的概率，来研究各个事件在未来发生的可能性的一种预测方法。

7. 情景预测法

情景预测法是一种新兴的预测法，由于它不受任何条件限制，应用起来灵活，能充分调动预测人员的想象力，考虑较全面，有利于决策者更客观地进行决策，在制定经济政策、公司战略等方面有很好的应用。但在应用过程中一定要注意具体问题具体分析，同一个预测主题，其所处环境不同，最终的情景可能会有很大的差异。

（二）定量分析法

定量分析法是指以资金需要量与有关因素的关系为依据，在掌握大量历史资料和数据的基础上选用一定的数学方法加以计算，并将计算结果作为预测的一种方法，包括以下几种方法。

1. 销售百分比法

销售百分比法是根据销售额与资产负债表和损益表中有关项目间的比例关系，预测各项目短期资金需要量的方法。该方法需要满足两个基本假设：①假定某项目与销售额的比例已知且不变；②假定未来的销售额已知。在这两个基本假设下，通过预计销售额，再根据百分比预计资产、负债和所有者权益，并利用会计等式确定筹资需求。销售百分比法获得的是一个静态时点的融资需求，只有把本年计划的资产、负债、所有者权益各项目当成全年平均水平考虑时，此方法才有实际意义，具体步骤如下。

（1）确定敏感项目与不敏感项目。敏感项目是指与销售额存在一定的比例关系，会随着销售额的变动同比例变动的项目，包括敏感资产项目和敏感负债项目；而不敏感项目则是在短期内不会随着销售额的变动而发生变动的项目。

在生产能力范围内，增加销售量一般不需要增加固定资产，如果在生产能力已经饱和的情况下继续增加产销量，可能需要增加固定资产投资额，因此固定资本既可能是非敏感项目，也可能是敏感项目。资产负债表中敏感项目与不敏感项目如表 3-2 所示。

表 3-2 资产负债表中敏感项目与不敏感项目

分 类		项 目
敏感项目	敏感资产项目	货币资金、应收账款、存货等
	敏感负债项目	应付账款、应交税金、预提费用等
非敏感项目		对外投资、长期负债、实收资本、无形资产等
可能是非敏感项目，也可能是敏感项目		固定资产

（2）确定各敏感项目的销售百分比。

$$各敏感项目的销售百分比 = \frac{敏感项目资金额}{销售额} \times 100\%$$

（3）计算预计销售额下的资产和负债各项目。资产负债表各项目的预测值按照是不是敏感项目分别计算。

$$敏感项目预测值 = 销售额预测值 \times 项目销售百分比$$
$$不敏感项目预测值 = 上年实际发生额$$

（4）计算预计留存收益增加额。如果公司有盈利，且股利支付率不为 100% 的情况下，就会有留存收益增加。这实际上是所有者权益的自然增长，提供企业需要的部分资金（即企业内部融资）。这部分资金的多少可以通过以下公式计算。

$$留存收益增加额 = 预计销售额 \times 销售净利率 \times (1 - 股利支付率)$$

（5）计算外部筹资需求。

外部筹资需求的计算公式如下。

$$外部筹资需求 = 预计总资产 - 预计总负债 - 预计所有者权益$$

可以根据销售增加量确定外部筹资需求，计算公式如下。

外部筹资需求 = 资产增加 - 负债自然增加 - 留存收益增加

= 增加的销售额 × 资产销售百分比 - 增加的销售额 × 负债销售百分比 -

预计销售额 × 销售净利率 × (1 - 股利支付率)

销售增长会带来外部融资需求，它们之间必然有一种内在关系。因此，也可用"外部融资销售增长百分比"表示外部融资需求。

$$外部融资销售增长百分比 = \frac{外部筹资额}{销售增长额} \times 100\%$$

$$= 资产销售百分比 - 负债销售百分比 - \frac{1 + 销售增长率}{销售增长率} \times$$

销售净利率 × (1 - 股利支付率)

【例 3-1】 永达新材公司 2020 年 12 月 31 日的资产负债表如表 3-3 所示。

表 3-3 永达新材公司资产负债表
2020 年 12 月 31 日　　　　　　　　　　　　　　　　　单位：元

资产		负债与所有者权益	
库存现金	600 000	应付费用	1 200 000
应收账款	4 400 000	应付账款	2 000 000
存货	4 000 000	长期借款	4 600 000
固定资产净值	6 000 000	实收资本	9 000 000
无形资产	2 200 000	留存收益	400 000
资产合计	17 200 000	负债与所有者权益合计	17 200 000

已知永达新材公司 2020 年的销售收入为 2 000 万元，预计 2021 年销售收入达到 2 500 万元。假定税后利润为 5%，生产能力有剩余。要求：计算该公司需要对外筹集的资金额。

解：(1) 确定敏感项目与非敏感项目。

(2) 计算基期敏感项目与销售收入的百分比，确定需要增加的资金，具体如表 3-4 所示。

表 3-4 永达新材公司销售百分比

资产	是否敏感项目	销售百分比/%	负债与所有者权益	是否敏感项目	销售百分比/%
库存现金	是	3	应付费用	是	6
应收账款	是	22	应付账款	是	10
存货	是	20	长期借款	否	
固定资本净值	是	30	实收资本	否	
无形资产	否		留存收益	否	
合计		75	合计		16

由表 3-4 可以看出，销售收入每增加 100 元，必须增加 75 元的资金，但同时由于负债自然增加 16 元。因此，每增加 100 元的销售收入，企业还应取得 59 元 [(75%－16%)×100] 的资金。

(3) 确定 2021 年需要增加的资金数额。

$$(2\,500-2\,000)\times(75\%-16\%)=295(万元)$$

(4) 确定对外筹集资金的规模。

假设公司净收益的 60% 将分配给投资者，则

2021 年留存收益 = 2 500×5%×(1－60%) = 50(万元)

对外筹集资金的需要量 = 295－50 = 245(万元)

因此，为保证永达新材公司稳定经营，该公司 2021 年需对外筹资 245 万元。

上述预测过程还可用下列公式表示。

$$对外筹集资金的数额 = \Delta S \frac{A}{S_1} - \Delta S \frac{D}{S_1} - S_2 P E$$

式中，S_1 为基期销售额；S_2 为预测期销售额；ΔS 为销售变动额；P 为销售净利率；E 为留存收益比率；A/S_1 为对销售敏感的资产项目占基期销售额的百分比；D/S_1 为对

销售敏感的负债项目占基期销售额的百分比。

根据永达新材公司的资料可求得对外筹集资金的数额。

75%×(2 500−2 000)−16%×(2 500−2 000)−5%×(1−60%)×2 500=245(万元)

2. 高低点法

高低点法是用最高产销量与最低产销量及相对应的资金需要量，计算出不变资金 a 和单位变动资金 b，从而预测资金总需要量的一种方法。其计算公式为

$$Y=a+bX$$

$$b=\frac{Y_H-Y_L}{X_H-X_L}$$

$$a=Y_H-bX_H$$

或

$$a=Y_L-bX_L$$

式中，Y 为资金总需要量；a 为不变资金；b 为单位变动资金；X 为一定时期的销售量；Y_H 为最高销售期的资金需要量；Y_L 为最低销售期的资金需要量；X_H 为最高产销量；X_L 为最低产销量。

【例 3-2】 永达新材公司产销量与资金需要量的资料见表 3-5。

表 3-5 永达新材公司产销量与资金需要量

年度	产销量 X/万件	资金需要量 Y/万元
2015	120	100
2016	110	95
2017	100	90
2018	120	100
2019	130	105
2020	140	108

预计 2021 年该公司产销量为 150 万件。要求：计算资金需要量。

解：根据资料可知永达新材公司近几年最高产销量是 2020 年的 140 万件，对应资金需要量为 108 万元；最低产销量是 2017 年的 100 万件，对应资金需要量为 90 万元。

$$b=(108-90)\div(140-100)=0.45$$

$$a=108-0.45\times140=45$$

将 2021 年预计产销量 150 万件代入，则资金需要量为

$$Y=45+0.45\times150=112.5(万元)$$

因此，该公司 2021 年产销量达到 150 万件时资金需要量为 112.5 万元。

3. 线性回归分析法

回归分析法是根据若干期业务量和资金占用的历史资料，运用最小二乘法原理，用回归方程计算出不变资金 a 和单位变动资金 b，从而求得资金需要量的一种方法。其回归方程为

$$y=a+bx$$

根据最小二乘法原理运算，整理可得

$$a = \frac{\sum x^2 \sum y - \sum x \sum xy}{n\sum x^2 - (\sum x)^2}$$

$$b = \frac{n\sum xy - \sum x \sum y}{n\sum x^2 - (\sum x)^2}$$

【例 3-3】 某公司 2016—2020 年产销量与资金需要量资料见表 3-6。

表 3-6 产销量与资金需要量统计表

年度	产销量 x/万件	资金需要量 y/万元
2016	500	350
2017	600	410
2018	550	380
2019	750	500
2020	700	470

预计 2021 年该公司产销量为 800 万件。要求：计算资金需要量。

解：（1）根据表中的资料计算出有关数据，见表 3-7。

表 3-7 资金需要量回归分析计算表

年度	产销量 x/万件	资金需要量 y/万元	xy	x^2
2016	500	350	175 000	250 000
2017	600	410	246 000	360 000
2018	550	380	209 000	302 500
2019	750	500	375 000	562 500
2020	700	470	329 000	490 000
$n=5$	$\sum x = 3\,100$	$\sum y = 2\,110$	$\sum xy = 1\,334\,000$	$\sum x^2 = 1\,965\,000$

（2）将表中的数据代入公式，得 $a=50$，$b=0.6$。

（3）将 $a=50$，$b=0.6$ 代入回归方程，得 $y=50+0.6x$。

（4）2021 年该公司预计产销量为 800 万件，则资金需要量为 $y=50+0.6\times800=530$（万元）。

任务二 筹资方式概述

引导案例

杨怀定，人称"杨百万""中国第一股民"，上海滩第一批证券投资大户，当时股票市场上炙手可热的风云人物，中国证券历史上不可不提的一个人物，后来其故事被包括美国《时代周刊》《新闻周刊》在内的世界各地媒体广为报道。曾被评为"中国改革开放二十年风云人物"。拥有许多"第一"：第一个从事大宗国库券异地交易的个人，第一个到中国人民银行咨询证券的个人，第一个个人从保安公司聘请保镖，第一个主动到税务部门咨询交税政策，第一个聘请私人律师，第一个与证券公司对簿公堂，也是第一个作为个人投资者被大学聘为教授。

杨怀定在1988年以前是上海铁合金厂的一个普通职工，干"第二职业"赚外快积累了两三万元。辞职后他开始从订阅的几十份报纸信息中埋头搜寻致富的机会。很快，他就发现全国8个城市的国债价格差异很大，于是他开始日夜兼程做起了国库券异地交易。他带着全部的积蓄前往全国各省市，在当地银行以较低的价格买入国债，然后带回上海，以较高的价格卖给银行，赚取差价。为了赶时间，他最忙的一次七天七夜没有睡觉。

1989年，赚到了第一桶金的杨怀定，转身投入炒股。杨怀定的第一只股票是"电真空"。半年后，股票大涨，杨怀定在800元以上价位抛掉，净赚150多万元，"杨百万"的外号，就此不胫而走。一年后，"电真空"跌到了375元，他又买了回来。在股市行情低迷时，杨怀定的"绝招"就是全部卖光，远离熊市。

在股市早期，杨怀定的确积累起不少财富。但30多年来，股市风云变幻，请杨怀定做顾问、跟着他炒股的客户的投资也曾遭受较大亏损。杨怀定的名字渐渐淡出了人们的视野。后来，杨怀定和儿子一起开了一家炒股工作室，编写开发炒股软件，生活比较低调。2021年6月13日，杨怀定因病去世。

【引入问题】

1. 从杨怀定的案例子中，你受到什么启发？
2. 应该怎样冷静对待股市的涨跌？炒股应注意哪些问题？

权益资金是以发行股票支付股息的方式筹集的。权益资金是企业投资者的投资及其增值中留存企业的部分，是投资者在企业中享有权益和承担责任的依据，在企业账面上体现为权益资本。

一、权益资金的筹集

（一）吸收直接投资

吸收直接投资是指企业按照"共同投资、共同经营、共担风险、共享收益"的原则，直接吸收国家、法人、个人和外商投入资金的一种筹资方式。吸收直接投资与发行股票、留存收益都属于企业筹集自有资金的重要方式。它是非股份有限责任公司筹措资本金的基本形式。吸收直接投资中的出资者都是企业的所有者，他们对企业具有经营管理权。企业经营状况好，盈利多，各方可按出资比例分享利润；但如果企业经营状况差，连年亏损，甚至破产清算，投资各方则按其出资比例在出资限额内承担损失。

吸收直接投资具有能够尽快形成生产能力、容易进行信息沟通、吸收投资的手续相对比较简便、筹资费用较低、资本成本较高、企业控制权集中，不利于企业治理、不利于产权交易等特点。

1. 吸收直接投资的方式

吸收直接投资，投资者的出资方式主要有现金投资、实物投资、知识产权投资、土地使用权投资等。投入资本的出资方式除国家规定外，应在企业成立时经批准的企业合

同、章程中有详细规定。对于出资方式,我国《公司法》有以下规定:股东以实物、知识产权、非专利技术或土地使用权作为出资的,必须进行作价评估,核实财产,不得高估或者低估作价,并依法办理其财产权的转移手续。以知识产权、非专利技术作价出资的金额一般不得超过公司注册资本的20%,但国家特殊规定的以高科技成果入资的可达到35%。

2. 吸收直接投资的程序

企业吸收直接投资,一般应遵循下列程序。

(1) 确定筹资数量。吸收直接投资通常是在企业开办时所采用的一种筹资方式。在吸收投资以前,必须根据企业的经营范围、生产性质、投资规模、最低注册资金要求、信贷筹资的可能性等情况,确定合理的筹资数量。

(2) 寻找投资者。企业在吸收直接投资以前,必须做一些宣传推广工作,让投资者充分了解企业的发展方向和前景、经营性质和规模、获利能力和分配等,以找到合适的合作伙伴。

(3) 协商投资事项。投资者找到后,双方应就有关的出资方式、出资比例、出资数量以及参与管理的形式等进行协商。在出资方式上,除企业特定需要外,一般情况下尽量促使投资者以现金投入。

(4) 签署投资协议。企业与出资者确定好投资意向和具体条件后,应按公平合理的原则协商确定实物投资、知识产权投资、土地使用权投资的作价或聘请双方认可并具有资格和资质的资产评估机构进行评定。当投资者的出资资产定价确定后,应签署投资协议或合同,从法律上明确双方的义务、权利和责任。

(5) 按期获取资金。企业根据投资协议中规定的出资期限、出资方式、出资比例、出资数额等获取资金。如果投资者未按规定缴纳所认缴的出资额,应当对已足额出资者承担违约责任。

3. 吸收直接投资的优缺点

吸收直接投资的优点是有利于尽快形成生产经营规模,增强企业实力;有利于获取先进设备和先进技术,提高企业的生产水平;吸收直接投资根据企业经营状况好坏,向投资者进行回报,财务风险较小。

吸收直接投资的缺点是资本成本较高,特别是企业经营状况较好和盈利较多时,向投资者支付的报酬是根据其出资的数额多少和企业实现利润的多少来计算的;吸收直接投资容易分散控制权。采用吸收直接投资,投资者一般都要求获得与投资数量相适应的经营管理权,如果达到一定的比例,就能拥有对企业的完全控制权。

(二) 发行普通股

股票是股份有限公司为筹集自有资金而发行的有价证券,是投资人的入股凭证。按股东的权利及股息是否确定分为普通股和优先股。

1. 普通股股东的权利

普通股是股份有限公司发行的无特别权利的股份,也是最基本的、标准的股份,它构成股份有限公司股本的基础。普通股也是风险最大的一种股票。持有普通股的股东是公司的基本股东，他们一般享有如下权利。

（1）经营管理权。持普通股的股东一般有权出席股东大会，有选举权、被选举权、表决权、动议提出权，从而间接参与公司的经营管理。

（2）盈利分配权。公司的盈利在弥补亏损、提存各种公积金和支付债务及优先股股东的固定股息后，剩余部分全部分配给普通股股东。有无股利及股利的多少完全取决于公司的经营状况。如果公司经营状况较好，则股东可获得较多的股利；如果公司经营处于亏损状况，则股东根本无法获得股利。

（3）财产分配权。普通股股东是公司财产的最后分配者，当公司由于经营不善等原因导致破产或者解散清算时，有权在公司的财产满足了其他债权人的债务请求权之后，参与分配公司的剩余财产。

（4）优先认股权。普通股股东在公司增发新的普通股时，有权优先按原来的持股比例认购新股，以保持其对公司资本的持有比例。如果股东认为新发行的普通股无利可图，他可以在市场上出售其优先认股或者放弃这种权利。

（5）股份转让权。普通股股东有权在其认为适当的时机转让所持股票，以获取现金。发行普通股具有无期限性、权责性、流通性和风险性等特点。

2. 股票的发行与目的

股票的发行是指股份有限公司为设立公司或筹集资本，依照法律规定发售股份并收取股款的行为。股份有限公司发行股票的目的，是公司决定股票发行方式、发行程序、发行条件的前提。公司发行股票的目的主要有以下两个方面。

（1）为筹集资金而发行股票。为筹集资金而发行股票是最基本、最主要的目的。具体来说主要包括以下两种情况。

一种是设立新的股份公司。股份有限公司成立时，通常以发行股票的方式来筹集资金，满足经营的需要。股份有限公司通过发行股票吸引投资者购买股票，使其成为公司股东，以获得长期稳定的经营资金，从而达到预定的资本规模，加强公司的实力。

另一种是扩大经营规模。股份有限公司成立以后，需要筹集资金来新建项目或购置先进设备，以达到不断扩大生产经营范围和规模、提高公司竞争力的目的，因而可以通过发行股票来筹集资金。通常人们把这类股票发行称为增资发行。公司新发行的股票可由目前的股东按一定的比例优先认购，其余部分再向社会公众发售。

（2）为其他目的而发行股票。具体来说主要包括三种情况。

① 扩大公司的影响。发行股票必须经过严格审查，遵循一定的规定和原则，公司的有关重大情况都必须公之于众，这无疑能有效地宣传公司的产品，有力地证明公司的实力，极大地提高公司的信誉，扩大公司的影响力，公司的知名度也会大大提高。这样发行股票既筹集了资金，又扩大了公司的影响。

② 分散公司的经营风险。随着股份有限公司的发展，一般需要不断地扩大经营规模，但原投资者的财力有限，而且继续出资往往意味着风险过于集中。在这种情况下，通过发行股票，既能满足扩大资本规模的需求，又能吸引更多的资本，从而把经营风险分散给其他股东。

③ 股票的分割。股票的分割是指股份有限公司将某一特定的新股按一定的比例交

换一定数额流通在外的股份的行为,也称折股。当公司经营成功,股价迅速上涨时,股票分割可以降低股票的价格。从股份有限公司的角度出发,股票价格高,不利于股票交易活动,只有价格降至一个合适的水平,才便于人们购买和转让,才能吸引更多的大众投资者,进而提高股票的价值,有利于公司价值的极大化。

此外,发行股票的其他目的还包括发放股票股利时的股票发行;交换公司发行的可转换证券转为股票;将公司资产重估的增值部分转化为资本金;无偿配股时的股票发行等。

3. 股票发行的条件

股票的发行必须遵循一定的法律和规定。股份有限公司发行股票必须具备一定的发行条件,取得发行资格,并在办理必要的手续后才能发行。

(1) 发行股票的一般条件。股份有限公司无论出于何种目的,采取何种发行方式,在发行股票之前都必须向有关部门呈交申请文件,以取得发行资格,这些文件包括以下几方面。

① 公司章程。股份有限公司章程的主要内容应包括公司名称、地址、经营范围、设立方式、股份总数、注册资本和每股金额、股东权利和义务、公司组织管理体制、利润分配办法、公司解散事宜与清算办法等。

② 发行股票申请书。股份有限公司发行股票一般都应事先向证券主管机构等有关部门提出申请。发行股票申请书除应有公司章程基本内容以外,还应包括拟发行股票的名称、种类、股份总额、每股金额和总额、发行对象及其范围、发行股票目的及所筹集资金的用途、经营估算、分配方式等。

③ 招股说明书。股份有限公司发行股票,必须订立招股说明书,向社会公开募集股份时必须公告招股说明书。招股说明书除附有公司章程外,还应载明下列事项:发起人认购的股份数、每股票面金额和发行价格、无记名股票的发行总数、认购人的权利和义务、股票发售的起止时间等。

④ 股票承销协议。股份有限公司向社会公开发行股票,应当由依法设立的证券经营机构承销,签订承销协议。承销协议的主要内容包括股票承销商的名称、地址、法定代表人、承销金额、承销机构及组织系统、承销方式及当事人的权利和义务、承销费用、承销起止日期、承销剩余股份的处理办法等。

⑤ 经会计师事务审计的财务会计报告。资产评估机构出具的资产评估报告书及资产评估确认机构关于资产评估的确认报告等。

股份有限公司发行股票,分为设立发行和增资发行两种。根据我国《公司法》的规定,不论是设立发行还是增资发行,都必须遵循下列要求:股份有限公司的资本划分为股份,每股金额相等;公司的股份采取股票的形式;股份的发行实行公平、公正的原则,必须同股同权、同股同利;同次发行的股票,每股的发行条件和价格相同,任何单位或者个人所认购的股份,每股应当支付相同金额;股票发行价格可以按票面金额,也可以超过票面金额,但不低于票面金额;溢价发行股票,须经国务院证券管理部门批准,所得溢价款列入公司资本公积金。

(2) 设立发行股票的特殊条件。设立发行股票是指在股份有限公司设立或经改组、变更而成立股份有限公司时，为募集资本而进行的股票发行，即为公司首次发行股票。公司首次发行股票，一般应满足一定的要求。

新设立股份有限公司首次发行股票，需具备的特殊条件有：发起人认购和社会公开募集的股本须达到法定资本最低限额；发起设立必须由发起人认购公司应发行的全部股份；募集设立的，发起人认购的股份不得少于公司股本总额的35%，其余部门向社会公开募集；发起人有5人以上，其中必须有过半数者在中国境内有住所；发起人以知识产权、非专利技术作价出资的金额不得超过公司注册资本的20%。

原国有企业改组为股份有限公司时，发起人可以少于5人，但应当采取募集设立方式发行股票。

有限责任公司变更为股份有限公司时，折合的股本总额应等于公司净资产额；原有限责任公司的债权、债务由变更后的股份有限公司承担；变更后的股份有限公司若为了增加资本，首次向社会公开募集股份，需具备向社会公开募集股份的有关条件。

(3) 增资发行股票的特殊条件。增资发行股票是指股份有限公司成立后因增加资本而进行的股票发行。

4. 股票发行的程序

国家对股票的发行程序有严格的法律规定，未经法定程序发行的股票无效。设立发行和增资发行在程序上有所不同。

股份有限公司设立时发行股票的程序如下。

(1) 发起人认足股份，交付出资。股份有限公司的设立，可以采取发起设立或募集设立两种方式。若采用发起设立方式，须由发起人认购公司应发的全部股份；若采用募集设立方式，须由发起人至少认购公司应发行股份的法定比例（不少于35%），其余部分向社会公开募集。

在发起设立方式下，发起人以书面形式认购公司章程规定应认购的股份后，应立即缴纳全部股款。以实物、工业产权、非专利技术或土地使用权抵作股款的，应依法办理财产权的转移手续。发起人交付全部出资后，应选举董事会和监事会，由董事会办理设立登记事项。

在募集设立方式下，发起人认购其应认购的股份并交付出资后，其余股份向社会公开募集。

(2) 提出募集股份申请。发起人向社会公开募集股份时，必须向国务院证券管理部门递交募股申请报告，并报送批准设立公司的文件、公司章程、经营估算书、发起人姓名或名称、发起人认购股份情况、验资证明、招股说明书等书面文件。

证券管理部门审查募股申请后，认为符合《公司法》规定条件的，予以批准；否则，不予批准。已做出批准后，若发现不符合《公司法》规定的，将依法撤销。尚未募集股份的，停止募集；已经募集的，认股人有权按照所缴股款加计银行同期存款利息，要求发起人返还和补偿。

(3) 公告招股说明书，制作认股书，签订承销协议。在获准公开募股之前，任何人不得以任何方式泄露招股的具体情况。募股申请获得批准之后，发起人应在规定期限内公告招股说明书，并制作认股书。招股说明书应附有发起人制定的公司章程，载明发起

人认购的股份数、每股的票面金额和发行价、无记名股票的发行总数、认股人的权利义务、本次募股和起止期限、逾期未募足时认股人可撤回所认股份的说明等事项。认股书应当载明招股说明书的所列事项,由认股人填写所认股数、金额及认股人住所,并签名、盖章。

发起人向社会公开发行股票,应委托依法设立的证券承销机构承销,并签订承销协议;此外,还应与银行签订代收股款协议。

(4) 招认股份,缴纳股款。发行股票的发起人或其股票承销机构,通常以广告或书面通知的方式招募股份。认购者认股时,需在由发起人制作的认股书上填写认购股数、金额及认购人住所,并签名、盖章。认购者一旦填写、确认了认股书,就要承担认股书中约定缴纳股款的义务。如果认购者所认购总股数超过发起人拟招募总股数,可以采取抽签方式决定。认股人应在规定的期限内向代收股款的银行缴纳股款,同时交付认股书。收款银行应向缴纳股款的认股人出具由发起人签名、盖章的股数缴纳收据,并负责向有关部门出具收缴股款的证明。股款缴足后,发起人应委托法定机构验资,出具验资证明。

(5) 召开创立大会,选举董事会、监事会。发行股份的股款募足后,发起人必须在规定期限内(法定为30天)主持召开创立大会。创立大会由认股人组成,应有代表股份总数半数以上的认股人出席方可举行。

创立大会通过公司章程,选举董事会和监事会的成员,并可以对公司的设立费用进行审核,对发起人用作抵充股款的财产的作价进行审核。

(6) 办理公司设立登记,交割股票。经创立大会选举产生的董事会,应在创立大会结束后30天内,办理公司设立登记事宜。股份有限公司登记成立后,即向股东正式交付股票。公司登记成立前不得向股东交割股票。

按照《公司法》的规定,股票采用纸面形式或由国务院证券管理部门规定的其他形式。股票应当载明下列主要事项:公司名称、公司登记成立的日期、股票种类、票面金额及代表有股份数、股票的编号。发起人的股票还应标明发起人股票字样。股票需由董事会签名,公司盖章。

股份有限公司成立后,在其存续期内为增加资本,可以多次发行新股份。股份有限公司增资时发行股票的程序如下。

(1) 做出发行新股的决议。公司应根据企业生产经营情况,在认真分析和研究的基础上,提出发行新股的计划,提交董事会或股东大会讨论表决。根据资本授权制度,在授权限额内,股票的发行可由董事会决定,但超过授权限额,须由股东大会表决。决议的内容主要包括新股种类及数额、新股发行价格、新股发行的起止日期、向原有股东发行新股的种类及数额等事项。公司发行新股的种类、数额及发行价格,需根据公司股票市场上的推销前景、公司筹资的需要、公司盈利和财产增值等情况,并考虑发行成本予以确定。

(2) 提出发行新股的申请。公司做出发行新股的决议后,董事会必须向国务院授权的部门或省级人民政府申请批准。属于向社会公开募集的新股,须经国务院证券管理部门批准。

（3）公告招股说明书，制作认股书，签订承销协议。公司经批准向社会公开发行新股时，必须公告新股招股说明书和财务会计报表及附表，并制作认股书，还需和依法设立的证券经营机构签订承销协议。

（4）招认股份，缴纳股款，交割股票。这一程序与设立发行股票相同。

（5）改选董事、监事，办理变更登记。公司发行新股募足股款后，应立即召开股东大会，改选董事、监事。然后必须向登记机关办理变更登记并向社会公告，以履行公司对社会公众所负的信息披露义务。

5. 股票上市

股票上市暂停、终止均由国务院证券管理部门批准或决定。

此外，公司决议解散、被行政主管部门依法责令关闭或者被宣告破产的，由国务院证券管理部门决定终止其股票上市。

6. 发行普通股筹措资金的优缺点

1) 发行普通股筹措资金的优点

（1）发行普通股筹措资金具有永久性、无到期日、不需归还的优点。这在保证公司对资金的最低需要，维持公司长期稳定发展方面极为有益。

（2）没有固定的股利负担，股利的支付与否和支付多少，视公司有无盈利和经营需要而定，经营波动给公司带来的财务负担相对较小。由于普通股筹集没有固定的到期还本付息的压力，所以筹资风险较小。

（3）发行普通股筹集的资金是股份公司最基本的资金来源，它反映了公司的实力，可作为其他方式筹资的基础，尤其可为债权人提供保障，增强公司的举债能力。

（4）由于普通股的预期收益较高并可一定程度地抵消通货膨胀的影响，因此普通股筹资容易吸收资金。

2) 发行普通股筹措资金的缺点

（1）普通股的资本成本较高，此外，普通股的发行费用一般也高于其他证券。

（2）以普通股筹资会增加新股东，这可能会分散公司的控制权。此外，新股东分享公司未发行新股前积累的盈余，会降低普通股的每股净收益，从而可能引发股价的下跌。

7. 股票的估价

（1）长期持有股票、未来准备出售的股票估价模型。

$$V = D_t(P/A, K, n) + V_n(P/F, K, n)$$

式中，V 为股票内在价值；V_n 为未来出售时预计的股票价格；K 为投资人要求的必要报酬率；D_t 为第 t 期的预期股利；n 为预计持有股票的期数。

【例 3-4】 某人购入一批股票，预计 3 年后出售可得 50 000 元，这批股票 3 年中每年获得的股利收入为 8 000 元，假设股票投资的报酬率为 18%。要求：计算股票内在价值。

解：股票内在价值计算如下。

$$V = 8\,000 \times (P/A, 18\%, 3) + 50\,000 \times (P/F, 18\%, 3)$$
$$= 8\,000 \times 2.174\,3 + 50\,000 \times 0.608\,6$$
$$= 47\,824.4(元)$$

(2) 零成长股票估价模型。在每年股利稳定不变，投资人持有期间很长的情况下，股票的估价模型可简化为

$$V=\frac{d}{K}$$

式中，V 为股票内在价值；d 为每年固定股利；K 为投资人要求的投资收益率。

【例 3-5】 永达新材公司购入一只股票，预计每年获得的股利为 4 元，购入这只股票要求得到的投资报酬率为 16%。要求：计算股票内在价值。

解： 股票内在价值计算如下。

$$V=4\div 16\%=25(元)$$

(3) 长期持有股票，股利固定增长的股票估价模型。假设上年股利为 D_0，每年股利比上年增长率为 g，则

$$V=\frac{D_0(1+g)}{K-g}=\frac{D_1}{K-g}$$

式中，D_1 为第 1 年的股利。

【例 3-6】 永达新材公司持有 A 公司发行的股票，A 公司最近实际发放的股利为每股 2 元，预计股利增长率为 12%，永达新材公司要求的投资报酬率为 16%。要求：计算股票内在价值。

解： 股票内在价值计算如下。

$$V=\frac{2\times(1+12\%)}{16\%-12\%}=56(元)$$

(4) 非固定成长股票的估价。

【例 3-7】 永达新材公司持有 A 公司发行的股票，公司要求的投资报酬率为 15%，预计 A 公司未来 3 年股利将高速增长，增长率为 20%，在此之后转为正常增长，增长率为 12%。A 公司最近支付的股利为 2 元。要求：计算 A 公司股票内在价值。

解： 第一步：计算非正常增长期的股利现值。

$$D_1=2\times(F/P,20\%,1)=2.4(元)$$
$$D_2=2\times(F/P,20\%,2)=2.88(元)$$
$$D_3=2\times(F/P,20\%,3)=3.456(元)$$

非正常增长期的股利现值：$D_1(P/F,15\%,1)+D_2(P/F,15\%,2)+D_3(P/F,15\%,3)=2.4\times 0.869\,6+2.88\times 0.756\,1+3.456\times 0.657\,5=6.537(元)$

第二步：计算第三年年底的普通股股票内在价值。

$$V_3=\frac{D_4}{k-g}=\frac{D_3(1+g)}{K-g}=\frac{3.456\times(1+20\%)}{15\%-12\%}=138.24(元)$$

其现值：$129.02\,(P/F,15\%,3)=138.24\times 0.657\,5=90.89(元)$

第三步：计算目前的股票内在价值。

$$V=6.537+90.89=97.43(元)$$

(三) 发行优先股

优先股是享有某项优先权利的股票，具有股利固定、股利优先权、剩余财产优先权

和无经营决策权等特点。

优先股票简称优先股，是股份有限公司依法发行的具有一定优先权的股票。优先股的优先权主要表现在两个方面：一是优先股都有固定的股息率，且优先股的股息支付在普通股之前。当然这是指在公司有盈利时的情况。如果公司经营亏损，对优先股也可能少分派或者不分派股息。二是当公司解散清算时，对公司清偿债务后的剩余财产有优先分配权。剩余财产只有在满足了优先股股东的分配要求后，才能分配给普通股股东。优先股股票可由公司赎回。由于股份有限公司需向优先股股东支付固定的股息，优先股股票实际上是股份有限公司的一种举债集资的形式，但优先股股票又不同于公司债券和银行贷款，这是因为优先股股东分取收益和公司资产的权利只能在公司满足了债权人的要求之后才能行使。优先股股东不能要求退股，却可以由股份有限公司依照优先股股票上所附的赎回条款进行赎回。大多数优先股股票都附有赎回条款。

优先股与普通股相比，也有一些不利之处，主要表现在：一是优先股没有对公司业务的经营控制权和投票权，只有在公司研究涉及优先股股东利益的问题时，才有权过问。二是不能享受公司利润增长的利益。当公司经营状况良好时，优先股股东只能获得固定的股息，而普通股股东则可以获得高额股息及红利。

1. 优先股股票的分类

根据优先股具体所包含的权利的不同，优先股又有各种不同的分类。

（1）按股息是否可以累积，分为累积优先股和非累积优先股。累积优先股是指在任何营业年度内未支付的股利可累积起来，由以后营业年度的盈利一起支付的优先股股票。当公司营业状况不好，无力支付固定股利时，可将应付股利累积下来，到公司营业状况好转，盈余增多，再补发这些股利。一般来说，一个公司只有把所欠的优先股股利全部支付后，才能支付普通股股利。

非累积优先股是指仅按当年利润分配股利，而不予以累积补付的优先股股票。如果本年度的盈利不足以支付全部优先股股利，对所欠部分，公司不予累积计算，优先股股东也不能要求公司在以后年度中予以补付。由此可见，对投资者来说，累积优先股比非累积优先股具有更大的吸引力。

（2）按优先股是否可以超过设定股息率分派股息，分为参加优先股和不参加优先股。参加优先股是指不仅能取得固定股利，还有权与普通股一起参与公司剩余利润分配的优先股。根据参与利润分配的方式不同，又可分为全部参加分配的优先股和部分参加分配的优先股。前者表现为优先股股东有权与普通股股东共同等额分享本期剩余利润，而后者则表现为优先股股东有权按规定额度与普通股股东共同参与本期剩余利润分配，超过规定额度部分，归普通股所有。

不参加优先股是指不能参加剩余利润分配，只能取得固定股利的优先股。

（3）按优先股是否可转换为普通股，分为可转换优先股和不可转换优先股。可转换优先股是指股东可在一定的条件下把优先股转换成普通股的股票。对这类股票一般都规定了转换的条件和转换的比例。转换比例应预先根据优先股和普通股的现行价格确定。持有这类股票的股东可以根据公司的经营状态和股市行情自行决定是否将其转换为普通股。

不可转换优先股是指不能转换为普通股的优先股，不可转换优先股只能获得固定股利报酬，而不能获得转换收益。

（4）按优先股是否可以被发行公司赎回，分为可赎回优先股和不可赎回优先股。可赎回优先股是指股份有限公司发行的附有可赎回条款、允许公司在一定时期按约定条款赎回的优先股。其赎回价格在条款中即已规定，一般略高于优先股的面值。公司发行这类股票的目的主要是减轻固定股息负担。至于是否收回，在什么时候收回，则由发行股票的公司来决定。

不可赎回优先股是指股票发行公司无权从持股人手中赎回优先股。由于优先股都有固定股利，不可赎回优先股一经发行，便会成为一项永久性的财务负担。因此，在实际情况中，股份公司一般很少发行不可赎回优先股。

（5）按股息率是否可以调整，分为可调整优先股和不可调整优先股。可调整优先股是指股息率可以随其他证券价格或市场利率的变化而进行调整的优先股。公司发行这类股票的目的在于保护股东权益以便扩大股票发行规模。

不可调整优先股是指股息率不能调整的优先股。常见的优先股股票一般都是不可调整优先股。

2. 发行优先股的动机

股份有限公司发行优先股，主要为了筹集权益资本。由于优先股的特点，公司发行优先股还有其他的动机，如防止公司股权分散、调节现金余缺、改善公司资本结构等。

3. 优先股筹资的优缺点

发行优先股筹资的优点：①优先股没有固定的到期日，不用偿还本金；②股利的支付既固定又有一定的灵活性；③能提高公司的举债能力，降低债务筹资成本；④可产生财务杠杆利益，增加普通股收益；⑤不会影响普通股股东对公司的控制权。

发行优先股筹资的缺点：①资金成本高；②增加公司财务负担；③可能会产生财务杠杆的副作用。

综合考虑优先股的优缺点，公司决定是否利用优先股筹资时，应注意以下问题：①当公司的权益资金报酬率高于优先股筹资时，同时公司负债比率过高，不适宜再增加负债时，发行优先股；②当公司的经营风险较大，为了既减少风险，又使普通股股东获得最大的风险收益时，发行优先股。

二、负债资金的筹集

（一）长期借款

长期借款是指企业从银行或其他非银行金融机构借入的使用期超过一年的借款，主要用于购建固定资产和满足长期流动资金占用的需要。

1. 长期借款条件

《中华人民共和国贷款通则》规定：借款人应当是经工商行政管理机关核准登记的企（事）业法人、其他经济组织、个体工商户或具有中华人民共和国国籍的具有完全民事行为能力的自然人。

我国金融部门对企业发放贷款的原则是按计划发放、择优扶持、有物质保证、按期归还。企业申请贷款一般应具备的条件如下：①独立核算、自负盈亏、有法人资格；②经营方向和业务范围符合国家产业政策，借款用途属于银行贷款办法规定的范围；借款企业具有一定的物资和财产保证，担保单位具有相应的经济实力；③借款企业的资产负债率符合贷款方的要求；④借款企业接受贷款方对其使用信贷资金情况和有关生产经营、财务活动的监督；⑤借款企业按借款合同约定用途使用贷款并具有偿还贷款的能力；⑥财务管理和经济核算制度齐全，资金使用效益及企业效益良好；⑦借款企业将债务全部或部分转让给第三人，必须取得贷款方的同意；⑧在银行设有账户，办理结算。

具备上述条件的企业欲取得借款，先要向银行提出申请，陈述借款的原因与金额、用款时间与计划、还款期限与计划。银行根据企业的借款申请，针对企业的财务状况、信用状况、盈利的稳定性、发展前景、借款投资项目的可行性等进行审查。银行审批同意贷款后，再与借款企业进一步协商贷款的具体条件，明确贷款的种类、用途、金额、利率、期限、还款的资金来源及方式、保护性条件、违约责任等，并以借款合同的形式将其法律化。借款合同生效后，企业便可取得贷款。

2. 长期借款的保护性条款

由于长期借款的期限长、风险大，因此在签订长期借款合同时，除应具备借款合同的一些基本条款外，按照国际惯例，银行通常对借款企业又规定一些限制性条款，也称保护性条款，以避免风险。保护性条款大致有以下三类。

（1）一般性保护条款。一般性保护条款应用于大多数长期借款合同，但根据具体情况会有不同内容，主要包括如下几方面：①对借款企业流动资金保持量的规定，其目的在于保持借款企业资金的流动性和偿债能力；②对支付现金股利和再购股票的限制，其目的在于限制现金外流；③对资本支出规模的限制，其目的在于减少企业日后不得不变卖固定资产以偿还贷款的可能性，仍为了保持借款企业资金的流动性；④限制其他长期债务，其目的在于防止其他贷款人取得对企业资产的优先求偿权。

（2）例行性保护条款。例行性保护条款作为例行常规，在大多数借款合同中都会出现，主要包括如下几方面：①借款企业定期向银行提交财务报表，其目的在于及时掌握企业财务状况；②不准在正常情况下出售较多的资产，以保持企业正常的生产经营能力；③如期清偿缴纳税金和其他到期债务，以防罚款而造成现金流失；④不准以任何资产作为其他承诺的担保或抵押，以避免企业过重的负担；⑤不准贴现应收票据或出售应收账款，以避免或有负债；⑥限制租赁固定资产的规模，其目的在于防止企业负担巨额租金以致削弱其偿债能力，还在于防止企业以租赁固定资产的办法摆脱对其资本支出和负债的约束。

（3）特殊性保护条款。特殊性保护条款是针对某些特殊情况而出现在部分借款合同中，主要包括如下几方面：①贷款专款专用；②不准企业投资于短期内不能收回资金的项目；③限制企业高级职员的薪金和奖金总额，以防止企业支付过多的报酬而影响企业的利润；④要求企业主要领导人在合同有效期间担任领导职务；⑤要求企业主要领导人购买人身保险等。

3. 长期借款偿付计划

长期借款的利息率通常高于短期借款。但信誉好、抵押品流动性强的借款企业，仍然

可以争取到较低的长期借款利率。长期借款利率有固定和浮动两种,浮动利率通常有最高、最低限额,并在借款合同中明确。对于借款企业来说,若预测市场利率将上升,应与银行签订固定利率合同;反之,则应签订浮动利率合同。在借款利率确定的情况下,长期借款的利息受利息计算方法不同和借款偿还方式不同的影响而不同。长期借款利息计算有单利和复利两种,长期借款归还可以分为到期一次还本付息和分期还本付息两种方式。

(1) 到期一次还本付息方式。对于到期一次还本付息的长期借款,企业应于每个会计年度期末预计本会计期间的利息费用。

① 按单利到期一次还本付息方式。这种计息方式简单易懂,但不够精确。

【例3-8】 某企业向银行借入5年期的长期借款1 000 000元,年利率10%。要求:计算在到期一次还本付息的情况下,按单利计算的年利息、本利和。

解:年利息=1 000 000×10%=100 000(元)

到期一次偿还本利和=1 000 000×(1+10%×5)=1 500 000(元)

② 按复利到期一次还本付息方式。这种方式计算稍微复杂,但精确度较高。

【例3-9】 某企业向银行借入5年期的长期借款1 000 000元,年利率10%。要求:计算在到期一次还本付息的情况下,按复利计算的利息、本利和。

解:到期偿还本利和=1 000 000×(F/P,10%,5)=1 000 000×1.610 5

=1 610 500(元)

利息=1 610 500−1 000 000=610 500(元)

(2) 分期还本付息方式。分期还本付息方式具体又分为分期等额还本及分期等额还本息和两种计算方式。

① 分期等额还本偿还。对于还本付息的长期借款,各企业应于各期还本付息时计算各期应还利息和本金。其计算公式如下:

年应付利息=年初未还本金×年利率

$$年应还本金 = \frac{本金}{还款次数}$$

年应还本息=年应付利息+年应还本金

【例3-10】 某企业向银行借入5年期的长期借款1 000 000元,年利率10%。分5年等额还本,其他条件不变。要求:若每年还本付息额,计算按单利计算的利息。

解:利息如表3-8所示。

表3-8 长期借款还本付息计算表(单利) 单位:元

年 数	应付利息①	应还本金②	应还本息③	未还本金④
	①=④×10%	②=本金/还款次数	③=①+②	④=④−②
				1 000 000
第1年末年	100 000	200 000	300 000	800 000
第2年年末	80 000	200 000	280 000	600 000
第3年年末	60 000	200 000	260 000	400 000
第4年年末	40 000	200 000	240 000	200 000
第5年年末	20 000	200 000	220 000	0
合 计	300 000	1 000 000	1 300 000	

② 分期等额还本息和偿还。分期还本付息通常要求每期期末偿还等额的本息和。其计算公式如下。

$$借款金额 = 每期期末还本付息额 \times (P/A, i, n)$$

$$每期应还利息 = 期初未还本金 \times 年利率$$

$$每期应还本金 = 每期还本付息额 - 每期应还利息$$

【例 3-11】 某企业向银行借入 5 年期的长期借款 1 000 000 元,年利率 10%。分 5 年等额归还本利,其他条件不变。要求:若每年还本付息额,计算按复利计算的利息。

解:利息如表 3-9 所示。

表 3-9 长期借款还本付息计算表(复利)　　　　　　　　　单位:元

年　数	应付本息 ①	应还利息 ②=④×10%	应还本金 ③=①-②	未还本金 ④=④-③
				1 000 000
第 1 年年末	263 797	100 000	163 797	836 203
第 2 年年末	263 797	83 620	180 177	656 026
第 3 年年末	263 797	65 603	198 194	457 832
第 4 年年末	263 797	45 783	218 014	239 818
第 5 年年末	263 797	23 982	239 815	3
合　计	1 318 985	318 988	999 997	—

$$每年年末的还本付息额 = 1\,000\,000 \div (P/A, 10\%, 5)$$
$$= 1\,000\,000 \div 3.790\,8$$
$$= 263\,797(元)$$

从上述计算结果可知,采用不同的计息方法和不同的借款偿还方式,企业负担的利息费用有较大的差异。因此,企业应根据自身资金的使用情况,合理选择还款方式。

4. 长期借款筹资的优缺点

1) 长期借款筹资的优点

(1) 筹资速度快。银行借款筹资是借贷双方的权利义务关系,一般不涉及广大投资公众。因此,这种筹资活动只要借贷双方通过协商达成一致,签订借款合同后,企业即可筹到所需资金,不需要像发行证券那样通过审批、承销发行等一系列程序,故筹资速度较快。

(2) 借款弹性较大。借款时企业与银行直接交涉,有关条件可以谈判确定;用款期间发生变动,也可与银行再协商,具有较大的灵活性。债券融资所面对的是社会广大投资者,协商改善融资条件的可能性很小。

(3) 借款成本较低。长期借款的利率一般低于债券利率,而且借款的利息可以在税前支付,可减少企业的实际利息负担,因此其成本也远低于股票筹资。另外,银行借款不需要支付大量的发行费用。

2) 长期借款筹资的缺点

(1) 限制条件多。长期借款的限制性条款比较多,如定期报送报表、不准改变借款用途、限制租赁固定资产的规模等。在一定情况下约束了企业生产经营和借款的作用发挥。

(2) 财务风险大。与权益筹资相比，借款需要按期还本付息，如果企业因经营不善或资金周转困难而不能按期还本付息，企业将面临破产的可能。

(3) 筹资数量有限。银行一般不愿借出巨额的长期借款，因此利用银行借款筹资有一定的上限。

(二) 发行债券

长期债券发行是发行人以借贷资金为目的，还本期限在一年以上的，依照法律规定的程序向投资人发行代表一定债权和兑付条件的债券的法律行为。发行债券的企业必须具备国家法律、法规所规定的条件，必须按照法定的程序和方式进行债券的发行。

1. 债券发行的资格与条件

(1) 债券发行的资格。根据我国《公司法》规定，股份有限公司、国有独资公司和两个以上的国有企业或者其他两个以上的国有投资主体投资设立的有限责任公司，具有发行公司债券的资格。这些公司一般具有雄厚的资本、较高的生产经营管理水平和良好的信誉，能够独立承担经营风险和经济责任，可以切实保障债权人的利益。

(2) 债券发行的条件。按照国际惯例，发行债券要符合规定的条件。一般包括发行债券最高限额、发行企业自有资本最低限额、企业获利能力、债券利率水平等。根据《企业债券管理条例》规定，企业发行债券必须符合下列条件：企业规模达到国家规定的要求；企业财务会计制度符合国家规定；具有偿债能力；企业经济效益良好，发行债券前连续三年盈利；企业发行债券的总面额不得大于该企业的自有资产净值；所筹资金的使用符合国家产业政策；企业债券的利率不得高于银行相同期限居民储蓄存款利率的40%。

发行债券所筹集的资金，必须用于审批机关批准的用途，不得用于弥补亏损和非生产性支出。

2. 债券的发行方式

债券的发行方式按不同的标准，可以划分为三类：根据发行对象不同，分为公募发行和私募发行；根据是否有证券发行中介机构参与，分为直接发行和间接发行；根据发行条件及其投资者的决定方式，分为招标发行和非招标发行。

(1) 公募发行和私募发行。公募发行是指以非特定的多数投资者作为募集对象所进行的债券发行。公募发行涉及众多的投资者，其社会责任和影响都很大，为了保证投资者的利益，国家对公募发行的条件作了严格的规定。公募发行的优点是：因为向众多投资者发行债券，所以能筹集较多的资金；可以提高发行公司的证券市场的知名度，扩大社会影响；与私募发行相比，债券的利息率较低，公募发行的债券一般都可公开上市交易，有比较好的流动性，很受投资者欢迎。但公募发行也有其缺点，主要是公募发行费用较高，发行所需时间较长。

私募发行是指以特定的少数投资者为募集对象所进行的债券发行。特定的投资者一般可分为两类：一类是个人投资者，如企业职工；另一类是机构投资者，如大的金融机构。私募发行的主要优点：节约发行费用；发行时间短；发行的限制条件少。

私募发行的主要缺点：需要向投资者提供高于公募债券的利率；私募发行的债券一般不能公开上市交易，缺乏流动性；债券集中于少数债权人，发行者的经营管理容易受到干预。

（2）直接发行和间接发行。直接发行是指发行者不通过证券发行中介机构，完全由自己组织和完成债券发行工作，并直接向投资者销售债券的发行方式。直接发行可以降低发行成本，但由于直接发行所筹集资金有限，涉及事务烦琐，如果发行债券数量很大，级别不是很高，加之缺乏必要的技术和经验，很容易导致发行失败。只有那些信誉特别高的大企业和网点分布很广的金融机构才会采用直接发行方式来发行债券。

间接发行是指发行者通过证券发行中介机构，由证券中介机构向投资者销售债券的发行方式。证券中介机构拥有较高的资金实力，广布的机构网点和可靠的信息情报与专业人才，由其代理发行债券更迅速、更可靠。现今的债券大多数采用间接发行方式。

（3）招标发行和非招标发行。招标发行是指债券发行者通过招标的方式来决定债券的投资者和债券的发行条件的发行方式。由于招标发行是公开进行的，属于公募性质，因而也称为"公募招标"。公募招标有时通过证券发行中介机构，有时由发行者自行办理。

非招标发行是指债券发行者与承销商直接协商发行条件和发行方式。采用非招标发行，便于满足发行者的需要和现行市场状况。

3. 债券的发行价格

债券的发行价格是指发行企业或其承销机构发行债券时所采用的价格，也就是债券原始投资者购入债券时应支付的市场价格。发行价格与债券的面值可能一致，也可能不一致。企业在发行债券之前，必须依据有关因素，运用一定的方法，确定债券的发行价格。

（1）债券发行价格的影响因素。企业债券发行价格的高低，取决于下列几个因素。

① 债券票面金额。债券票面金额是决定债券发行价格的基本因素。一般来说，债券面额越大，发行价格越高。债券发行价格的高低，从根本上取决于债券面额的大小，但两者不一定相等。

② 票面利率。即债券票面上事前确定的名义利率。

③ 市场利率。市场利率是指债券发行时资金市场上的实际利率。一般来说，债券票面利率越接近于市场利率，则债券发行价格越接近于债券面额；债券的票面利率越大于市场利率，则债券的发行价格越大于债券面额；债券的票面利率越小于市场利率，则债券的发行价格也越小于债券面额。

④ 债券期限。债券期限越长，债权人的风险越大，要求的利息报酬就越高，其发行价格就可能越低；反之，可能较高。

（2）债券发行价格的确定方法。债券的发行价格通常有三种：等价、溢价和折价。等价是指以债券的票面金额作为发行价格。多数企业债券采用等价发行。溢价是指以高于债券面额的价格发行债券。折价是指以低于债券面额的价格发行债券。溢价或折价发行债券，主要是由于债券的票面利率与市场利率不一致所造成的。债券的票面利率在债券发行前即已参照市场利率确定下来，并标明于债券票面，无法改变，而市场利率经常发生变动。在债券发售时，如果票面利率与市场利率不一致，就需要调整发行价格，以调整债券购销双方的利益。

债券发行价格一般是由债券的面值和所要支付的利息按发行当时的市场利率折现所得到的现值确定的。其基本计算公式为

$$债券发行价格 = \frac{债券面值}{(1+市场利率)^n} + \sum_{t=1}^{n} \frac{债券面值 \times 票面利率}{(1+市场利率)^t}$$

或　　债券发行价格＝债券面值×$(P/F,i,n)$＋债券面值×票面利率×$(P/A,i,t)$

式中，n 为债券期限年数；t 为债券付息期数；i 为债券发行时的市场利率。

一般而言，若市场利率与票面利率一致，就按等价发行；若市场利率大于票面利率，就按折价发行；若市场利率小于票面利率，就按溢价发行。

【例 3-12】 某企业发行面值为 1 000 元、票面利率为 10%、期限为 10 年的债券，每年年末付息一次。债券正式发行时，要考虑当时的市场利率，来确定债券的发行价格。其发行价格可分下述三种情况来分析。要求：计算各情况下债券的发行价格。

解： ① 若当时的市场利率为 10%，就按等价发行。

其发行价格计算如下：

债券发行价格＝1 000×$(P/F,10\%,10)$＋1 000×10%×$(P/A,10\%,10)$
　　　　　　＝385.5＋614.46＝999.96（元）

② 若市场利率高于票面利率，就按折价发行。

若债券出售时，市场利率上升到 12%，高于债券票面利率，则其发行价格计算如下：

债券发行价格＝1 000×$(P/F,12\%,10)$＋1 000×10%×$(P/A,12\%,10)$
　　　　　　＝322＋565.02＝887.02（元）

③ 若市场利率低于票面利率，就按溢价发行。

若债券出售时，市场利率下降到 8%，低于债券票面利率，则其发行价格计算如下：

债券发行价格＝1 000×$(P/F,8\%,10)$＋1 000×10%×$(P/A,8\%,10)$
　　　　　　＝463.2＋671.01＝1 134.21（元）

当然，并不是一定要按上述公式计算出来的价格作为债券实际的发行价格，但可以用于作为确定债券发行价格的基础。在实际工作中，确定债券的发行价格，通常还要考虑其他多种因素，如债券发行企业自身的信用情况及资金的急需程度和对市场利率变动的发展趋势的预测等各种情况，合理地来确定合适的债券发行价格。

4. 债券的发行程序

（1）做出发行债券决议。在我国有资格发行债券的主体有三类：股份有限公司、国有独资公司和两个以上国有投资主体设立的有限责任公司。股份有限公司和国有有限责任公司发行公司债券，由董事会制订方案，股东大会做出决议；国有独资公司发行公司债券，由国家授权投资的机构或者国家授权的机构做出决定。可见，发行债券的决议和决定，是由公司最高机构做出的。

（2）企业提出发行债券申请。国务院证券管理部门根据《公司法》的规定和国务院

确定的发行规模审批。

（3）公告债券募集办法。企业制定好募集办法后，应按当时、当地通常合理的办法向社会公告。募集公告发布后，应在公告所定的期间内募集借款。

（4）委托证券机构销售。一般公司债券发行方式由公司直接向社会发行（私募发行）和由证券经营机构承销发行（公募发行）两种，我国只有后者。

（5）收缴债券款。企业交付债券，收缴债券款，登记债券存根簿。

5. 长期债券筹资的优缺点

发行债券筹集资金，对发行企业既有利又有弊，企业应根据自身的情况扬长避短，认真分析进行选择。

1) 长期债券筹资的优点

（1）发行债券的筹资的成本低于普通股和优先股。因为债券的发行费用比发行股票的费用低，而且债券的利息可以在所得税前扣除，所以企业实际负担的债券成本一般低于股票成本。

（2）保障股东控制权。债权人不直接参与公司的经营管理，一般情况下不分享公司股东对企业的控制权。

（3）债券的利息可列入税前支出，可为企业带来税收规避方面的好处。由于债券利息的支付是固定的，企业的收益越多，可供分配给股东的财富就越多，通过发行债券的负债形式，可以发挥企业的财务杠杆作用。

（4）便于调整企业资本结构。如企业通过发行可转换债券，或在发行债券时规定可提前赎回债券，有利于企业主动、合理地调整资本结构，确定负债与资本的有效比例。

2) 长期债券筹资的缺点

（1）债券必须按时还本付息，若企业因一时资金周转不畅而无法按时还本付息，企业将陷入财务危机，甚至会导致企业破产。

（2）发行债券提高了企业的财务风险，债券使企业为其所有者（股东）提供更高的投资报酬率，加大了企业经营者工作难度。

（3）长期债券的偿还期限很长，未来的种种不确定性使企业面临着较大的偿还风险。

（4）严格的债券合同将在一定程度上限制企业的经营决策。发行债券的限制条件一般比长期借款、租赁筹资的限制条件多且严，限制了企业债券资金的使用，甚至会影响企业以后的筹资能力及经营的决策。

（三）融资租赁

1. 租赁种类

现代租赁的种类很多，按不同的标准可以划分为不同的类别。

（1）按租赁的性质可分为经营租赁和融资租赁。经营租赁也称营运租赁或服务租赁，是以满足承租人临时使用资产的需要为目的而发生的租赁业务。经营租赁通常为短期租赁。承租企业采用经营租赁的目的，主要不是融通资金，而是为了获得设备的短期使用权以及出租人提供的专门技术服务。当然从承租企业无须先筹资再购买设备即可享有设备使用权的角度看，经营租赁也有短期筹资的功效。

经营租赁的主要特点：承租企业可随时向出租人提出租赁资产要求；租赁期短，不涉及长期而固定的义务；租赁合同比较灵活，在合理限制条件范围内，可以解除租赁契约；租赁期满，租赁资产一般归还给出租者；出租人提供专门服务，如设备的保养、维修、保险等。

融资租赁也称财务租赁或筹资租赁，是由出租者按照承租企业的要求融资购买设备，并在契约或合同规定的较长期限内提供给承租企业使用的信用性业务。它是现代租赁的主要形式，通常为长期租赁。

融资租赁的主要特点：一般由承租人向出租人提出正式申请，由出租人融通资金引进用户所需设备，然后再租给用户使用；租期较长，融资租赁的租期一般为租赁财产寿命的一半以上；租赁合同比较稳定，在融资租赁期内，承租人必须连续支付租金，非经双方同意，中途不得退租，这既能保证承租人长期使用资产，又能保证出租人在基本租期内收回投资并获得一定的利润。在租赁期间内，出租人一般不提供维修和保养设备等方面的服务；租赁期满后，可选择设备作价转让给承租人或由出租人收回或延长租期续租的办法处理租赁财产。

（2）按融资租赁的形式可分为直接租赁、售后租回和杠杆租赁。直接租赁是指承租人直接向出租人租入所需要的资产，并付租金。直接租赁的出租人主要是制造商、租赁公司。除制造商外，其他出租人都是从制造商处购买资产出租给承租人的。直接租赁是融资租赁的典型租赁形式。

售后租回又称返租赁，是指承租人将拥有的设备先按账面价或市场价出售给租赁公司，然后再从该租赁公司原封不动地租回，按租赁合同规定分期支付租金。售后租回有点类似于抵押贷款。通过售后租回，承租人既可以将长期资金转化为流动资金，增强了资金的流动性，又可以继续使用原有设备，有利于企业提高资金的使用效率。

杠杆租赁是指出租人对较大金额的项目只提供一部分投资，其余部分通过以出租的设备为抵押，向银行等金融机构借款支付，然后出租人将设备使用权出租给承租人使用的一种租赁方式。

杠杆租赁要涉及承租人、出租人和资金出借者三方当事人。从承租人的角度来看，这种租赁与其他租赁形式并无区别。但对出租人却不同，出租人只出购买所需的部分资金（约30%）作为自己的投资；另外以该资产作为担保向资金出借者借入其余资金（约70%）。因此，它既是出租人又是借款人，同时拥有对资产的所有权，既收取租金又要偿付债务。如果出租人不能按期偿还借款，那么资产的所有权就要转归资金出借者。

此外，租赁还可按期限的长短分为短期租赁和长期租赁，按业务区域分为国际租赁和国内租赁等类别。

2. 租赁的程序

不同的租赁业务，具体的租赁程序也不完全相同。现以融资租赁为例介绍其程序。

（1）选择租赁公司。企业决定采用租赁方式筹取某项设备时，首先需了解各个租赁公司的经营范围、业务能力以及与其他金融机构的关系和资信情况，取得租赁公司的融资条件和租赁费率等资料,并加以比较,从而择优选定。我国现行财务制度规定,企业通过融资方式租入设备,应向国家批准成立的租赁公司办理。

(2) 办理租赁委托。企业选定租赁公司后,便可向其提出申请,办理委托。这时,承租企业必须填写"租赁申请书",说明对所需设备的具体要求,同时还要提供企业的财务状况文件,包括资产负债表、损益表和现金流量表等财务资料,以便租赁公司了解企业的情况,估算其出租的风险大小。

(3) 选择设备。设备的选择方法有以下几种:①由企业委托租赁公司选择设备,商定价格;②由企业先与设备供应商签订购买合同,然后将合同转给租赁公司,由租赁公司付款;③经租赁公司指定,由企业代其订购设备、代其付款,并由租赁公司偿付货款;④由租赁公司和承租企业协商洽购设备等。

(4) 签订购货协议。由承租企业和租赁公司中的一方或双方,与选定的设备供应厂商进行购买设备的技术与商务谈判,在此基础上签订购货协议。

(5) 签订租赁合同。租赁合同是由承租企业与租赁公司签订的,它是租赁业务的重要法律文件。融资租赁合同的内容可分为一般条款和特殊条款两部分。

(6) 办理验货与投保。承租企业收到租赁设备,要进行验收。验收合格,签发交货及验收证书并提交给租赁公司,租赁公司据以向厂商支付设备价款。同时承租企业向保险公司办理投保事宜。

(7) 支付租金。承租企业按规定的租金数额、支付方式,向租赁公司分期缴纳租金。

(8) 租赁期满处理设备。融资租赁合同期满时,承租企业应按照租赁合同的规定,实行退租、续租或留购。在融资租赁中,租赁期满的设备一般以低价卖给承租企业或无偿转给承租企业。

3. 租金的计算

在融资租赁的筹资方式下,承租企业要按合同规定向租赁公司支付租金。租金的数额和支付方式对承租企业的未来财务状况具有直接的影响,也是租赁筹资决策的重要依据。

融资租赁每期支付租金的多少,主要取决于以下几项因素。

(1) 租赁设备的购置成本。租赁设备的购置成本包括设备的买价、运杂费和途中保险费等。根据我国的实际情况,有相当一部分租赁项目的运输费是由承租企业直接支付的,在计算租金时运输费不应包括在租赁设备的购置成本中。同样,租赁设备的安装调试费若由承租企业直接支付,在计算租金时安装调试费也不应包括在租赁设备的购置成本中。若上述两项费用均由出租人支付,则在计算租金时均应包括在租赁设备的购置成本中。

(2) 租赁设备的预计残值。租赁设备的预计残值是指设备租赁期满时预计可变现的净值。

(3) 利息。利息是指租赁公司为购买租赁设备所筹资金的成本,即设备租赁期间的利息。利息是影响租金的重要因素。利息的高低取决于租赁设备的购置成本、利率、租期、租金支付方式等因素。租赁设备购置成本越高,利息费越高;反之,则越低。利率越高,利息费越高;利率越低,利息费越低。

(4) 租赁手续费。租赁手续费包括租赁公司承办租赁设备的营业费用以及一定的盈利。租赁手续费的高低一般没有固定标准,通常由承租企业与租赁公司协商确定。一般是按租赁设备购置成本的一定比例计算。

(5) 租赁期限。一般而言,租赁期限的长短既影响租金总额,也影响到每期租金的数额。租赁期越长,承租人占用出租人资金的时间也越长,承租人每期支付的租金额就越少,租金总额就越大,承租人承受的利息就越多。

(6) 租金的支付方式。租金的支付方式也影响租金的计算。支付租金的方式一般有以下几类:一是按支付时间长短,可以分为年付、半年付、季付和月付等方式。二是按支付时间的先后,可以分为先付租金和后付租金。先付租金是指在期初支付;后付租金是指在期末支付。三是按每期支付金额,可以分为等额支付和不等额支付两种。

租金的支付方式影响每期租金的多少。一般而言,租金支付次数越多,每次的支付金额越少。在实务中,承租企业与租赁公司商定的租金支付方式,大多为年末支付等额年金。

融资租赁租金的计算方法很多,目前比较流行的计算方法主要有直线法、等额年金法、附加率法、浮动利率法。在我国融资租赁实务中,大多采用直线法和等额年金法。

(1) 直线法。直线法也称平均期限法,是先以商定的利息率和手续费率计算出租期间的利息和手续费,再加上设备购置成本,按支付次数确定每期应支付租金的方法。这种方法没有充分考虑货币时间价值因素。直线法每次应付租金的计算公式如下:

$$R = \frac{C - S + I + F}{N}$$

式中,R 为每次支付租金;C 为租赁设备购置成本;S 为租赁设备预计残值;I 为租赁期间利息;F 为租赁期间手续费;N 为租赁期限。

【例 3-13】 某企业于 2021 年 1 月 1 日从租赁公司租入一套设备,价值 100 万元,租期 10 年,预计租赁期满时的残值为 5 万元,归租赁公司,年利率按 10% 计算,租赁手续费为制备价值的 2%,租金每年年末支付一次。要求:计算该套设备租赁每次支付的租金。

解:该套设备租赁每次支付的租金如下。

$C = 100$ 万元

$S = 5$ 万元

$I = 100 \times (F/P, 10\%, 10) - 100 = 159.37$(万元)

$F = 100 \times 2\% = 2$(万元)

$R = [(100 - 5) + 159.37 + 2] \div 10 = 25.637$(万元)

(2) 等额年金法。等额年金法是将一项租赁资产在未来各租赁期内的租金金额按一定的贴现系数予以折现,使其现值总额恰好等于租赁资产的购置成本。在这种方法下,通常要根据综合利率和手续费率确定一个租赁费率,作为贴现率。因租金有先付租金和后付租金两种方式,因此,等额年金法又可分为等额年金后付法和等额年金先付法两种。

等额年金后付法：承租企业与租赁公司商定的租金支付方式，大多为后付等额租金，即普通年金。等额年金后付法的计算公式如下。

$$R = \frac{C}{(C/R, i, n)}$$

式中，R 为每次支付租金；C 为租赁资产购置成本；$(C/R, i, n)$ 为 n 期后付年金现值系数；n 为支付租金次数；i 为租赁费率，即贴现率。

等额年金后付法的特点：每期所付租金是等额的，对承租人来说，负担均衡便于合理安排资金；每期租金中所含利息呈递减趋势；每期租金中所含本金呈递增趋势。由于等额年金后付法具有以上特点，且计算较为方便，因此，它是国内外普遍采用的方法之一。

等额年金先付法：承租企业有时可能会与租赁公司商定，采取先付等额租金的方法支付租金。等额年金先付的计算公式如下。

$$R = \frac{C}{[(C/R, i, n-1) + 1]}$$

等额年金先付法的特点：每期所付租金等额，承租人租金负担是均衡的；由于第一期租金是在租赁开始时支付，因此，第一期租金不含利息，即 100% 的本金收回。基于这个原因，有的租赁公司甚至将第一期租金视为变相的定金，这样，先付计算的利息总额比后付计算的利息总额要低；从第二期起租金中所含利息呈递减趋势，所含本金呈递增趋势。

【例 3-14】 某企业于 2021 年 1 月 1 日从租赁公司租入一套设备，价值 100 万元，租期为 10 年，租赁期满时的残值归承租企业，利率为 10%，手续费为设备价值的 2%。租金每年年末支付一次。要求：计算该套设备每次支付的租金。

解： 该套设备租赁每次支付的租金计算如下。

先确定租赁费率 i；假定根据利率 10% 加上手续费率 2% 来确定，则租赁费率定为 12%；再计算每次支付的租金金额。

若用等额年金后付法，其每次支付的租金计算得

$$R = \frac{C}{(C/R, i, n)}$$

$$= \frac{100}{(C/R, 12\%, 10)}$$

$$= 100 \div 5.650\ 2$$

$$= 17.7 (万元)$$

若用等额年金先付法，其每次支付的租金计算得

$$R = \frac{100}{[(C/R, 12\%, 9) + 1]}$$

$$= 100 \div (5.328\ 2 + 1)$$

$$= 15.8 (万元)$$

（3）附加率法。附加率法是指在租赁资产购置成本的基础上，再加上一项特定的比率来计算租金的方式。附加率法的计算公式为

$$R = \frac{C(1+ni)}{n} + Cr$$

式中，R 为每次支付租金；C 为租赁资产的购置成本；n 为支付租金次数；i 为利率；r 为附加率。

附加率法的特点：每期期末等额支付租金；公式中的分子部分是按单利计息 n 期后本息和的计算公式，每期租金是由 n 期后的本息和分成的 n 等份再加上按附加利率计算的利息所构成。由于对分期偿还的租金在整个租赁期内照常收取利息，所以在成本、利率、租期相同的条件下用附加率计算的租金总额比前面介绍的等额年金法要多。

【例 3-15】 某企业于 2021 年 1 月 1 日从租赁公司租入一套设备，价值 100 万元，租期 10 年，租金每年年末支付一次。年利率为 10%，附加率为 3%。要求：计算该套设备每年支付的租金。

解：该套设备租赁每次支付的租金计算如下。

$$R = 100 \times (1 + 10 \times 10\%) \div 10 + 100 \times 3\% = 20 + 3 = 23(万元)$$

4. 融资租赁筹资的优缺点

通过租赁资产筹集资金，对承租企业既有利也有弊，应认真分析进行选择。

1) 融资租赁筹资的优点

(1) 筹资速度快。租赁设备往往比借款购置设备更迅速、更灵活。因为租赁是筹资与设备购置同时进行的，可以缩短设备的购进、安装时间，使企业尽快形成生产能力，有利于企业尽快占领市场，打开销路。

(2) 限制条件少。企业运用股票、债券、长期借款等方式筹资，都有相当多的制约条件，而租赁筹资则没有太多的限制。

(3) 减少设备陈旧过时遭淘汰风险。随着科学技术的不断进步，设备陈旧过时的风险很高，利用租赁筹资，企业可以减少这一风险。因为经营租赁期限较短，过期把设备归还出租人，这种风险完全由出租人承担；融资租赁的期限一般为资产使用年限的 75%，也不会像自己购买设备那样整个期间都承担风险；多数租赁协议都规定由出租人承担设备陈旧过时的风险。

(4) 租金在整个租期内分摊，可适当减轻到期还本负担。租金在整个租期内分摊，不用到期归还大量本金。许多借款都在到期日一次偿还本金，这会给财务基础较弱的企业造成相当大的困难，有时会造成不能偿付的风险。而租赁则把这种风险分摊在整个租期内，可适当减少不能偿付的风险。

(5) 保存企业的借款能力。利用租赁筹资并不增加企业负债，不会改变企业的资本结构，不会直接影响承租企业的借款能力。有些企业，由于种种原因，负债比率过高，不能向外界筹措大量资金。在这种情况下，采用租赁的形式就可使企业在资金不足而又急需设备时，不付出大量资金就能及时得到所需设备。有些企业可能会发现，当它们的信用额度已全部用完，贷款协议又限制它们去进一步举债时，租赁筹集便成为最佳的选择。

(6) 税收负担轻。租金费用可在税前扣除，具有抵免所得税的效用，使承租企业能享受税收上的优惠。

2) 融资租赁筹资的缺点

(1) 筹资成本高。筹资成本高是租赁筹资的主要缺点，租金总额占设备价值的比例一般要高于同期银行贷款的利率。在承租企业经济不景气、财务困难时期，固定的租金也会构成企业一项较为沉重的财务负担。

(2) 丧失资产残值。租赁期满，若承租企业不能享有设备的残值，也可视为承租企业的一种机会损失。若企业购买资产，就可享有资产残值。

(3) 改良资产难。由于租赁资产的所有权一般归出租人所有，因此承租企业未经出租人同意，往往不能擅自对租赁资产加以改良，以满足企业生产经营的需要。

(四) 混合筹资

1. 发行可转换债券

可转换债券是一种债券，它可以转换为债券发行公司的股票，通常具有较低的票面利率。从本质上讲，可转换债券是在发行公司债券的基础上，附加了一份期权，并允许购买人在规定的时间范围内将其购买的债券转换成指定公司的股票。

1) 可转换债券的特征

(1) 可转换性。在发行可转换债券即规定债券持有人可按特定价格转换成发行公司普通股票的债券时，一般规定转换比例和转换价格。转换比例是指每张公司债券可以转换成普通股的股数；转换价格是指债券面值除以转换比例。转换比例和转换价格一般是固定不变的。例如：企业发行公司债券时规定，每张面值1 000元的公司债券，可以转换成发行企业面值为100元的普通股票8股。则转换比例为8，转换价格为125(1 000÷8)元。

(2) 债权性。与其他债券一样，可转换债券也有规定的利率和期限，投资者可以选择持有债券到期，收取本息。可转换债券的利率一般比不可转换的要低，可以使发行企业用较低的利率筹集资金，同时，对债券持有人也比较有利，使其既有固定的利息收入，又可以享有在企业的股票市价超过转换价格时把公司债券转换成普通股票的权利。也就是说企业在发行可转换债券时，实际上给了债权人两种权利：一种是在债务到期日收回本金和债券还本前收取利息的权利；另一种是在必要时将债券转换成股票的权利。从理论上来讲，发行可转换债券时，应分别确定带转换权和不带转换权的债券的价格，并以不带转换权的债券价格来确定债券发行时的溢价或折价，带转换权利的价格与不带转换权利的价格的差额作为股本溢价处理。但在实际工作中，在发行可转换债券时，很难同时确定带有转换权利和不带转换权利的价格。因此，通常还是按发行一般债券的办法来登记它的溢价和折价。

(3) 股权性。可转换债券在转换成股票之前是纯粹的债券，但在转换成股票之后，原债券持有人就由债权人变成了公司的股东，可参与企业的经营决策和红利分配，这也在一定程度上会影响公司的股本结构。《公司法》中规定了上市的股份有限公司可以发行可转换为公司股票的债券，发行可转换为股票的公司债券，应当报经国务院证券管理部门批准。公司债券可转换为股票的，除具备发行债券的条件外，还应符合股票发行的条件。公司债券上应注明可转换公司债券字样，并在公司债券存根上载明可转换公司债券的数额。同时债券持有人对转换股票或不转换股票有选择权。

2) 可转换债券的价值

(1) 可转换证券的理论价值。可转换证券的理论价值，也称内在价值，是指将可转换证券转股前的利息收入和转股时的转换价值按适当的必要收益率折算的现值。例如，假定投资者当前准备购买可转换证券，并计划持有该可转换证券到未来某一时期，且在收到最后一期的利息后便立即实施转股，可用下述公式计算该投资者准备购买的可转换证券的当前理论价值。

$$P = C(P/A, r, t) + CV(P/F, r, n)$$

式中，P 为可转换证券的理论价值；t 为时期数；n 为持有可转换证券的时期总数；r 为必要收益率；C 为可转换证券每期支付的利息；CV 为可转换证券在持有期期末的转换价值。

【例 3-16】 假定可转换债券的面值为 1 000 元，票面利率为 8%，剩余期限为 5 年，同类债券的必要收益率为 9%，到期时要么按面值还本付息，要么按规定的转换比例或转换价格转股。要求：计算该可转换债券当前的投资价值。

解：该可转换债券当前的投资价值计算如下。

$$P = 1\,000 \times 8\% \times (P/A, 9\%, 5) + 1\,000 \times (P/F, 9\%, 5)$$
$$= 1\,000 \times 8\% \times 3.889\,7 + 1\,000 \times 0.649\,9$$
$$= 961.08(元)$$

(2) 可转换证券的转换价值。可转换证券的转换价值是指实施转换时得到的标的股票的市场价值，它等于标的股票每股市场价格与转换比例的乘积，即

转换价值 = 标的股票市场价格 × 转换比例

【例 3-17】 若假定例 3-16 中可转换债券的转换比例为 40，实施转换时标的股票的市场价格为每股 29 元。要求：计算该可转换债券的转换价值。

解：该可转换债券转换价值计算如下。

$$CV = 29 \times 40 = 1\,160(元)$$

(3) 可转换证券的市场价值。可转换证券的市场价值也就是可转换证券的市场价格。可转换证券的市场价值一般保持在可转换证券的投资价值和转换价值之上。如果可转换证券市场价值在投资价值之下，购买该证券并持有到期，就可获得较高的到期收益率；如果可转换证券市场价值在转换价值之下，购买该证券并立即转化为标的股票，再将标的股票出售，就可获得该可转换证券转换价值与市场价值之间的价差收益。

3) 可转换债券的优缺点

可转换债券筹资的优点：节约利息支出；有利于稳定股票市价；增强筹资灵活性。

可转换债券筹资的缺点：增强了对管理层的压力；存在回购风险；股价大幅度上扬时，存在减少筹资数量的风险。

2. 发行认股权证

认股权证是由股份有限公司发行的、能够按照特定的价格在特定的时间内购买一定数量该公司普通股票的选择权凭证，其实质是一种普通股票的看涨期权。

1) 认股权证的基本要素

(1) 认股权证的相关主体包括权证发行人、权证认购人、权证持有人、权证行使

人等。

(2) 认股权证的标的资产是指权证发行所依附的基础资产，即权证持有人行使权利时所指向的可交易的资产。权证作为期权的一种，其标的资产的种类是极为广泛的。而最常见的标的资产则是股票，即所谓"正股"。

(3) 认股权证的价格即权证在一级市场上发行或在二级市场上交易时的单位价格。权证价格由内在价值和时间价值两部分组成，即权证价格＝（内在价值＋时间价值）。内在价值又称内含价值，即权证立即履约的价值；时间价值为权证价格与内在价值两者之差。意指若不立即履约，未来的时间里正股价格就仍有上涨（下跌）空间，认购（沽）权证变为价内的概率也就越大。时间价值主要与权证有效期的长短以及正股价格的波幅有关；权利金即权证投资人在一级市场购买或在二级市场上受让能兑换一股正股的权证所需要支付的价款。

(4) 认股权证的行使即权证持有人向权证发行人提出履约要求，要求依据权证的约定以特定价格认购或售出特定数量的标的资产。权证的行使通常涉及以下主要事项或概念：行使价格，又称权证的履约价格；行使比例，是指每一单位权证可以认购（售）标的的数量。行使比例将影响权证价格，行使比例越高者，其权证价格越低。如果股票权证的行使比例为1∶1，即指每一单位权证可以认购或售出一股标的股票或其组合。到期日，是指权证行使履约的最后一个交易日。权证到期后即按合约进行清算交割并终止契约。在某些情况下，权证须提前到期，如上限型权证，当标的物收盘价格达到上限价格时，第二个交易日即按契约进行清算交割并终止契约。

(5) 权证的特别条款通常包括行使价格（比例）的调整、收购权益、赎回权等方面。

2) 认股权证的理论价值

股票的市场价格与认股权证的认股价格之间的差额就是认股权证的理论价值。其公式如下。

认股权证的理论价值＝（股票的市场价格－认股权证的认股价格）×认购数量

【例3-18】 永达新材公司发行附有认股权证的债券，每1 000元债券附有一张认股权证，每张认股权证提供在2020年5月18日之前以每股10元的价格购买4股该公司普通股的权利，假设该公司普通股市价为12元。要求：计算该认股权证的理论价值。

解：该认股权证的理论价值计算如下。

$$(12-10) \times 4 = 8(元)$$

在实际中，认股权证的市场价格很少与其理论价值相同。认股权证的市场价格超过其理论价值的部分被称为认股权证的溢价，其计算公式如下。

认股权证的溢价＝认股权证的市场价格－理论价值
　　　　　　　＝认股权证的市场价格－认购股票市场价格＋认股价格

认股权证的理论价值会随着可认购股票的市场价格的变化而发生同向变化，认股权证的市场价格及其溢价也同样会随之上升或下跌。

3) 认股权证融资的优缺点

认股权证融资的优点：发行认股权证融资成本低，可改善公司未来资本结构，这与可转换证券融资相似。不同之处在于认股权证的执行增加的是公司的权益资本，而不改变其负债。

认股权证融资的缺点：认股权证融资也有稀释股权以及当股价大幅上升时，导致认股权证成本过高等不利方面。

（五）短期负债筹资

1. 短期借款

短期借款是公司向银行等金融机构借入的，期限在1年以内（含1年）的借款。短期银行借款属于银行流动资金借款，是公司筹措短期资金的重要方式。按照国家惯例，短期借款按偿还方式不同分为一次性偿还借款和分期偿还借款；按有无担保分为抵押借款和信用借款；按利息支付方式的不同分为收款法借款、贴现法借款和加息法借款。我国目前短期借款主要按目的用途进行分类，可分为生产周转借款、临时借款、结算借款等。

1）信用借款

信用借款（又称为无担保借款）是指没有担保品做担保的借款。由于信用借款只凭借款人的信誉，因而银行一般只对信誉好、规模大的企业提供信用借款。这种借款的利率较高，并且附加一定的条件。信用借款是信誉好的企业短期资金的重要来源，通常用于季节性营运资金变动需要。

按照国际惯例，短期银行借款往往附加一些信用条件，主要有信用额度、周转信用协议、补偿性余额等。

信用额度是借款公司与银行之间正式或非正式协议规定的公司借款的最高限额。有了这个信用额度，公司可在其限额内随时根据需要向银行申请借款。信用额度的有效期限通常为一年。在正式协议下，银行有保证在信用额度内向公司贷款的义务。例如，协议规定某公司的信用额度为100万元，公司已借用80万元尚未偿还，此时，若公司申请余下的20万元借款时，银行应按协议规定出借给公司。但在非正式协议下，银行并不承担按照最高借款限额保证贷款的法律义务。

周转信用协议是一种经常为大公司使用的正式信用额度。周转信用协议与一般信用额度不同，银行对其负有法律义务，并因此向公司收取一定的承诺费。

补偿性余额是银行将借款公司借的10%～20%的平均存款余额留存银行，其目的是降低银行贷款风险，提高贷款的有效利率。

【例3-19】 永达新材公司与银行确定的周转信用协议额度为200万元，承诺费率为2%，该公司本年度内借款150万元，尚未使用的余额为50万元。要求：计算公司本年度应向银行支付的承诺费金额。

解： 公司本年度应向银行支付的承诺费 $=50 \times 2\% = 1$（万元）

由此例可以看出，银行收取承诺费，是按贷款限额未使用部分的一定比率计算的。

【例3-20】 永达新材公司按年利率5%从银行借入款项100万元，银行要求公司按照贷款额的20%保持补偿性金额。这样，该公司实际可动用的借款只有80万元。要求：计算该笔借款的实际年利率。

解： 该笔借款的实际年利率＝100×5％÷[100×(1－20％)]＝6.25％

2) 担保借款

担保借款是指必须有担保品做担保的借款。对信用不好、财务状况较差的企业贷款时，银行都要求有担保品做担保。常见的担保借款的形式有票据抵押借款、证券抵押借款、商品抵押借款和应收账款担保借款等。

3) 短期银行借款的成本

公司向银行借款应支付利息，短期借款的成本主要体现在借款利率的高低方面。按照国际惯例，短期银行借款的利率会因借款公司的类型、借款金额及时间的不同而有区别。对那些信用好、贷款风险低的公司，银行会采取较低的利率；反之，则会采取较高利率。下面先介绍几种利率，再计算借款成本。

短期借款利息的计算，有单利计算法、贴现利率计算法和附加利率计算法三种。

(1) 单利计算法。多数银行通常按单利计算收取短期贷款的利息。对公司来讲，往往也是按单利来比较不同银行的借款成本。在采取单利计算的情况下，短期借款成本取决于合同约定的利率和银行收取利息的方式。如果利息在借款到期日随本金一起偿付，名义利率就等于实际利率。

【例 3-21】 永达新材公司从银行取得借款 30 000 元，年利率按单利计算为 8％。1 年到期后按单利计算应偿还本息为 32 400 元。要求：计算实际利率。

解： $\text{实际利率}=\dfrac{\text{利息}}{\text{借款本金}}\times 100\% = \dfrac{2\,400}{30\,000}\times 100\% = 8\%$

(2) 贴现利率计算法。采用贴现利率计算法时，银行在向公司贷款时，预先扣除贷款的贴现利息，而以贷款面值减去贴现利息后的差额支付给公司。公司的应收票据贴现，就是采用贴现利率计算的。在该计算方法下，实际利率要高于名义利率。

【例 3-22】 永达新材公司将一张不带息的面值 30 000 元的票据向银行办理贴现，贴现月利率为 0.6％，贴现天数为 60 天。要求：计算公司实际负担的月利率。

解： $\text{贴现利息}=\dfrac{30\,000\times 0.6\%}{30\times 60}\times 60 = 360(元)$

公司实得借款＝30 000－360＝29 640(元)

$\text{公司实际负担的月利率}=\dfrac{\text{贴现利息}}{\text{公司实得借款}}=\left(\dfrac{360}{29\,640}\right)\times\left(\dfrac{30}{60}\right)=0.607\%$

(3) 附加利率计算法。采用附加利率计算法时，即使公司是分期偿还贷款，银行仍按照贷款总额和名义利率来计算利息。在这种方式下，实际利率要高于名义利率，因此公司实际负担的利息费用较高。

【例 3-23】 永达新材公司按照附加利率 5％取得 1 年期的银行借款 30 000 元，如果分 12 个月平均偿还，则每个月月末需偿还 2 500 元，年平均借款使用额只有 15 000 元（30 000÷2），而年息仍是 1 500 元（30 000×5％）。要求：计算公司实际负担的年利率。

解： $\text{公司实际负担的年利率}=\dfrac{\text{利息}}{\text{借款总额}}=\dfrac{1\,500}{30\,000\div 2}=10\%$

在上述几种利息的计算方法中，名义利率是指记于借款契约的年利率。实际利率是

指借款的有效利率,也就是银行实际赚取的利率。如前面所提到的,当借款人在借款到期后支付利息,名义利率等于实际利率;当借款人贴现贷款,也就是银行预扣利息时,实际利率大于名义利率。在计算短期银行借款的成本时,应考虑到短期借款的利息在会计上是作为费用处理的,因而可以使缴纳的所得税减少。所以,从严格意义上来讲,实际利率并不能作为短期借款的成本。将抵减企业所得税这一因素考虑进去,短期借款的成本应按下列公式计算。

$$短期借款成本 = 实际利率 \times (1 - 企业所得税税率)$$

4) 短期借款的优缺点

短期借款筹资的优点如下。

(1) 筹资效率高。银行资本雄厚,能够及时为公司提供各类短期借款。公司办理短期借款程序比较简单,能够及时取得所需借款。特别是对于季节性和临时性的资金需求,采用向银行借入短期借款的方式更显得方便有效。对一些信誉好的大公司来讲,还可以较低的利率借入款项,从而降低使用借款的成本。

(2) 筹资弹性大。短期银行借款具有较好的弹性,公司可在资金需要增加时借入,在资金需要减少时偿还。这样有利于公司现金流量的调剂,灵活地安排资金的使用,随借随还,提高公司资金使用效率。

短期借款筹资的缺点如下。

(1) 资金成本较高。公司采用短期银行借款方式筹资,其借款成本比商业信用高。如果采用担保借款方式,由于需要支付管理和服务费用,其资金成本更高。

(2) 限制较多。公司向银行借款,银行不仅要对公司的经营和财务状况调查以后才能决定是否贷款,有些银行还要对公司的某些方面加以控制,要求公司将流动比率、负债比率维持在一定水平之内,以便保证银行的利益不受损害。诸如此类的要求,构成了对公司的一些限制。

2. 商业信用

商业信用是一种在商品交易中,公司之间由于延期付款或预收货款所形成的借贷关系。商业信用属于一种常见的短期筹资方式,买卖双方采取赊销、赊购方式进行商业交易,彼此提供信用,不需要"一手交钱,一手交货"。当买方收到所购货物时,不必立即支付现金,而是由卖方向买方开出票据或账单。这样就意味着卖方向买方提供信用,买方由此获得一项临时性的资金来源。

1) 商业信用的具体形式

公司利用商业信用筹资的具体形式,通常有应付账款、应付票据和预收货款等。

应付账款是一种最普遍、最常见的商业信用形式。例如,买方收到所购货物后,不仅不立即支付现金,而且不出具借据,只是建立了一种短期的债务、债权关系,买方只是一个"欠账"人,它在卖方的允许下可以延期支付货款。应付账款方式完全建立在买方的信用上。这种形式使买方等于借用卖方的资金购买商品,大大减少了公司的资金占用。那么,为什么卖方允许买方延期付款呢?主要是为了促销商品。当然,买方具有较高的信用是采用这种形式的基础。依照国际惯例,卖方往往规定一些信用条件,以便促使买方能够按期付款或提早付款。假设信用条件规定"3/10, n/30",就是指买方如能在购货发票日算起 10 天付款,可享受 3% 的购货折扣;若在 10 天后至 30 天内付款,则不能享受这笔折扣,买方必须支付全部货款;允许买方付款期限最长为 30 天。

应付账款信用形式,按其是否负担代价,分为免费信用、有代价信用和展期信用。

(1) 免费信用。这是指买方在规定的折扣期限内享受折扣而获得的信用。

【例 3-24】 永达新材公司以 "3/10, n/30" 的信用条件从 A 公司购入价值 100 000 元的商品。永达新材公司在 10 天内付款,应获得最长为 10 天的免费信用。要求:计算免费信用额。

解:其享受的折扣额为

$$100\ 000 \times 3\% = 3\ 000(元)$$

免费信用额为

$$100\ 000 - 3\ 000 = 97\ 000(元)$$

(2) 有代价信用。这是指买方放弃折扣需要付出代价而取得的信用。

【例 3-25】 承例 3-24,永达新材公司在 30 天内付款,而没有享受这种折扣,则意味着商业信用有了机会成本。要求:计算这种不享受折扣的成本。

解:采用下列公式计算。

$$放弃现金折扣成本 = \frac{折扣百分比}{1-折扣百分比} \times \frac{360}{信用期-折扣期}$$

永达新材公司该项业务的商业信用成本为

$$放弃现金折扣成本 = \frac{3\%}{1-3\%} \times \frac{360}{30-10} = 55.67\%$$

这个计算结果表明,永达新材公司放弃享受折扣,就会产生年利率为 55.67% 的机会成本,这样就使本来对公司有利的商业信用,成为一种代价很大的短期筹资方式。

(3) 展期信用。这是指买方在规定的信用期满后,推迟付款而强制取得的信用,实际上就是拖欠货款。

【例 3-26】 仍以例 3-24 信用条件,如果永达新材公司拖延到 50 天付款。要求:计算展期信用成本。

解:

$$展期信用成本 = \frac{3\%}{1-3\%} \times \frac{360}{50-10} = 27.84\%$$

采用展期信用形式,使成本大大降低,下降到 27.84%。道理很简单,拖欠他人的货款不还,当然降低了自己的信用成本。但这是违反常规的做法,切不可因小失大,因为这样做,永达新材公司将冒着信用地位和信用等级下降的风险。

2) 商业信用筹资的优缺点

公司利用商业信用筹集短期资金的优点:①自然筹资。商业信用随商品交易自然产生,属于自然性筹资,事先不必正式规划,方便灵活。②限制少。商业信用相对银行借款一类的筹资方式,没有复杂的手续和各种附加条件,也无须抵押担保。③筹资成本低,甚至不发生筹资成本。如果没有现金折扣,或者公司不放弃现金折扣,则利用商业信用筹资不会发生筹资成本。

公司利用商业信用筹集短期资金的缺点:①所筹资金利用时间较短。商业信用的时间一般较短,如果享受现金折扣,则使用时间就更短。②有一定的风险。付款方如果到

期不支付货款。长时间拖欠货款，势必影响公司的信誉，造成今后筹资的困难；收款方如果较长时间不能收回贷款，势必影响公司的资金周转，造成公司生产经营的困难。

3. 短期融资券

短期融资券，又称商业票据或短期债券，是由企业发行的无担保短期本票。在我国，短期融资券是指企业依照《短期融资券管理办法》的条件和程序在银行间债券市场发行和交易并约定在一定期限内还本付息的有价证券，是企业筹措短期（1年以内）资金的直接融资方式。一般来讲，只有实力雄厚、资信程度很高的大企业才有资格发行短期融资券。在我国，短期融资券的发行必须符合《短期融资券管理办法》中规定的发行条件。

我国的短期融资券具有以下特征：发行人为非金融企业；它是一种短期债券品种，期限不超过365天；发行利率由发行人和承销商协商确定；发行对象为银行间债券市场的机构投资者，不向社会公众发行；实行余额管理，待偿还融资券余额不超过企业净资产的40%；可以在全国银行间债券市场机构投资人之间流通转让。

短期融资券按照不同的标准分类有所不同。

（1）按发行方式不同，可分为经纪人代销的融资券和直接销售的融资券。经纪人代销的融资券又称间接销售融资券，它是指先由发行人卖给经纪人，然后由经纪人再卖给投资者的融资券，经纪人主要有银行、投资信托公司、证券公司等。企业委托经纪人发行融资券，要支付一定数额的手续费。

直接销售的融资券是发行人直接销售给最终投资者的融资券，直接发行融资券的公司通常是经营金融业务的公司或自己有附属金融机构的公司，它们有自己的分支网点，有专门的金融人才，因此，有力量自己组织推销工作，从而节省了间接发行时应付给证券公司的手续费。我国目前发行的短期融资券由经纪人代销。

（2）按发行人不同，可分为金融企业的融资券和非金融企业的融资券。金融企业的融资券主要是指由大公司所属的财务公司、各种投资信托公司、银行控股公司等发行的融资券，这类融资券一般都采用直接发行方式，该融资券的期限一般为1~12个月。我国目前发行的短期融资券就属于金融企业的融资券。

非金融企业的融资券是指那些没有设立财务公司的工商企业所发行的融资券，也是本文所讨论的企业融资券。多数采用间接方式来发行融资券，该融资券的期限一般为1、3、6、9、12个月不等。

（3）按融资券的发行和流通范围不同，可分为国内融资券和国际融资券。国内融资券是一国发行者在其国内金融市场上发行的融资券，发行这种融资券一般只要遵循本国法规和金融市场惯例即可。

国际融资券是一国发行者在其本国以外的金融市场发行的融资券，发行这种融资券，必须遵循有关国家的法律和国际金融市场上的惯例。

短期融资券的发行程序：①公司做出发行短期融资券的决策；②办理发行短期融资券的信用评级；③向有关审批机构提出发行申请；④审批机关对企业提出的申请进行审查和批准；⑤正式发行短期融资券，取得资金。

短期融资券的优点：①筹资的成本低。在西方国家，短期融资券的利率加上发行成本，通常要低于银行的同期贷款利率。这是因为在采用短期融资券筹资时，筹资者与投资者直接往来，绕开了银行中介，节省了一笔原应付给银行的筹资费用。但目前我国短期融资券的利率一般要比银行借款利率高，这主要是因为我国短期融资券市场刚刚建立，投资者对短期融资券缺乏了解。随着短期融资券市场的不断完善，短期融资券的利率会逐渐接近银行贷款利率，直至略低于银行贷款利率。②筹资数额比较大。银行一般不会向企业贷放巨额的流动资金借款。对于需要巨额资金的企业，短期融资券这一方式尤为适用。③提高企业的信誉。由于能在货币市场上发行短期融资券的公司都是著名的大公司，因而，一个公司如果能在货币市场上发行自己的短期融资券，就说明该公司的信誉很好。

短期融资券筹资的缺点：①发行风险比较大。短期融资券到期必须归还，一般不会有延期的可能。到期不归还，会产生严重后果。②发行弹性比较小。只有当企业的资金需求达到一定数量时才能使用短期融资券，如果数量小，则不宜采用短期融资券方式。另外，短期融资券一般不能提前偿还，因此，即使公司资金比较宽裕，也要到期才能还款。③发行条件比较严格。并不是任何公司都能发行短期融资券，必须是信誉好、实力强、效益高的企业才能使用，而一些小企业或信誉不太好的企业则不能利用短期融资券来筹集资金。

4. 应收账款转让

应收账款转让是指企业将应收账款出让给银行等金融机构以获取资金的一种筹资方式。应收账款转让筹资数额一般为应收账款扣减以下内容后的余额：允许客户在付款时扣除的现金折扣；贷款机构扣除的准备金、利息费用和手续费。其中准备金是指因在应收账款收回过程中可能发生销货退回和折让等而保留的存款。

1) 应收账款转让的分类

应收账款转让按是否具有追索权可分为附加追索权的应收账款转让和不附加追索权的应收账款转让。其中，附加追索权的应收账款转让，是指企业将应收账款转让给银行等金融机构，在有关应收账款到期无法从债务人处收回时，银行等金融机构有权向转让应收账款的企业追偿，或按照协议规定，企业有义务按照约定金额从银行等金融机构回购部分应收账款，应收账款的坏账风险由企业承担；不附加追索权的应收账款转让，是指企业将应收账款转让给银行等金融机构，在有关应收账款到期无法从债务人处收回时，银行等金融机构不能向转让应收账款的企业追偿，应收账款的坏账风险由银行承担。

2) 应收账款转让的具体方式及其特点

利用应收账款转让融资主要有两种方式，即以应收账款为抵押借款和应收账款让售。

应收账款抵借是指持有应收账款的企业与信贷机构或代理商订立合同，以应收账款作为担保品，在规定的期限内企业有权以一定额度为限借用资金的一种融资方式。合同明确规定信贷机构或代理商借给企业资金所占应收账款的比率，一般为应收账款的70%~90%，借款企业在借款时，除以应收账款为担保外，还需按实际借款数据出具票据，如果作为担保品的应收账款中某一账款到期收不回来，银行有权向借款企业追索。

抵借方式的特点：它是一种循环的自我清偿的贷款，在会计意义上是短期借款，但在财

务概念中却可以是长期借款;抵押方继续保留应收账款的权益,同时也要承担坏账的责任。

应收账款让售是指企业将应收账款出让给信贷机构筹集所需资金的一种方式。企业筹措的资金是根据销售发票金额减去允许客户在付款时扣除的现金折扣、信贷机构收取的佣金以及在应收账款上可能发生的销售退回和折让而保留的扣存款后的余额确定。扣存款占的比例由双方协商确定,一般为10%左右。应收账款让售后,假若出现应收账款拖欠或客户无力清偿,则企业无须承担任何责任,信贷机构不能向企业追索,只能自己追索或承担损失。

应收账款让售方式的特点:让售方式相当于一种销售行为,要确认损益;让售既转移了收款权利,同时也转移了坏账风险。

3)应收账款转让筹资的优缺点

应收账款转让筹资的优点:①及时回笼资金,避免企业因赊销造成的现金流量不足。通过应收账款转让筹资,企业可以及时地回收销售商品和提供劳务的资金,增加现金流量,缓解因应收账款带来的资金紧张程度,从而避免企业因赊销造成的现金流量不足的问题。②节省收账成本,降低坏账损失风险,有利于改善企业的财务状况、提高资产的流动性。应收账款转让时,银行等金融机构均要掌握购货方的资信情况,而银行等金融机构只对有相当资信度的应收账款提供资金。所以,应收账款转让在一定程度上保证了应收账款的安全,防止了坏账的发生。

应收账款转让筹资的缺点:①筹资成本较高。应收账款转让筹资的手续费和利息都很高,从而增加了企业的筹资成本。②限制条件较多。应收账款转让时,贷款机构对转让的应收账款和转让应收账款的企业都有一定的条件限制,不符合条件的,不接受转让。

同 步 测 试

一、单项选择题

1. 某公司2020年的销售收入为600 000元,销售净利率为10%,留存收益比率为20%,对销售敏感的资产占销售额的24%,对销售敏感的负债占销售额的8%。预测2021年的销售收入为800 000元,则需要追加的外部筹资额为(　　)元。

  A. 14 000   B. 15 000   C. 16 000   D. 17 000

2. A公司发行的面值1 000元,可转换为125股普通股的可转换债券。当A公司普通股的价格为16元时,该债券的转换价值为(　　)元。

  A. 2 000   B. 2 200   C. 2 300   D. 16 000

3. 下列各项中,不属于认股权证的特点的有(　　)。

  A. 持有人在认股之前,只拥有股票认购权

  B. 认股权证不容易转让

  C. 用认股权证购买普通股股票,其价格一直低于市价

  D. 对公司发行新债券或优先股股票具有促进作用

4. 企业从银行借入短期借款，不会导致实际利率高于名义利率的利息支付方式是（　　）。
   A. 收款法　　　　　　　　　　　　B. 贴现法
   C. 补偿性余额　　　　　　　　　　D. 分期等额偿还本利法
5. 当债券的票面利率小于市场利率时，债券应（　　）。
   A. 等价发行　　B. 溢价发行　　　C. 折价发行　　　D. 向外部发行
6. 下列（　　）可以为企业筹集自有资金。
   A. 内部积累　　B. 融资租赁　　　C. 发行债券　　　D. 向银行借款
7. 按照资金的来源渠道不同可将筹资分为（　　）。
   A. 内源筹资和外源筹资　　　　　　B. 直接筹资和间接筹资
   C. 权益筹资和负债筹资　　　　　　D. 表内筹资和表外筹资
8. 下列各项中不属于直接表外筹资的是（　　）。
   A. 经营租赁　　　　　　　　　　　B. 代销商品
   C. 来料加工　　　　　　　　　　　D. 母公司投资于子公司
9. 下列（　　）可以为企业筹集短期资金。
   A. 融资租赁　　B. 商业信用　　　C. 内部积累　　　D. 发行股票
10. 我国目前各类企业最为重要的资金来源是（　　）。
    A. 银行信贷资金　　　　　　　　　B. 国家财政资金
    C. 其他企业资金　　　　　　　　　D. 企业自留资金

二、多项选择题

1. 优先股的特征包括（　　）。
   A. 优先分配股利　　　　　　　　　B. 优先分配公司剩余财产
   C. 优先股股东一般没有表决权　　　D. 优先股可以由公司赎回
2. 企业之间商业信用的形式主要有（　　）。
   A. 应付票据　　B. 应付账款　　　C. 预收货款　　　D. 银行借款
3. 长期借款的优点是（　　）。
   A. 筹资速度快　　B. 筹资成本低　　C. 借款弹性好　　D. 限制条件少
4. 融资租赁具有的特点是（　　）。
   A. 设备淘汰风险小　　B. 税收负担轻　　C. 筹资速度快　　D. 限制条件少
5. 企业发行债券筹资的优点有（　　）。
   A. 资金成本低　　　　　　　　　　B. 不会分散公司的控制权
   C. 风险大　　　　　　　　　　　　D. 限制条件较少
6. 筹资的动机有（　　）。
   A. 设立性动机　　B. 扩张性动机　　C. 调整性动机　　D. 混合性动机
7. 下列各项中，（　　）属于外源筹资的特点。
   A. 自主性　　　B. 高效性　　　　C. 灵活性　　　　D. 大量性
8. 下列（　　）属于企业自留资金。
   A. 法定公积金　　B. 任意公积金　　C. 资本公积金　　D. 未分配利润

9. 企业进行筹资需要遵循的基本原则包括（　　）。
   A. 规模适当原则　　B. 筹措及时原则　　C. 来源合理原则　　D. 方式经济原则
10. 采用销售额比率法预测对外筹资需要量时，对外筹资需要量受到（　　）因素的影响。
    A. 销售增长率　　B. 资产利用率　　C. 股利支付率　　D. 利润增长率
11. 在下列各项中，属于企业筹资动机的有（　　）。
    A. 设立企业　　B. 企业扩张　　C. 企业收缩　　D. 偿还债务
12. 企业自有资金的筹集方式有（　　）。
    A. 发行债券　　B. 吸收直接投资　　C. 发行股票　　D. 利用留存收益

三、判断题

1. 调整性筹资是为了企业经营活动追加资金，这类筹资通常会增加企业的资本总额。（　　）
2. 企业进行筹资时，首先应利用发行普通股筹资，然后考虑利用留存收益筹资。（　　）
3. 根据我国《公司法》等法律、法规的规定，投资者可以采取货币资产和非货币资产两种形式出资，全体投资者的货币出资金额不得低于公司注册资本的30%。（　　）
4. 借款合同中规定借款的用途不得改变，这属于一般性保护条款。（　　）
5. 如果企业在发行债券的契约中明确规定了有关允许提前偿还的条款，则当预测利率上升时，一般应提前赎回债券。（　　）
6. 在正常情况下，发行债券的公司在公司债券到期日前，分期等额归还债券本金和利息。（　　）
7. 公司债券的利息比银行借款高，但公司债券的期限长、利率相对固定。在预计市场利率持续下降的金融市场环境下，发行公司债券筹资，能锁定资本成本。（　　）
8. 融资租赁是由租赁公司按承租单位要求出资购买设备，在较长的合同期内提供给承租单位使用的融资信用业务，它是以融物为主要目的的租赁。（　　）
9. 一般来说，债务筹资的资本成本低于股权筹资。（　　）
10. 股权筹资形成企业的股份资金，股权筹资的方式包括吸收直接投资、发行股票、利用留存收益和融资租赁四种主要形式。（　　）
11. 合资经营企业是在中国境内按中国法律规定取得法人资格的企业，其注册资本中，外方合营者的出资比例一般不低于30%。（　　）
12. 普通股股东依法享有公司重大决策参与权、优先认股权、优先分配剩余财产权、股份转让权等。（　　）
13. 在股票的发行方式中，发行范围广、发行对象多、易于足额筹集资本是非公开直接发行股票方式的优点。（　　）
14. 公司股票上市对企业而言，只有好处，没有坏处，如便于筹措新资金、促进股权流通和转让、便于确定公司价值。（　　）
15. 与发行债券筹资相比，留存收益筹资的特点是财务风险小。（　　）

四、计算题

1. 某企业从银行借入期限为10个月、年利率为8%的短期借款200万元。要求：分别按收款法、贴现法计算该借款的实际利率。

2. 某企业每年向S公司购入500万元的商品，S公司提供的商业信用条件为(4/20，n/60)。要求：计算该企业放弃现金折扣的机会成本。

3. 某企业采购一批商品，供应商报价如下：立即付款，价格为9 630元；30天内付款，价格为9 750元；31~60天内付款，价格为9 870元；61~90天内付款，价格为10 000元。假设该企业资金不足，可向银行短期借款，银行短期借款的利率为10%，每年按360天计算。要求：计算放弃现金折扣的机会成本，并做出对该企业最有利的决策。

4. 某公司发行一种面额为500元、年利率为10%、期限为5年的债券，假设市场利率为年利率8%（采用复利方式计算）。要求：

(1) 计算到期一次还本付息方式下的发行价格。

(2) 计算本金到期一次偿还，利息每年年末支付一次方式下的发行价格。

(3) 计算本金到期一次偿还，利息每半年支付一次方式下的发行价格。

五、案例分析题

IBM融资租赁方案设计

1. 租赁具体程序及要求

首先，进行商务谈判（供应商与最终用户商定设备类型、配置、数量、服务等，IBM租赁公司不参与，由供应商与最终用户签署购销合同）。

其次，最终用户提供最近两年年度的财务报表及营业执照的复印件，信用审核（2~10个工作日）通过后，租赁公司与最终用户进行价格、合同方面的洽谈，然后签约。租赁合同一式两份，由租赁公司与最终用户签署。

（购销合同的）三方转让协议一式三份，由租赁公司、最终用户及供应商三方签署（只转让购销合同项下购买的权利和付款的义务，其他权利和义务不转让）。

再次，供货商交货给最终用户（若租赁物为免税设备，最终用户应自行办理清关手续），最终用户签署接收证书给IBM租赁公司，附上设备清单（包含设备序列号），最终用户此时应将第一期租金同时汇给租赁公司，租赁开始。IBM租赁公司在收到被勾选的单据及/或金额后10个工作日内将货款一次性支付给供应商。

最后，正式建立租赁关系，见图3-1。

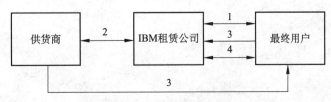

图3-1 租赁关系建立流程

要求：以融资租赁公司经理的角色，设计从IBM租赁公司租赁设备的业务流程。

2. 租金的设计

（1）MEXICO企业从IBM租赁公司租入一套总价值为500万美元的设备，期限为10年，预计租赁期满时设备的残值为10万美元，由该企业留购，年利率按8%计算，租赁手续费为设备价值的2%，租金每年年末支付一次。以直线法计算，该套设备租赁每次支付的租金是多少？

（2）如果该企业从IBM租赁公司租入一套总价值为500万美元的设备，期限为10年，租赁期满时设备的残值归企业，年利率按8%计算，租赁手续费为设备价值的2%，租金每年年末支付一次。以等额年金后付法计算，该套设备租赁每次支付的租金是多少？

（3）以等额年金先付法计算，该套设备租赁每次支付的租金是多少？

（4）如果该企业从IBM租赁公司租入一套总价值为500万美元的设备，期限为10年，年利率按8%计算，附加率为4%，租金每年年末支付一次。以等额年金后付法计算，该套设备租赁每次支付的租金是多少？

实训项目

1. 创业财务计划书中筹资方式和筹资渠道的运用

针对本组创业计划，课后小组讨论创业所需资金的来源形式，分析是否可以考虑融资租赁所需固定资产。

2. 关于筹资问题的调查分析

分小组到本校大学生创业园选择一家较为熟悉的创业公司，对其经营理财的情况进行调查，询问其创立和经营过程中遇到的筹资问题及所承担的财务风险，以及采取的策略。

资金成本和资本结构

项目四

学习目标

知识目标
1. 熟悉各种筹资成本的计算方法与应用。
2. 掌握财务杠杆和经营杠杆的含义及相应的计算。
3. 掌握最优资本结构的计算方法。

能力目标
1. 能准确计算各种筹资成本并应用其进行相关决策。
2. 能准确应用筹资成本和杠杆原理的相关知识解决生活中的实际案例。
3. 能结合企业的实际情况和需求确定某一时期最优资本结构。

思政目标
1. 结合最优资本结构理论,理解"供给侧结构性改革"的意义。
2. 结合财务杠杆和资本成本理论,理解"三去一降一补"的重要性。

导语: 本项目阐述筹资过程中必须考虑的资金成本和资金结构问题,这部分的定量计算方法对企业的筹资方式、筹资规模的决策有重要指导意义。通过本项目学习,要求学生理解资本成本、财务杠杆和资本结构的基本原理,掌握资本成本、杠杆系数的计算方法,能运用所学知识合理进行筹资决策。

任务一 资金成本

引导案例

美国知名赌场营运商热带娱乐(Tropicana Entertainment)公司在发生 13.2 亿美元的债务违约后,不得不向法院申请破产保护,成为美国历史上金额最大的企业破产案

之一,也导致了拉斯维加斯博弈产业遭受严重冲击。据报道,总部在肯塔基州的热带娱乐公司年营业额约10亿美元,员工人数1.1万人,其债权银行经纪商瑞士信贷集团通知其已发生总额13.2亿美元的债务违约。法院掌握的破产保护数据显示,该公司目前资产约28亿美元,负债24亿美元。更有穆迪投资人服务公司指出,热带娱乐对外未清偿的债务共有26.7亿美元,之前最大宗破产案为魁北克世界印刷公司所提出,负债金额约18亿美元。据调查,热带娱乐最大的债权人为特拉华州的威明顿银行,共持有近10亿美元的未担保债权。

近年来,美国赌业遭受严重衰退的原因当然是多方面的,如受全球疫情影响、美国经济放缓、现金流紧张、汽油价格飙升、楼市危机、股市不景气、赌股信用评级下降、航空公司削减拉斯维加斯航班减少了当地客源等,但早几年前锐意扩张、加速巨额融资并购、债务成本居高不下,是更重要的原因。

【引入问题】
1. 负债融资有什么优势和弊端?
2. 从该案例中得到什么启示和教训?

一、资金成本的概念

资金成本是指企业为筹集和使用资金而需要付出的代价,也称资本成本。资金成本有广义和狭义之分。广义的资金成本是指企业筹集和使用任何资金,不论期限长短,都要付出代价。狭义的资金成本仅指筹集和使用长期资金(包括自有资本和借入长期资金)的成本。通常所说的资金成本是指狭义的资金成本。

对于企业筹资来讲,资金成本是选择资金来源、确定筹资方案的重要依据,企业力求选择资金成本最低的筹资方式。对于企业投资来讲,资金成本是评价投资项目、决定投资取舍的重要标准。资金成本还可用作衡量企业经营成果的尺度,即经营利润率应高于资本成本,否则表明业绩欠佳。

资金成本包括筹资费用和用资费用。筹资费用是指企业在筹措资金过程中为获取资金而支付的各种费用,如银行借款的手续费,发行股票、债券等证券的印刷费、评估费、公证费、宣传费及承销费等。筹资费用通常在资本筹集时一次性发生,在资本使用过程中不再发生,因此,可以视为筹资数额的一项扣除。用资费用是指企业在生产经营和投资过程中因使用资金而支付的代价,如股票的股利、银行借款和债券利息等。用资费用是因为占用了他人资金而必须支付的,是资金成本的主要内容。

资金成本的表现形式有两种:绝对数和相对数。用绝对数表示的,即指资金用资费用和筹资费用;用相对数表示的,即指资金用资费用与实际取得资金之间的比率。在企业财务管理中,资金成本一般用相对数表示,计算公式为

$$资金成本 = \frac{年使用费}{筹资总额 - 筹资费}$$

资金成本有多种运用形式。按照运用形式的不同,资金成本可以分为个别资金成本、加权平均资金成本和边际资金成本。个别资金成本在比较各种筹资方式时使用;加

权平均资金成本在企业进行资本结构决策时使用；边际资金成本则在企业进行追加筹资决策时使用。

二、个别资金成本

个别资金成本是指按各种长期资本的具体筹资方式来确定的成本，它可分为债务成本和权益成本。债务成本包括银行借款成本和债券成本，权益成本包括优先股成本、普通股成本和留存收益成本。个别资金成本构成如图4-1所示。

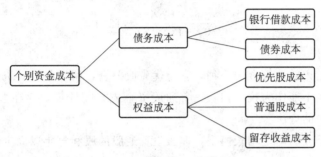

图 4-1　个别资金成本构成

1. 银行借款成本

银行借款成本主要包括借款利息和筹资费用（主要是借款的手续费）。银行借款的利息在税前支付，具有减税效应，且借款手续费通常较低。银行借款成本的计算公式为

$$\text{银行借款成本} = \frac{\text{借款额} \times \text{年利率} \times (1-\text{企业所得税税率})}{\text{借款额} \times (1-\text{筹资费率})}$$

$$= \frac{\text{年利率} \times (1-\text{企业所得税税率})}{1-\text{筹资费率}}$$

【例 4-1】　永达新材公司从银行获得一笔46万元的长期借款，年利率为8%，期限为2年，每年付息一次，到期还本付息。筹资费率为1%，企业所得税税率为25%。要求：计算这笔借款的资金成本。

解：
$$K_l = \frac{8\% \times (1-25\%)}{1-1\%} = 6.06\%$$

2. 债券成本

债券成本主要包括债券利息和筹资费用。同银行借款利息一样，债券成本中的利息也在税前支付，具有减税效应，但筹资费用一般较高，包括申请费、手续费、注册费、印刷费、上市费和推销费用。债券成本的计算公式为

$$\text{债券成本} = \frac{\text{债券年利息} \times (1-\text{企业所得税税率})}{\text{债券筹资总额} \times (1-\text{筹资费率})}$$

【例 4-2】　某企业发行票面年利率为10%的5年期债券，总面值2000万元，按折价发行，发行价为1800万元，发行费率5%，企业所得税税率25%。要求：计算该债券的资金成本。

解：
$$K_b = \frac{2\,000 \times 10\% \times (1-25\%)}{1\,800 \times (1-5\%)} = 8.77\%$$

3. 优先股成本

公司发行优先股筹集资金，既要支付筹资费用，还要定期支付股利。它与债券不同的是股利是在税后支付，不能抵税，并且没有固定的到期日。由于优先股的股利通常是固定的，其资金成本的计算公式较为简单。优先股成本的计算公式为

$$优先股成本 = \frac{优先股每年的股利}{优先股筹资总额 \times (1 - 优先股筹资费率)}$$

【例 4-3】 某企业发行面值总额 200 万元的优先股，固定股息率为 15%，筹资费率为 5%，该股票溢价发行，筹资总额为 250 万元。要求：计算该优先股的资金成本。

解：
$$K_p = \frac{200 \times 15\%}{250 \times (1 - 5\%)} = 12.63\%$$

4. 普通股成本

普通股筹资是权益性筹资的一种，它与优先股筹资、留存收益筹资一样不具有减税效应，因此其成本不能作为税收扣除。普通股资金成本的计算，存在多种不同的方法，下面介绍三种常用的方法。

第一种方法是股利固定增长模型，即假设普通股的股利每年以固定比率增长。普通股成本的计算公式表示为

$$普通股成本 = \frac{第一年股利额}{普通股金额 \times (1 - 普通股筹资费率)} + 股利年增长率$$

式中，普通股金额按发行价计算。

【例 4-4】 某企业发行面值为 1 元的普通股 1 000 万股，筹资总额为 1 800 万元，筹资费率为 5%，第一年每股股利为 0.2 元，预计年增长率为 4%。要求：计算该普通股的资金成本。

解：
$$K_s = \frac{0.2 \times 1\,000}{1\,800 \times (1 - 5\%)} + 4\% = 15.70\%$$

第二种方法是资本资产定价模型，即普通股的资金成本可以用投资者对发行企业的风险程度与股票投资承担的平均风险水平来评价。根据资本资产定价模型，普通股成本的计算公式为

普通股成本 = 无风险报酬率 + 普通股的 β 系数 × (股票市场平均报酬率 - 无风险报酬率)

【例 4-5】 某企业拟发行普通股。假定国债收益率为 4%，股票市场平均收益率为 12%，该企业股票的 β 系数为 1.5。要求：根据资本资产定价模型，计算该普通股的资金成本。

解：
$$K_s = 4\% + 1.5 \times (12\% - 4\%) = 16\%$$

第三种方法是风险溢价法。根据风险和收益相匹配的原则，风险越大，要求的报酬率就越高。由于普通股股东对企业的投资风险通常要高于债券投资者，因此普通股股东要求的报酬率，要在债券投资者要求的报酬率基础上，增加一定的风险溢价。在风险溢价法下，普通股成本的计算公式为

普通股成本 = 债券成本 + 股东比债权人承担更多风险要求的风险溢价

式中，债券成本容易计算，但风险溢价难以确定，通常凭借经验进行估计。

【例 4-6】 某企业的债券资金成本为 10%，股东因为比债权人承担更多风险，而要求的风险溢价是 4%。要求：计算该企业发行普通股的资金成本。

解: $K_s = 10\% + 4\% = 14\%$

5. 留存收益成本

留存收益是企业的税后未分配利润，其所有权属于股东，实质上是对企业追加投资。从投资者角度看，留存收益可以被要求作为股利分给投资者，而投资者用这部分收益进行再投资，因此投资者同意将这部分收益再投资于企业内部，是期望从中获得更高的收益，这一收益期望即构成留存收益的资金成本。留存收益成本的确定方法与普通股成本的确定方法基本相同，只是没有筹资费用。

三、加权平均资金成本

加权平均资金成本（weighted average cost of capital，WACC），也称综合资金成本，是指企业以各种长期资金在全部资金中所占的比重为权数，对各种长期资金的资金成本加权平均计算出来的资金总成本。加权平均资金成本反映一个公司通过股权和债务融资的平均成本，项目融资的收益率只有在高于加权平均资金成本时，该项目才具有投资价值。其计算公式为

$$K_w = \sum_{j=1}^{n} W_j K_j$$

式中，K_w 为加权平均资金成本；n 为长期资金的类别个数；W_j 为第 j 种长期资金占总资金的权数；K_j 为第 j 种长期资金的资金成本。

计算加权平均资金成本中的个别资金占全部资金的权数时，可分别选用账面价值、市场价值、目标价值权数法来计算。

账面价值权数法是指按照各种资本的账面价值来计算权数。优点是易于从资产负债表中取得资料，缺点是账面价值可能与市场价值不符，从而导致筹资决策的失误。

市场价值权数法是指债券、股票以当前的市场价格来确定权数。优点是能够反映企业现实的资本结构，缺点是市场价值变动频繁，不易确定，因此经常用平均价格来弥补这个缺点。

目标价值权数法是指债券、股票以未来预计的目标市场价值确定权数。优点是能体现期望的资本结构，而不是像账面价值权数和市场价值权数那样只反映过去和现在的资本结构，所以按目标价值权数计算的加权平均资金成本更适用于企业筹措新资金。缺点是企业很难客观合理地确定证券的目标价值，使得这种计算方法不易推广。

【例 4-7】 某企业拟筹措资金 2 000 万元，其中，计划发行债券 600 万元，发行优先股 200 万元，发行普通股 800 万元，并使用留存收益 400 万元，各种资金成本分别为 6%、12%、16% 和 15%。要求：计算该企业的加权平均资金成本。

解：$K_w = \dfrac{600}{2\,000} \times 6\% + \dfrac{200}{2\,000} \times 12\% + \dfrac{800}{2\,000} \times 16\% + \dfrac{400}{2\,000} \times 15\% = 12.4\%$

四、边际资金成本

企业无法以某一固定的资金成本来筹集无限的资金，当其筹措的资金超过一定限度时，原来的资金成本就会增加。在企业追加筹资时，需要知道筹资额在什么数额上会引

起资金成本怎样的变化。这就要用到边际资金成本的概念。

边际资金成本是指资金每增加一个单位而增加的成本。边际资金成本采用加权平均法计算，其权数为市场价值权数，而不应使用账面价值权数。当企业拟筹资进行某项目投资时，应以边际资金成本作为评价该投资项目可行性的经济指标。

计算边际资金成本的计算步骤如下。

（1）计算筹资突破点。筹资突破点是指保持某个资金成本的条件下，可以筹集到的资金总限额。在筹资突破点范围内，原来的资金成本不会改变；一旦筹资额超过筹资突破点，即使维持现有的资本结构，其资金成本也会增加。

（2）计算边际资金成本。根据计算出的筹资突破点，可得出若干组新的筹资范围，对筹资范围分别计算加权平均资金成本，即可得到各种筹资范围的边际资金成本。

下面通过举例来说明边际资金成本的计算步骤。

【例 4-8】 某企业拥有长期资金 500 万元，其中银行借款 80 万元，资金成本 4%；长期债券 120 万元，资金成本 10%；普通股 300 万元，资金成本 13%。加权平均资金成本为 10.84%。由于扩大经营规模的需要，拟筹集新资金。要求：计算边际资金成本。

解： 经分析，认为筹集新资金后，仍应保持目前的资本结构，即银行借款占 16%，长期债券占 24%，普通股占 60%，并测算出随筹资的增加各种资金成本的变化，见表 4-1。

表 4-1　各种资金成本随筹资额的增加而发生的变化

资金种类	目标资本结构/%	新筹资额/元	资金成本/%
银行借款	16	32 000 以内 32 000～80 000 80 000 以上	4 5 6
长期债券	24	240 000 以内 240 000～480 000 480 000 以上	10 11 12
普通股	60	360 000 以内 360 000～720 000 元 720 000 以上	13 14 15

根据表 4-1，银行借款的资金成本保持在 4% 时，筹资限额为 32 000 元，其筹资突破点为 32 000÷16%＝200 000（元）；而银行借款的资金成本保持在 5% 时，筹资限额为 80 000 元，其筹资突破点为 80 000÷16%＝500 000（元）。按此方法，表 4-1 中各种情况下的筹资突破点的计算结果见表 4-2。

表 4-2　各种筹资方式的筹资突破点

资金种类	资本结构/%	资金成本/%	新筹资额/元	筹资突破点/万元
银行借款	16	4 5 6	32 000 以内 32 000～80 000 80 000 以上	20 50

续表

资金种类	资本结构/%	资金成本/%	新筹资额/元	筹资突破点/万元
长期债券	24	10 11 12	240 000以内 240 000~480 000 480 000以上	100 200
普通股	60	13 14 15	360 000以内 360 000~720 000 720 000以上	60 120

根据上一步计算出的筹资突破点,可以得到7组筹资总额范围:①20万元以内;②20万~50万元;③50万~60万元;④60万~100万元;⑤100万~120万元;⑥120万~200万元;⑦200万元以上。对以上7组筹资总额范围分别计算加权平均资金成本,可得到各个筹资总额范围的边际资金成本的计算结果,见表4-3。

表4-3 各个筹资总额范围的边际资金成本的计算结果

筹资总额范围/万元	资金种类	资本结构/%	资金成本/%	加权平均资金成本
20以内	银行借款 长期债券 普通股 合　计	16 24 60	4 10 13	4%×16%=0.64% 10%×24%=2.40% 13%×60%=7.80% 10.84%
20~50	银行借款 长期债券 普通股 合　计	16 24 60	5 10 13	5%×16%=0.80% 10%×24%=2.40% 13%×60%=7.80% 11.00%
50~60	银行借款 长期债券 普通股 合　计	16 24 60	6 10 13	6%×16%=0.96% 10%×24%=2.40% 13%×60%=7.80% 11.16%
60~100	银行借款 长期债券 普通股 合　计	16 24 60	6 10 14	6%×16%=0.96% 10%×24%=2.40% 14%×60%=8.40% 11.76%
100~120	银行借款 长期债券 普通股 合　计	16 24 60	6 11 14	6%×16%=0.96% 11%×24%=2.64% 14%×60%=8.40% 12.00%
120~200	银行借款 长期债券 普通股 合　计	16 24 60	6 11 15	6%×16%=0.96% 11%×24%=2.64% 15%×60%=9.00% 12.60%
200以上	银行借款 长期债券 普通股 合　计	16 24 60	6 12 15	6%×16%=0.96% 12%×24%=2.88% 15%×60%=9.00% 12.84%

任务二 杠杆原理

引导案例

1988年，万科全面进入房地产市场。1991年，万科房地产在深圳证券交易所挂牌上市，迄今为止已成为国内首屈一指的房地产开发企业。万科企业成功的原因之一，在于充分而合理地利用财务杠杆效益，加快企业的发展。财务杠杆作用是把双刃剑，既可以表现为对企业的正相关作用，即推动企业发展；也可以表现为对企业的负相关作用，即加重财务风险。通过计算和比较得知，2019年，虽然万科房地产的资产负债率达到了77.31%，但其权益净利率基本都是息税前利润率的2~3倍，说明其财务杠杆发挥了正效应。

【引入问题】
1. 什么是杠杆效应？生活中有哪些杠杆效应的例子？
2. 万科是如何利用杠杆效益，推动企业发展的？

杠杆原理是企业财务管理中的一个重要概念，它主要反映产量、收入、利息以及息税前利润与每股收益之间的关系。杠杆原理在企业生产经营决策和资本结构决策中扮演着重要的角色。财务管理中常用的杠杆概念有三种，分别是经营杠杆、财务杠杆和复合杠杆。

一、经营杠杆

1. 经营风险和经营杠杆

经营风险，又称营业风险，是指在企业的生产经营过程中面临的各种不确定因素所导致的企业盈利水平的不确定性。经营风险是企业固有的，它时刻影响着企业的经营活动和财务活动，企业必须防患于未然，对企业经营风险进行较为准确的计算和衡量，是企业财务管理的一项重要工作。

企业经营风险的大小通常用经营杠杆来衡量。经营杠杆，又称营业杠杆，是指在企业生产经营中由于存在固定成本而使利润变动率大于产销量变动率的规律。经营杠杆反映了产销量和息税前利润之间的杠杆关系。经营杠杆越大，经营风险就越大。

根据成本性态，在一定的产销量范围内，产销量的增加一般不会影响固定成本总额，但会使单位产品的固定成本降低，从而提高单位产品利润，并使利润增长率大于产销量增长率；反之，产销量减少，会使单位产品的固定成本升高，从而降低单位产品利润，并使利润下降率大于产销量的下降率。正是因为固定成本的存在而使息税前利润变动率大于产销量变动率，经营杠杆反映了这种规律。

所谓经营杠杆效应，是指在固定成本不变时，提高销量会快速提高企业的收益；反之，销量下降，同时会带来利润的快速降低。固定成本的存在是产生这一效应的根本原因。

2. 经营杠杆系数的计量

经营杠杆的大小一般用经营杠杆系数（DOL）来表示，是指息税前利润的变动率相对于销售量变动率的倍数。一般而言，经营杠杆系数越大，经营杠杆的作用和影响就越强，经营风险也随之越大。经营杠杆系数的计算公式为

$$DOL = \frac{息税前利润变动率}{销售量变动率} = \frac{\Delta EBIT/EBIT}{\Delta Q/Q}$$

式中，DOL 为经营杠杆系数；EBIT 为基期的息税前利润总额；ΔEBIT 为息税前利润变动额；Q 为基期的销售量，ΔQ 为销售变动量。

上式可用于计算经营杠杆系数，但大多用于对经营杠杆系数的理论说明。

【例 4-9】 某企业基期和计划期有关财务指标的变动情况见表 4-4。要求：计算其经营杠杆系数。

表 4-4 某企业基期和计划期有关财务指标的变动情况

项　目	基期/万元	计划期/万元	变动额/万元	变动率/％
销售额	3 000	3 600	＋600	＋20
变动成本	1 000	1 100	＋100	＋10
边际贡献	2 000	2 500	＋500	＋25
固定成本	500	500	0	0
息税前利润	1 500	2 000	＋500	＋33.33

解：根据表 4-4 可知，销售额（量）变动率为 20％，而息税前利润变动率为 33.33％，因此经营杠杆系数为

$$DOL = \frac{33.33\%}{20\%} = 1.67$$

在实践中，经营杠杆系数一般采用以下公式计算。

$$DOL = \frac{基期边际贡献总额}{基期息税前利润总额} = \frac{S-VC}{S-VC-F}$$

式中，S 为销售额；VC 为变动成本；F 为固定成本。

【例 4-10】 某企业生产 A 产品，固定成本为 60 万元，变动成本率为 70％，销售额为 500 万元。要求：计算该企业的经营杠杆系数。

解：经营杠杆系数为

$$DOL = \frac{500 \times (1-70\%)}{500 \times (1-70\%) - 60} = 1.67$$

此外，上述经营杠杆系数公式还可以变形为以下两式。

$$DOL = \frac{TCM}{EBIT} = \frac{TCM}{TCM-F} = \frac{EBIT+F}{EBIT}$$

$$DOL = \frac{CM \times X}{CM \times X - F}$$

式中，EBIT 为基期的息税前利润总额；F 为固定成本；TCM 为基期边际贡献总额；CM 为单位边际贡献额；X 为产销量。

根据上述经营杠杆系数公式,可得出如下结论:在其他因素一定的情况下,固定成本、经营杠杆系数和经营风险三者呈同方向变化。固定成本越高,经营杠杆系数越大,经营风险越大。只有当固定成本等于0时,经营杠杆系数等于1。

根据第4个经营杠杆系数公式,可得出如下结论:在其他因素一定的情况下,产销量与经营杠杆系数呈反方向变化。产销量越大,经营杠杆系数越小,经营风险越小。

了解以上原理,对企业控制经营风险有很大的作用。如企业想要降低经营风险,可以通过降低固定成本比重、增加销售量(额)等措施使经营杠杆系数下降,从而降低经营风险;如企业想要获得经营效益,可以通过提高固定成本比重、降低销售量(额)等措施使经营杠杆系数上升,从而提高经营效益。

二、财务杠杆

1. 财务风险和财务杠杆

财务风险,又称筹资风险或举债风险,是指由于筹措负债资金的原因而引起的股东收益的可变性和偿债能力的不确定性。财务风险和经营风险的一个明显不同点是,财务风险不是企业固有的。对于一个没有负债,全部由自有资金经营的企业,只有经营风险而没有财务风险。财务风险客观存在于企业财务管理工作的各个环节。例如,企业的财务决策几乎都是在风险和不确定性的情况下做出的,离开了风险,就无法正确评价企业报酬的高低。因此,对财务风险成因及其防范进行研究,以期降低风险、提高效益,具有十分重要的意义。

企业财务风险的大小通常用财务杠杆来衡量。财务杠杆是指由于债务的存在而导致普通股每股收益变动大于息税前利润变动的杠杆效应。财务杠杆反映了息税前利润和每股收益之间的杠杆关系。财务杠杆越大,财务风险也就越大。

合理运用财务杠杆会给企业权益资本带来额外收益,但是同时会给企业带来财务风险。不同的财务杠杆将在不同的条件下发挥不同的作用,从而产生不同的后果。

当投资利润率大于负债利润率时,财务杠杆将发生积极的作用。其作用后果是企业所有者获得更大的额外收益。这种由财务杠杆作用带来的额外利润就是财务杠杆利益。

当投资利润率小于负债利润率时,财务杠杆将发生负面的作用。其作用后果是企业所有者承担更大的额外损失。这些额外损失便构成了企业的财务风险,甚至导致破产。这种不确定性就是企业运用负债所承担的财务风险。

由于财务杠杆受息税前利润率、负债的利息率以及资本结构等多种因素的影响,在获得财务杠杆利益的同时,也伴随不可估量的财务风险。因此,认真研究财务杠杆并分析影响财务杠杆的各种因素,搞清其作用、性质以及对企业权益资金收益的影响,是合理运用财务杠杆为企业服务的基本前提。

2. 财务杠杆系数的计量

财务杠杆的大小一般用财务杠杆系数(DFL)来表示,是指普通股每股收益(EPS,每股税后利润)的变动率相对于息税前利润变动率的倍数。对于非股份制企业,可通过税后净资产收益率来代替普通股每股税后利润。与经营杠杆系数(DOL)不同的是:经营杠杆系数(DOL)影响的是息税前利润(EBIT),而财务杠杆系数影响的是税后净利或每股收益（EPS）。财务杠杆系数可用下列公式表示。

$$DFL = \frac{普通股每股收益变动率}{息税前利润变动率} = \frac{\frac{\Delta EPS}{EPS}}{\frac{\Delta EBIT}{EBIT}}$$

式中，DFL 为财务杠杆系数；EPS 为基期的普通股每股收益；ΔEPS 为普通股每股收益变动额；EBIT 为基期的息税前利润总额；ΔEBIT 为息税前利润变动额。上式可用于计算财务杠杆系数，也可用于对财务杠杆系数的理论说明。

【例 4-11】 A、B 两企业的资本结构及每股利润计算资料如表 4-5 所示。要求：根据资料计算两企业的财务杠杆系数并加以说明。

表 4-5　A、B 两企业的资本结构及每股利润计算表　　　　单位：元

项　目	A 企业	B 企业
股本（面值：100）	4 000 000	2 000 000
发行在外普通股股数（股）	40 000	20 000
债务（利息率为 8%）	0	2 000 000
资金总额	4 000 000	4 000 000
息税前利润（利润率 10%）	400 000	400 000
利息	0	160 000
税前利润	400 000	240 000
企业所得税（税率 50%）	200 000	120 000
净利润	200 000	120 000
每股利润	200 000÷40 000=5	120 000÷20 000=6
息税前利润增长率	30%	30%
增长后的息税前利润	520 000	520 000
债务利息	0	160 000
税前利润	520 000	360 000
企业所得税（税率 50%）	260 000	180 000
净利润	260 000	180 000
每股收益	260 000÷40 000=6.5	180 000÷20 000=9
每股收益增加额	6.5−5=1.5	9−6=3
普通股收益增长率	1.5÷5×100%=30%	3÷6×100%=50%

解：根据表 4-5，A 企业的息税前利润增长率为 30%，普通股收益增长率为 30%；B 企业的息税前利润增长率为 30%，普通股收益增长率为 50%。于是，A、B 两企业的财务杠杆系数分别为

$$DFL_A = \frac{30\%}{30\%} = 1$$

$$DFL_B = \frac{50\%}{30\%} = 1.67$$

说明：A、B 两企业的资金总额相等、息税前利润相等、息税前利润增长率也相同，所不同的只是资本结构。A 企业全部资金都是普通股，而 B 企业的资金中普通股

和负债各占一半。在息税前利润增长30%的情况下，A企业每股利润增长30%，而B企业却增长了50%，这就是财务杠杆的作用。

此外，如将上述财务杠杆系数公式变形，可得到

$$\text{普通股每股收益变动率} = DFL \times \text{息税前利润变动率}$$

该式表明，DFL越大，对每股收益的影响也越大，即相应的负债筹资的杠杆效益也越大，筹资风险也越大。换言之，由于B企业采用负债经营的方式，利用了财务杠杆，财务杠杆系数有放大作用，在息税前利润增长的同时，普通股每股收益以财务杠杆系数的倍数成倍增长，从而使企业获得了杠杆效益，但同时到期不能偿债的财务风险也增大了。而A企业由于没有借债，因此不会有任何的财务风险。

财务杠杆系数的计算公式，还可进一步简化为以下形式。

$$DFL = \frac{\text{息税前利润}}{\text{息税前利润} - \text{利息}} = \frac{\text{息税前利润}}{\text{税前利润}} = \frac{EBIT}{EBIT - I}$$

如果有优先股，则需要在分母上再减去优先股股息。由于优先股股息是在税后支付的，而EBIT和利息都是税前的，为了口径一致，需要把优先股股息换算成税前的，因此优先股股息还需除以 $(1-T)$。由此，上式演变为如下形式。

$$DFL = \frac{\text{息税前利润}}{\text{息税前利润} - \text{利息} - \dfrac{\text{优先股股利}}{1 - \text{企业所得税税率}}} = \frac{EBIT}{EBIT - I - \dfrac{d}{1-T}}$$

由于我国目前很少有优先股，所以，我们经常用的是上面没有优先股的简化形式。

【例4-12】某企业全部资本为1 000万元，负债比率为40%，负债利息率为12%，每年支付优先股股利10万元，企业所得税税率为25%。要求：当息前税前利润为180万元时，计算财务杠杆系数。

$$\text{解：} DFL = \frac{EBIT}{EBIT - I - \dfrac{d}{1-T}} = \frac{180}{180 - 1\,000 \times 40\% \times 12\% - \dfrac{10}{1-25\%}} = 1.52$$

三、复合杠杆

1. 企业风险与复合杠杆

企业总是在不同的风险环境下生存和发展的。企业风险是指由于企业固定支出的存在而使企业盈利能力具有的可变性，以及由于负债原因引起的偿债能力的不确定性。企业风险既包括经营风险，也包括财务风险。经营风险可以使用经营杠杆来衡量，财务风险可以使用财务杠杆来衡量，企业风险则可以用复合杠杆来衡量。

固定成本的存在产生经营杠杆作用，举债经营中利息费用的存在又产生财务杠杆作用。经营杠杆系数的变化会引起息税前利润的更大变动，而财务杠杆系数的变化又会引起每股收益的更大变动。因此，若两种杠杆共同作用，即如果企业采用较高的经营杠杆和较高的财务杠杆，则销售额的较小变化最终会引起每股收益的大幅度变化。这两种杠杆的连锁作用，通常称为复合杠杆，也称为总杠杆或综合杠杆。在其他因素不变的情况下，复合杠杆系数越大，企业风险也就越大。

复合杠杆是经营杠杆和财务杠杆的综合反映，它直接反映经营杠杆、财务杠杆对企

业的共同影响。一般企业总是存在固定成本的，于是经营杠杆分析是研究复合杠杆的前提。要运用好复合杠杆就必须分析经营杠杆和财务杠杆。当经营杠杆的风险增加，财务杠杆的风险也必然增加；当财务杠杆的风险增加，经营杠杆的风险必然受到影响。两个杠杆是相辅相成、相互影响的，故筹资和投资时，应相互配合使用，综合考虑它们对企业承担风险能力的影响。

2. 复合杠杆系数的计量

复合杠杆的大小一般用复合杠杆系数（DTL）来表示，是指普通股每股收益变动率相对于销售量变动率的倍数，其公式为

$$DTL = DOL \times DFL = \frac{普通股每股收益变动率}{销售量变动率}$$

即复合杠杆系数实际上是经营杠杆系数和财务杠杆系数的乘积，说明了销售变动最终影响每股利润变动的程度。

从复合杠杆系数的公式可以看出经营杠杆与财务杠杆之间的相互关系，即为了达到某一复合杠杆系数，经营杠杆和财务杠杆可以有很多不同的组合。

复合杠杆系数公式的意义在于：企业应该善于利用杠杆的作用，根据具体的情况，分别运用不同的经营杠杆和财务杠杆，以达到最佳的复合杠杆效益，使企业获得理想的每股收益。

【例 4-13】 某企业全部资本为 400 万元，负债比率为 50%，负债利率 10%，当销售额为 500 万元时，息税前利润为 100 万元，变动成本率为 60%。要求：分别计算该企业的经营杠杆系数、财务杠杆系数和复合杠杆系数。

解：根据公式，该企业的经营杠杆系数、财务杠杆系数、复合杠杆系数分别为

$$DOL = \frac{TCM}{EBIT} = \frac{500 \times (1-60\%)}{100} = 2$$

$$DFL = \frac{EBIT}{EBIT-I} = \frac{100}{100 - 400 \times 50\% \times 10\%} = 1.25$$

$$DTL = DOL \times DFL = 2 \times 1.25 = 2.5$$

复合杠杆系数为 2.5，表明只要销售量增减 1%，每股收益就会增减 2.5%，它是两种杠杆的联合作用。

任务三　资本结构

引导案例

房地产企业属于资本密集型企业，具有建设周期长、资金周转速度慢等特点。近年来我国房地产企业平均规模增长速度非常快，但大部分房地产企业拥有的权益资本普遍偏少，都以银行贷款为主要融资渠道，方式过于单一。据央行的《房地产业的发展与金融的支持》分析，我国在土地购置和房地产开发方面所需资金的 80% 左右都直接或间接来源于银行业，资产负债率较高。

如万科公司的资产负债率曾一度达到90%以上,而且万科在安排负债结构时,较为偏好短期负债,因为高比例的流动负债虽然能提高企业的收益,但忽视了将给企业带来严重财务危机的风险。另外,万科公司的可流通股占总股本比例高于同行业平均水平,治理结构优于其他同行业上市公司。但股权比较分散,大股东股权不够集中,导致公司容易失去大股东的有力支持,出现经营者支配的局面。

总之,房地产行业上市公司资本结构存在内源融资偏少、长期融资比例偏低、间接融资比重偏大等问题。企业资本结构不够合理,使房地产开发企业缺乏抵御市场风险的能力,若国家紧缩银根,企业的资金链就会非常紧张。

【引入问题】

1. 以上案例涉及哪些角度的资本结构问题?
2. 对房地产业的资本结构,你有哪些改进建议?

一、资本结构的概念

资本结构是指企业各种资本的构成及其比例关系。在实务中,资本结构有广义和狭义之分。广义的资本结构是指企业全部资本的构成及其比例关系,它不仅包括长期资本,还包括短期资本,其中主要是短期债务资本。狭义的资本结构是指企业各种长期资本的构成及其比例关系,尤其是指长期的股权资本与债权资本的构成及其比例关系,在这种情况下,短期债务资本一般列入运营资本来管理。

企业的资本结构是由企业采用各种筹资方式筹集资本而形成的。资本结构合理与否直接关系到企业的报酬率和风险。良好的资本结构可以促进企业价值的增长,不当的资本结构则是造成公司破产的一个重要因素。各种筹资方式的不同组合类型决定着企业的资本结构及其变化。通常情况下,企业都采用债务筹资和权益筹资的组合,由此形成的资本结构称为"杠杆资本结构"。其杠杆比率表示资本结构中债务资本和权益资本的比例关系。因此,资本结构问题总的来说是债务资本比率问题,即债务资本应在资本结构安排中占有多大的比例。

在资本结构决策中,合理地利用债务筹资,安排债务资本的比率,对企业具有重要的影响。在新时代背景下,企业管理者应该深刻理解中央"三去一降一补"的具体含义,在筹资环节应把如何优化资本结构、降低资产负债率、遏制产能过剩等作为重要关注点,在降低成本的同时,提高企业自身价值,为供给侧改革的成功实践出一份力,以促进社会主义市场经济持续健康发展。

首先,使用债务资本可以降低企业资金成本。由于债务利息率通常低于股票股利率,而且债务利息从税前支付,企业可减少所得税,从而债务资本的成本明显低于权益资本的成本。因此,在一定的限度内合理提高债务资本的比率,可以降低企业的加权平均资金成本。

其次,利用债务筹资可以获取财务杠杆利益。由于债务利息通常是固定不变的,当息税前利润增大时,每1元利润所负担的固定利息就会相应减少,从而可分配给企业所有者的税后利润也会相应增加。因此,利用债务筹资可以发挥财务杠杆的作用,给企业所有者带来财务杠杆利益。

二、影响资本结构的因素

在现实中，影响资本结构的因素可以总结为以下几个方面。

(1) 企业的获利能力。企业的息税前利润最低应满足债务利息的要求，否则不可能运用财务杠杆。在实际工作中，获利水平相当高的企业往往并不使用大量的债务资本，因为其可以利用较多的留存收益来满足增资需要。

(2) 企业的现金流量状况。债务利息和本金通常都必须以现金支付，这就涉及企业现金流量问题。企业现金流入量越大，举债筹资能力就越强。因此，企业产生现金流的能力，对提高资本结构中债务资本比率有着重要的作用。

(3) 企业经营状况的稳定性和成长性。经营状况稳定性好的企业可较多地负担固定的财务费用，而成长率高的企业会在很大程度上依赖于外部筹资，可以采用高负债的资本结构，以提升权益资本的报酬。

(4) 企业投资人和管理当局的态度。从所有者角度来看，如果企业股权分散，可能更多采用权益资本筹资以分散企业风险；如果企业为少数股东控制，为防止控股权稀释，一般尽量避免普通股筹资，而采用优先股或债务资本筹资。从管理当局角度看，稳健的管理当局偏好于选择低负债比例的资本结构。

(5) 经济环境的税收政策和货币政策。如果企业所得税税率高，则债务资本抵税作用大，企业应充分利用这种作用以提高企业价值；如果货币政策是紧缩的，则市场利率高，企业债务资本的成本增大。

(6) 行业特征和企业发展周期。从行业特征来看，产品市场稳定的成熟产业可提高负债比重，高新技术企业可降低债务资本比重。从企业发展周期来看，初创阶段的企业经营风险高，应控制负债比例；成熟阶段的企业经营风险低，可适度增加债务资本比重；收缩阶段的企业经营风险逐步加大，应逐步降低债务资本比重。

三、最优资本结构的确定

由于企业的资本结构影响企业的资金成本、市场价值、治理结构和总体经济的增长与稳定，因此企业如何通过融资方式的选择来实现其市场价值最大化，即如何确定最优资本结构，一直是财务理论的实践中人们十分关注的问题。到目前为止，在这个领域的探索和研究已经初步形成了较为完整的理论体系，即资本结构理论。

资本结构理论的发展可以划分为传统资本结构理论、现代资本结构理论和新资本结构理论三个阶段。传统资本结构理论的代表人物是美国财务管理学家杜兰特。杜兰特于1952年在"企业债务和股东权益成本：趋势和计量问题"一文中，系统地总结了资本结构的三种理论：净收益理论、净经营收益理论和折中理论。随后在20世纪50年代末至60年代，美国另外两名著名财务管理学家莫迪利安尼与米勒发表了一系列经典著作，创建了MM理论，则奠定了现代资本结构理论的基础。由于MM理论只考虑负债带来的纳税利益，忽略了负债带来的风险和额外费用，于是在其基础上又产生了权衡理论。资本结构权衡理论认为，企业在追求负债税收收益的同时也增加了预期的破产成本、清算成本、财务危机成本以及代理成本，这些因素的权衡决定了企业的最优资本结构。20世纪70年代以后对于资本结构理论的研究则力图克服现代资本结构理论只注重"税收""破产"等内部因素对公司最优资本结构的影响，通过"信息""激励"等概念从公司外部因素来展开资本结构问题的分析，从而把权衡难题转化为结构或制度设计问题，这标志着一种新学术潮流的兴起，因而被称为新资本结构理论。

最优资本结构是指在一定条件下使企业加权平均资金成本最低、企业价值最大的资本结构。它应被企业作为目标资本结构来对待。

最优资本结构的判断标准有三个：企业加权平均资金成本最低；有利于最大限度地增加所有者财富，能使企业价值最大化；资产保持适宜的流动性，并使资本结构具有弹性。其中加权平均资本成本最低是其主要标准。

确定最优资本结构的常用方法有每股收益无差别点法、资金成本比较法和公司价值比较法。以下着重介绍前两种方法。

1. 每股收益无差别点法

企业在持续的生产经营过程中，由于扩大业务或对外投资的需要，有时会追加筹资。因追加筹资以及筹资环境的变化，企业原有的资本结构会发生变化，从而原定的最优资本结构未必仍然是最优的。因此，企业应在资本结构的不断变化中寻求最优结构，保持资本结构的最优化。

由于投资者往往将股东财富最大化作为投资目标，并要求企业经营者努力实现这一目标。因此，企业的最优资本结构一般以股东财富最大化为衡量标准。判断追加筹资时的资本结构是否合理，其一般方法是以分析每股收益（非股份制企业表现为税后净资产收益率）的变化来衡量。即能提高每股收益的资本结构是合理的，反之则是不合理的。每股收益变化的分析是利用每股收益的无差别点进行的。

每股收益无差别点是指每股收益不受筹资方式影响的销售水平。根据每股收益无差别点，可以判断在什么样的销售水平适合采用哪种资本结构。通常情况下，当息税前利润（或销售收入）大于每股收益无差别点的息税前利润（或销售收入）时，运用负债筹资可获得较高的每股收益；反之，当息税前利润（或销售收入）低于每股收益无差别点的息税前利润（或销售收入）时，运用权益筹资可获得较高的每股收益。

每股收益无差别点分析法又称息税前利润-每股收益分析法（EBIT - EPS分析法），是指通过分析资本结构与每股收益之间的关系，进而确定合理的资本结构的方法。一般而言，它适用于追加筹资时的方案选择。

每股收益无差别点法的计算公式为

$$\frac{(EBIT-I_1)\times(1-T)-D_1}{N_1}=\frac{(EBIT-I_2)\times(1-T)-D_2}{N_2}$$

式中，EBIT为每股收益无差别点时的息税前利润；I_1，I_2分别为两种筹资方式下的年利息；D_1，D_2分别为两种筹资方式下的优先股股利；N_1，N_2分别为两种筹资方式下流通在外的普通股股数。如公司没有发行优先股，上式可简化为

$$\frac{(EBIT-I_1)\times(1-T)}{N_1}=\frac{(EBIT-I_2)\times(1-T)}{N_2}$$

在股份公司新增股份的价格与原股份价格不一致的情况下计算无差别点，宜采用股

本金额，而不采用发行在外的普通股股数。

【例 4-14】 某企业目前的资本总额是 700 万元，其结构为：负债 200 万元（负债利率 12%），普通股 500 万元（发行普通股 10 万股，每股面值 50 元）。由于扩大业务，现准备追加筹资 300 万元，有以下两种筹资方案可供选择。

甲方案：全部发行普通股，增发 6 万股，每股面值 50 元。

乙方案：全部筹措长期债务，负债利率仍为 12%。

已知：企业增资后的息税前利润率为 20%，企业所得税税率为 25%。要求：在甲、乙两种方案中确定最优筹资方案。

解：根据题意，可以有两种解法。

解法 1：分别计算两种方案的每股收益并选择每股收益大的方案，见表 4-6。

表 4-6 预计增资后每股收益计算表

项　目	增加普通股（甲）	增加负债（乙）
资产总额	1 000 万元	1 000 万元
其中：普通股	500+300=800（万元）	500 万元
负债	200（万元）	200+300=500（万元）
息税前利润	1 000×20%=200（万元）	1 000×20%=200（万元）
－：利息	200×12%=24（万元）	500×12%=60（万元）
＝：税前利润	176 万元	140 万元
－：企业所得税	44 万元	35 万元
＝：税后净利	132 万元	105 万元
÷普通股股数	16 万股	10 万股
＝每股收益	8.25 元	10.5 元

由表 4-6 可知，追加负债筹资的每股收益是 10.5 元，高于追加普通股筹资的每股收益（8.25 元），所以在息税前利润为 200 万元时，选择追加负债筹资比选择追加普通股筹资更为可行，即选择乙方案。

解法 2：首先计算在 EBIT 为多少的时候，选择追加普通股筹资或选择追加负债筹资这两种筹资方案无差异。可以通过代入上面介绍的公式计算得到。

$$\frac{(EBIT-24)\times(1-25\%)}{800}=\frac{(EBIT-60)\times(1-25\%)}{500}$$

$$EBIT=120（万元）$$

即每股收益无差别点时的 EBIT 为 120 万元，它表明当息税前利润等于 120 万元时，选择追加普通股筹资或选择追加负债筹资是一样的。当息税前利润预计大于 120 万元时，则追加负债筹资更为可行。由于预计息税前利润为 200 万元，大于 120 万元，故选择追加负债筹资更为可行，即选择乙方案。

2. 资金成本比较法

在实际操作中，企业对拟定的筹资总额，可以采用多种筹资方式来筹集，同时每种出资方式的筹资数额也会有不同安排，由此形成若干个资本结构（或称筹资方案）可供选择。对应这种类型的资本结构决策，采用资金成本比较法来确定最优资本结构是一种简单而实用的方法。

资金成本比较法就是先计算各方案的加权平均资金成本，然后通过比较各方案的加权平均资金成本的高低来确定最优资本结构的方法。这时的最优资本结构也即加权平均资金成本最低的资本结构。

资金成本比较法也可以用来确定追加筹资时的最优资本结构。具体来说有两种方法：一种方法是直接测算比较各追加筹资方案的边际资金成本，从中选择最优筹资方案；另一种方法是将被选追加筹资方案与原有最优资本结构汇总，测算各追加筹资条件下汇总资本结构的加权平均资金成本，然后比较确定最优追加筹资方案。在用第二种方法计算时应注意以下几点：①必须将追加筹资融入原资金之中，并重新计算各种筹资的比重；②相同筹资方式下，如果资金成本不同，则应视为不同的筹资方式分别计算筹资比重和资金成本，不能简单平均计算；③由于普通股贯彻同股同权、同股同利的原则，新、老普通股应一视同仁，均按最新市价计算资金成本。

【例4-15】 某企业计划筹资1 000万元，筹资方案有两种，如表4-7所示。

表4-7 某企业筹资方案及资金成本表

筹资方式	甲方案		乙方案	
	筹资额/万元	资金成本/%	筹资额/万元	资金成本/%
长期借款	80	6	100	6.5
债券	200	7.5	300	8
优先股	120	12.5	200	12
普通股	600	15	400	16
合 计	1 000	—	1 000	—

要求：在甲、乙两种方案中确定最优筹资方案。

解：计算出甲、乙两种方案的加权平均资金成本分别为

$$K_甲 = 6\% \times \frac{80}{1\ 000} + 7.5\% \times \frac{200}{1\ 000} + 12.5\% \times \frac{120}{1\ 000} + 15\% \times \frac{600}{1\ 000} = 12.48\%$$

$$K_乙 = 6.5\% \times \frac{100}{1\ 000} + 8\% \times \frac{300}{1\ 000} + 12\% \times \frac{200}{1\ 000} + 16\% \times \frac{400}{1\ 000} = 11.85\%$$

因为乙方案的加权平均资金成本低于甲方案，故乙方案的资本结构为最优资本结构，选择乙方案作为最优筹资方案。

同 步 测 试

一、单项选择题

1. 企业发行债券，面值1 000元，期限5年，票面利率为10%，每年付息一次，发行费用率为5%，企业所得税税率为25%，发行价格为1 100元。则该债券的资金成本为（　　）。

　　A. 6.7%　　　　　　B. 7.18%　　　　　　C. 6.82%　　　　　　D. 7.54%

2. 已知某企业目标资本结构中长期债务的比重为20%，债务资金的增加额在0～10 000元范围内，其利率维持5%不变。该企业与此相关的筹资总额分界点为（　　）元。

　　A. 5 000　　　　B. 20 000　　　　C. 50 000　　　　D. 200 000

3. 某企业全部资本为500万元，负债比率为60%，利率为10%，每年支付优先股股利为2万元，企业所得税税率为25%，当息税前利润为50万元时，财务杠杆系数为（　　）。

　　A. 1.43　　　　B. 1.53　　　　C. 2.89　　　　D. 2.4

4. 某企业资产总额200万元，负债与资本的比例为60：40，负债年利率为10%，企业基期息税前利润为10%，计划期的息税前利润由10%增长到20%，假定企业所得税税率为25%，则企业资本利润率将增长（　　）。

　　A. 5.0　　　　B. 2.5　　　　C. 2.0　　　　D. 4.0

5. 只要企业存在固定成本，在EBIT大于0的情况下，经营杠杆系数必（　　）。

　　A. 与销售量成正比　　　　　　　　B. 大于1

　　C. 与固定成本成反比　　　　　　　D. 与单价成正比

6. 资金成本在企业筹资决策中的作用不包括（　　）。

　　A. 是企业选择资金来源的基本依据　　B. 是企业选择筹资方式的参考标准

　　C. 作为计算净现值指标的折现率使用　　D. 是确定最优资本结构的主要参数

7. 企业向银行取得借款100万元，年利率5%，期限3年。每年付息一次，到期还本，企业所得税税率为25%，手续费忽略不计，则该项借款的资金成本为（　　）。

　　A. 3.75%　　　　B. 5%　　　　C. 4.5%　　　　D. 3%

8. 某企业普通股目前的股价为10元/股，筹资费率为8%，刚刚支付的每股股利为2元，股利固定增长率3%，则该股票的资金成本为（　　）。

　　A. 22.39%　　　　B. 21.74%　　　　C. 24.74%　　　　D. 25.39%

9. 某企业普通股目前的股价为10元/股，筹资费率为8%，刚刚支付的每股股利为2元，股利固定增长率3%，则该企业利用留存收益的资金成本为（　　）。

　　A. 22.39%　　　　B. 25.39%　　　　C. 20.6%　　　　D. 23.6%

二、多项选择题

1. 在计算个别资金成本时，需要考虑所得税抵减作用的筹资方式有（　　）。

　　A. 长期借款　　　B. 发行债券　　　C. 发行优先股　　　D. 发行普通股

2. 影响企业边际贡献大小的有（　　）。

　　A. 固定成本　　　B. 销售单价　　　C. 单位变动成本　　　D. 产销量

3. 当两个方案的筹资处于无差别点时，表明两个方案（　　）。

　　A. 息税前利润相等　　　　　　　　B. 税前利润相等

　　C. 净利润相等　　　　　　　　　　D. 每股净利润相等

4. 资金成本包括用资费用和筹资费用两部分，其中属于用资费用的是（　　）。

　　A. 向股东支付的股利　　　　　　　B. 向债权人支付的利息

　　C. 借款手续费　　　　　　　　　　D. 债券发行费

5. 资金成本并不是企业筹资决策中所要考虑的唯一因素，企业筹资还需要考虑（　　）。

  A. 财务风险 B. 资金期限 C. 偿还方式 D. 限制条件
6. 权益资金成本包括（　　）。
  A. 债券成本 B. 优先股成本 C. 普通股成本 D. 留存收益成本
7. 酌量性固定成本属于企业的"经营方针"成本，下列各项中属于酌量性固定成本的是（　　）。
  A. 长期租赁费 B. 广告费 C. 研究开发费 D. 职工培训费
8. 下列各项中属于半变动成本的是（　　）。
  A. 水电费 B. 电话费 C. 化验员工资 D. 质检员工资

三、判断题

1. 股权筹资相比债务筹资而言，资本成本负担重。（　　）
2. 边际资金成本是企业进行追加筹资的决策依据。筹资方案组合时，边际资金成本的权数采用目标价值权数。（　　）
3. 资金成本即筹资费用，是指企业为筹集和使用资本而付出的代价。（　　）
4. 当预期息税前利润大于每股收益无差别点时，应当选择财务杠杆效应较大的筹资方案。理由是该方案的资金成本低。（　　）
5. 当息税前利润大于零，单位边际贡献和固定性经营成本不变时，除非固定性经营成本为零或业务量无穷大，否则息税前利润的变动率一定大于产销变动率。（　　）
6. 通过计算和比较各种可能的筹资组合方案的平均资金成本，选择平均资金成本率最低的方案，是资本结构优化方法里面的平均资金成本比较法。（　　）

四、计算题

1. 某公司今年的销售额为4 500万元，该公司产品销售的边际贡献率为30%，固定成本总额为450万元，全部负债的利息费用为400万元。在上述条件下，该公司本年度的每股收益为0.5元。要求：
  （1）分别计算该公司今年的经营杠杆系数和财务杠杆系数。
  （2）如果明年的销售额比上年增加15%，其他条件不变，根据（1）的计算结构测算明年的每股收益将达到多少？
2. 宏利公司2021年年初的负债及所有者权益总额为8 000万元。其中，公司债券为1 000万元（按面值发行，票面年利率为8%，每年年末付息，3年之后到期），普通股股本为5 000万元（面值1元），资本公积为2 000万元。2021年该公司为扩大规模，需要再筹集资金2 000万元，现有两个方案可供选择。方案一：增发普通股，预计每股发行价格为5元；方案二：增发同类公司债券，按面值发行，票面年利率为8%。预计2021年可实现息税前利润2 000万元，适用的企业所得税税率为25%。要求：
  （1）计算在增发普通股方案下，2021年增发的普通股股数和2021年全年的债券利息。
  （2）计算在增发公司债券方案下，2021年全年的债券利息。
  （3）计算每股收益无差别点处的息税前利润，并据此进行筹资决策。
3. 某企业拟筹资5 000万元，其中按面值发行债券2 000万元，票面利率为10%，筹资费用率为2%；发行优先股1 000万元，股利率为12%，筹资费用率为3%；发行普通股2 000万元，筹资费用率为5%，预计第一年股利率为12%，以后每年按4%递增，企业所得税税率为25%。要求：计算债券资金成本、优先股资金成本、普通股资金成本、加权平均资金成本。

五、案例分析题

1. 假设市场平均贷款利息率为6%，在校3年时间，每年助学贷款额为6 000元，按复利到期一次还本付息计算，一个助学贷款的同学实际一共享受到多少优惠？

2. 请调查本地或本人家乡的房价，选中其中任何一个楼盘的一套房子，了解其房价，假设采用贷款方式购买，用等额本息和等额本金两种方法计算本息合计还款总额，并比较它们的差别。

3. 永达新材公司是一家主要从事光伏材料的研发、生产加工及销售，它希望与其他新能源材料加工公司竞争。现在公司总经理、财务经理与投资银行及有关人员正在讨论公司的资金成本问题，以便为筹措资金、确定资本结构提供依据。

原有资本结构：长期债券500万元，年利率8%，优先股300万元，年股息6%，普通股600万元、60 000股。

候选方案：普通股票每股发行价100元，当年期望股息每股12元，预计以后每年增长5%，企业所得税税率为25%，发行长期债券的成本为0.5%，而优先股、普通股的发行成本为4%。该企业在计划年度准备增资600万元，用于技术改造，财务部提出两种方案选择。

甲方案：发行长期债券600万元，年利率为9%，普通股因此增大了风险，故每股股息增加至15元，以后每年增加6%，但普通股市价可能跌至每股80元。

乙方案：发行长期债券300万元，年利率为9%，另发行普通股300万股，每股股息需要增加至15元，以后每年增加5%，由于企业信誉提高，普通股市价可能升至每股150元。

请回答：
(1) 采用这两种筹资方案后，企业的资本结构如何变化？
(2) 如果你是公司总经理，会选择哪种方案？

实 训 项 目

1. 创业财务计划书中各种筹资方式成本的计算

针对本组创业计划，课后小组讨论经营过程中各种单项资金的资金成本和所能承受的最高综合资金成本是多少。如果今后需要追加筹资，考虑边际资金成本的计算。

2. 关于资本结构问题的调查分析

分小组调研本组创业计划所在行业的资本结构，分析影响本行业杠杆资本结构的因素，并初步确定本组创业计划在企业不同发展周期的最佳负债比例。

项目投资管理

学习目标

知识目标

1. 掌握现金流量的计算。
2. 精通各种投资决策评价指标的计算与特点。
3. 掌握独立方案和互斥方案各自的决策方法。
4. 掌握固定资产更新决策方法。

能力目标

1. 了解项目投资的含义和特点。
2. 理解并掌握项目投资现金流量分析。
3. 理解并掌握项目投资决策评价指标的计算。

思政目标

1. 诚信为本、操守为重,将内在个人道德品质外化为外在工作职业素养。
2. 遵循价值投资理念,形成良好的价值导向。

导语:本项目主要介绍投资管理中项目现金流量的计算、投资评价指标的计算及特点、各种投资方案的决策等内容。通过本项目学习,要求学生了解项目投资的含义和特点,熟练掌握各种投资决策评价指标的计算,理解并掌握独立投资方案和互斥方案的决策方法,掌握固定资产更新的决策方法,并能将这些方法灵活运用于企业理财实践。

任务一　投资管理概述

2020年9月，成都文旅发布公开发行公司债券募集说明书，拟募集10亿元用于补充流动资金、偿债、项目建设，其资金压力也随之引起外界关注。

成都市下辖的蒲江县西来镇有12棵古榕树沿临溪河排列，这些榕树也成为当地有名的一道风景线。与古榕树一同排列在河边的还有绵延数百米的仿古商铺。商铺均为落地玻璃窗，单层或双层结构，屋顶木条覆盖，门前石砖铺路，但多数路面已经长起野草。大多商铺被空置，门上挂有钢锁，透过玻璃可以看到屋内没有任何经营设施。在数十间沿河商铺中，仅有两三家茶馆仍在营业，但茶馆内顾客寥寥。

在债券募集说明书中，成都文旅投资建设的西来古镇景区"古榕树片区旅游接待商业街"显示为"已建成"状态，已投资金额为7 813.15万元。另外有"在建"的特色客栈，已投资435.61万元，计划投资662.73万元，客栈面积699 m^2。

据附近的村民介绍，成都文旅打造的沿河商铺已经被荒废很久。建设完成的西来文化主题馆，里面放着著名的"船棺"，但一般不会向游客开放。另外跨河建有一座景观桥，桥上仅可供行人通过，同样来往人员稀少。即使古街内部，也同样面临人气不足的困境。西来古镇核心街道文风街上仅有十余家旅游纪念品商店和饭馆、理发店在营业，街道上游客稀少。有超过1/3的店铺已经关闭，多个店铺门外木板上张贴有"商铺出租""商铺转让"的白色A4纸。街道上偶尔有从大巴车上下来的老年旅游团游客，游客被统一载走后街道再次陷入沉寂。据一位饭馆老板介绍，他来到古街后的50年里街道基本没有变过，老房子也没有被统一修缮，平时来吃饭的顾客大多是本地居民。古镇东侧入口处有一块"西来古镇导览图"，其上标注为"游客中心"的位置，却是一家服装店。景区地标文风塔上长满了野草，塔下有村民在贩卖鸡鸭。导览图中标注的两座"百颗灯"位置，实际上各只剩一根黑色木杆。据多位古镇居民称，在夏天周末游客会稍微多一点，但古镇里面确实缺少特别吸引游客的东西，"这里没有什么可以玩的"。

虽然西来古镇游客数量不多、多数店铺关门，但这些似乎并没有影响成都文旅对古镇的投资进程。天眼查显示，成都文旅自2010年即投资西来古镇，当时认缴出资额为3 000万元。在景区基础设施待建项目介绍中，成都文旅在西来古镇景区基建项目概算投资为5亿元，已经投资4亿元，完工时间为2016年12月，但到2020年3月回笼资金只有1.03亿元。

2018年，成都文旅继续在西来古镇景区资产项目投资中增加了7 813.15万元。债券募集说明书在随后的表述中称："截至2020年3月末，西来古镇风景区尚未整体建成，正处于建设过程中，基建项目完成进度80%。"

据成都文旅介绍，包括西来古镇景区在内的6个在建景区项目已做部分投入，完成

一定形象进度。其中景区基础设施、配套设施建设等采用代建模式，项目所在地政府会给予增量部分税收返还补贴；景区经营性资产运营部分则由成都文旅下属子公司以自由资金投入项目建设，形成旅游产品后通过运营景区管理获取收益。

【引入问题】
1. 公司在进行项目投资之前，需要完成哪些前期工作？
2. 决定项目投资成败的关键因素有哪些？

投资，广义地讲，是指特定经济主体（包括政府、企业和个人）以本金回收并获利为基本目的，将货币、实物资产等作为资本投放于某一个具体对象，以在未来较长期间内获取预期经济利益的经济行为。企业投资，简言之，是企业为获取未来长期收益而向一定对象投放资金的经济行为。例如，购建厂房设备、兴建电站、购买股票债券等经济行为，均属于投资行为。

一、项目投资的意义

1. 投资是企业生存与发展的基本前提

企业的生产经营就是企业资产的运用和资产形态的转换过程。投资是一种资本性支出的行为，通过投资支出，企业购建流动资产和长期资产，形成生产条件和生产能力。通过投资，确立企业的经营方向，配置企业的各类资产，并将它们有机地结合起来，形成企业的综合生产经营能力。投资决策的正确与否直接关系到企业的兴衰成败。

2. 投资是获取利润的基本前提

企业投资的目的是要通过预先垫付一定数量的货币或实物形态的资本，购建和配置形成企业的各类资产，从事某类经营活动，获取未来的经济利益。通过投资形成了生产经营能力，企业才能开展具体的经营活动，获取经营利润。那些以购买股票、证券等有价证券方式向其他单位的投资，可以通过取得股利或利息来获取投资收益，也可以通过转让证券来获取资本利得。

3. 投资是企业风险控制的重要手段

企业的经营面临着各种风险，有来自市场竞争的风险，有资金周转的风险，还有原材料涨价、费用居高等成本的风险。投资是企业风险控制的重要手段。通过投资，将资金投向企业生产经营的薄弱环节，投放于经营相关程度较低的不同产品或不同行业，分散风险，稳定收益来源，降低资产的流动性风险、变现风险，增强资产的安全性。

二、项目投资的特点

企业的投资活动与经营活动是不相同的，投资活动的结果对企业在经济利益上有较长期的影响。企业投资涉及的资金多、经历的时间长，对企业未来的财务状况和经营活动都有较大的影响。与日常经营活动相比，企业投资的特点主要表现在以下几个方面。

1. 属于企业的战略决策

企业的投资活动一般涉及企业未来的经营发展方向、生产能力规模等问题，如厂房设备的新建与更新、新产品的研制与开发、对其他企业的股权控制等。

2. 属于企业的非程序化管理

企业有些经济活动是日常重复进行的，如原材料的购买、人工的雇用、产品的生产制造、产成品的销售等，称为日常的例行性活动。这类活动经常性地重复发生，有一定的规律，可以按既定的程序和步骤进行。对这类重复性日常经营活动进行的管理，称为程序化管理。企业有些经济活动往往不会经常性地重复出现，如新产品的开发、设备的更新、企业兼并等，称为非例行性活动。非例行性活动只能针对具体问题，按特定的影响因素、相关条件和具体要求来进行审查和抉择。对这类非重复性特定经济活动进行的管理，称为非程序化管理。

企业的投资活动具有一次性和独特性的特点，投资管理属于非程序化管理。每一次投资的背景、特点、要求等都不一样，无明显的规律性可遵循，管理时更需要周密思考，慎重考虑。

3. 投资价值的波动性大

投资项目的价值是由投资的标的物资产的内在获利能力决定的。这些标的物资产的形态是不断转换的，未来收益的获得具有较强的不确定性，其价值也具有较强的波动性。同时，各种外部因素，如市场利率、物价等的变化，也时刻影响着投资标的物的资产价值。因此，企业投资管理决策时，要充分考虑投资项目的时间价值和风险价值。

三、项目投资的分类

1. 直接投资和间接投资

按投资活动与企业本身的生产经营关系，企业投资可以分为直接投资和间接投资。

直接投资是将资金直接投放于形成生产经营能力的实体性资产，直接谋取经营利润的企业投资。通过直接投资，购买并配置劳动力、劳动资料和劳动对象等具体生产要素，开展生产经营活动。

间接投资是将资金投放于股票、债券等权益性资产上的企业投资。之所以称为间接投资，是因为股票、债券的发行方，在筹集到资金后，会把这些资金投放于形成生产经营能力的实体性资产，获取经营利润。而间接投资方不直接介入具体生产经营过程，通过股票、债券上所约定的收益分配权利，获取股利或利息收入，分享直接投资的经营利润。

2. 项目投资与证券投资

按投资对象的存在形态和性质划分，企业投资可以分为项目投资和证券投资。

企业可以通过投资，购买具有实质内涵的经营资产，包括有形资产和无形资产，形成具体的生产经营能力，开展实质性的生产经营活动，谋取经营利润。这类投资称为项目投资。项目投资的目的在于改善生产条件、扩大生产能力，以获取更多的经营利润。项目投资属于直接投资。

企业可以通过投资，购买具有权益性的证券资产，通过证券资产上所赋予的权利，间接控制被投资企业的生产经营活动，获取投资收益。这类投资称为证券投资。证券投资并不直接从事具体生产经营过程。因此，证券投资属于间接投资。

3. 对内投资与对外投资

按投资活动资金投出的方向划分，企业投资可以分为对内投资和对外投资。

对内投资是指在本企业范围内部的资金投放，用于购买和配置各种生产经营所需的经营性资产。对外投资是指向本企业范围以外的其他单位的资金投放。对外投资多以现金、有形资产、无形资产等资产形式，通过联合投资、合作经营、换取股权、购买证券资产等投资方式，向企业外部其他单位投放资金。

4. 独立投资与互斥投资

按投资项目之间的相互关系划分，企业投资可以分为独立投资和互斥投资。

独立投资是相容性投资，各个投资项目之间互不关联、互不影响，可以同时并存。例如，建造一个饮料厂和建造一个纺织厂，它们之间并不冲突，可以同时进行。对于一个独立投资项目而言，其他投资项目是否被采纳或放弃，对本项目的决定并无显著影响。因此，独立投资项目决策考虑的是方案本身是否满足某种决策标准。

互斥投资是非相容性投资，各个投资项目之间相互关联、相互替代，不能同时并存。如对企业现有设备进行更新，购买新设备就必须处置旧设备，它们之间是互斥的。对于一个互斥投资项目而言，其他投资项目是否被采纳或放弃，直接影响本项目的决策，其他项目被采纳，本项目就不能被采纳。因此，互斥投资项目决策考虑的是各方案之间的排斥性，也许每个方案都是可行方案，但互斥决策需要从中选择最优方案。

四、投资战略

投资战略是公司根据自身的发展需要与现有资源的可利用程度而制定的资源投入的策略，旨在为公司的经营提供"硬件"，为公司总体战略的实现提供保障与支持。通过投资战略的实施，公司可以实现内部产品结构、资本结构的调整和优化，改善经营环境，进而保持持久的竞争力。因此，在确定公司的投资战略时，应首先分析并明确公司投资战略的目标，就收益及风险进行科学的评估，在此基础上做出可行性分析。

（一）确定投资战略的目标

从投资战略与公司整体发展战略的相互关系来看，一个公司所要实现的战略目标，在很大程度上依赖于其投资战略的实现。因为投资战略的实现直接关系到公司的整个发展布局、走向、速度和增长潜力，而且也会直接影响到公司今后的经营行为、资产运作、管理政策等重大方面。一般而言，公司投资战略的制定，必须满足以下三个目标：一是投资战略要有利于确保公司的可持续发展；二是投资战略要有利于公司在经营项目和投资领域上形成多元化的格局；三是投资战略要有利于公司在经营的空间上实现广泛化，最好能把国内外资源结合起来。

（二）投资的收益和风险分析

具体来说，为了确保投资战略目标的实现，就要在充分分析不同投资行为的收益和风险的基础上，制定投资战略的具体实施措施。投资战略可从追逐收益和控制风险两个方面来考察。

1. 追逐收益

从公司经营的角度看，追逐收益是投资最基本的目的。为了获取高额投资回报，公司在决定投资策略、选取投资项目时，要尽可能选择可以为公司带来最大投资收益率的项目，并将资金投放于未来可以带来最大收益的项目上。同时，公司还要敢于进行创新性的投资，即敢于先于其他公司将资金投放于一些有成长性的、具有潜在回报的新兴产品或项目上，通过时间的领先而保持或增强公司的创新力，以此来获取最大收益。

2. 控制风险

控制风险是确保公司投资收益实现的必不可缺的手段。投资收益的不确定性就是投资风险。任何投资在预期收益的同时必然伴随着不同程度的风险，收益在一定意义上是和风险的概率成正比的。一个公司采取上述投资方法之后，有可能为其带来最大的投资收益。但是，一旦失误，则会给其带来巨大的投资损失。在现实中不乏因忽略控制投资风险而导致公司倒闭的案例。从控制风险的角度看，可取的投资策略应是相对保守的策略。该策略要求公司不可贸然地向新兴产品、项目或行业投资，也不可将资金过多地投放于长期资产之上；而是要求公司多向成熟行业投资，并使资产保持足够的流动性，以应对万一出现的投资失误。

（三）投资的可行性分析

公司在制定投资战略的时候，除要充分估计投资风险之外，还要能准确地判断公司对风险的承受能力，只有这样，才能确保投资战略的实施。因此，在制定战略决策时，对宏观政策、市场前景、技术水平、风险预测和经济效益等进行可行性分析研究，就很有必要。

1. 准确掌握国家宏观政策

公司要想准确掌握国家宏观政策，就要把宏观必要性和微观可能性密切结合起来，并从以下几个方面进行判断。①投资的项目是否符合国家一定时期的政策、规划。②投资项目是否符合国家的产业政策、是否符合本地区和部门的行业规划。③投资项目资源配置是否合理，是否能促进公司经营结构的优化。④投资项目是否能把科研成果、特别是高科技成果转化为生产力。⑤投资项目是否能取得良好的环境效益、经济效益和社会效益。

2. 科学预测市场前景

公司要充分考虑市场范围、空间、近期与远期时效，潜量预测和发展趋势预测。①在经济活动范围上进行宏观预测和微观预测。宏观上要从全国、大区域的市场进行预测。对出口产品来说，重点是国际范围内同类产品的市场预测；微观上主要是在投资项目所在地区范围内进行市场预测。②在空间层次上进行预测，主要是在国际市场和国内市场进行预测。③从产品时效上预测，即近期（1年以内）、短期（1～2年）、中期（2～5年）、长期（5年以上）预测。④使用市场定性与定量分析的方法进行预测，定性市场预测主要是对市场性质、属性等方面进行预测，定量市场预测主要是对市场的发展状况、程度、范围等方面进行预测。⑤将综合性预测与专项预测密切结合。综合性预测是从整个地区市场的发展趋势中，预测出市场购买力和商品可供量的差距量，从而提出促

进生产、指导消费的举措和办法；专项预测是对某一个专项（如吃、穿、用）的市场变化或耐用消费品的需求趋势和变化进行预测。

3. 技术水平的分析

在投资项目可靠性研究中，在技术的选择和采用上要避免落后的或即将被淘汰的技术。①技术的先进性。无论是引进的技术投资项目还是国内的投资项目，都不应该低于国内现有的已成熟的先进技术。②技术的适应性。在考虑采用先进技术时，要从有利于取得最佳经济效果的目的出发，必须充分考虑与公司生产能力原有的配套、消化能力相适应，处理好技术的先进性与适用性的关系。③技术的可行性。投资项目所用的技术，如采用国内的科研成果，必须是经过工业试验和技术鉴定的；如引进国外工艺、技术、设备，必须是符合国情的，必须是成熟的。④技术的经济性。投入与产出的关系合理，生产成本低，能获得较好的经济效益。⑤遵守国家技术政策、法令、标准和规范。它关系到投资项目是否可靠和能否被市场接受。

4. 风险性预测分析

风险性预测分析是对投资项目可能发生或产生的不良后果进行预测，并制定防范和化解的对策，以达到投资的预期目的。

5. 经济效益预测分析

投资项目可行性研究的经济效益预测要从两个方面进行分析。①投资项目的财务分析。它是从项目本身运转的财务角度研究项目盈利状况、借款偿还能力，根据项目建设中及建成后将直接发生的财务收支来计算项目的费用和效益。②投资项目经济效益分析。投资项目的经济效益分析采用行业基准收益率和官方汇率，根据项目直接发生的财务收支确定并考察项目的直接费用和直接效益，并用现行市场价格计量该费用和效益。经济效益分析运用了产值、生产成本、税负、利润及利润率等指标来反映公司的经营成果。

面对当今日新月异的社会经济发展形势，对任何形式的投资项目，公司都必须进行客观谨慎的可行性研究，"以市场为前提，以技术为手段，以效益为核心"做出科学的评价，才能顺利实施投资战略，并取得相应的经济效益和社会效益。

任务二　项目现金流量

引导案例

自上市至今，科蓝软件的经营活动现金流一直为负。Wind 数据显示，2017 年年末至 2020 年前三季度，公司经营活动现金净流量分别为 －2 847.22 万元、－5 000.61 万元、－2 362.89 万元、－3.72 亿元。对此，科蓝软件表示，一是公司收款周期和付款周期的不匹配，在公司业务规模增长的情况下，导致经营活动现金流量净额出现负数；二是由于支付给职工以及为职工支付的现金增长较快，导致经营活动现金流出金额持续增加；三是新产品研发及技术创新投入大幅增长。

经营活动现金流长期以来持续为负，负债过高会影响业务的增长。公司如果依靠不停地给银行垫资实现业务和收入的增长,自身造血能力会比较差,需要依靠外部融资补血来实现业绩的持续增长,但在负债过高的情况下,公司资金链紧张,外部融资也有一定压力,从而影响企业增长。

Wind 数据显示,自上市以来,科蓝软件净利润增速低于营业收入增速。2017—2019 年末,营业收入分别为 6.70 亿元、7.53 亿元、9.34 亿元,同比分别增长 2.4%、12.36%、23.98%;归入母公司的净利润分别为 4 008.04 万元、4 257.60 万元、4 950.93 万元,同比增长 -6.30%、6.23%、16.28%。

对于净利润增速低于营业收入增速的原因,科蓝软件称,公司自上市以来产品毛利率保持稳定:2017—2019 年度公司综合毛利率分别为 41.16%、41.17% 和 42.25%;研发投入持续增长,2017—2019 年度分别为 0.85 亿元、1.01 亿元和 1.36 亿元。虽然创新业务前期投入较大,但盈利空间将在以后年度明显提高。不过,科蓝软件虽然在互联网银行领域能力较强,然而目前市场格局较为稳定的情况下,想要拓展新的领域难度较大。

【引入问题】

1. 与利润指标相比,现金流作为衡量企业投资质量的一项指标,其优越性表现在哪里?

2. 在计算过程中,利润的计算与现金流的计算有哪些差异?

现金流量计算方法

一、项目现金流量分析

1. 现金流量的内容

由一项长期投资方案所引起的在未来一定期间所发生的现金收支叫作现金流量。其中,现金收入称为现金流入量,现金支出称为现金流出量,现金流入量与现金流出量相抵后的余额称为现金净流量。对于投资方案财务可行性来说,项目的现金流量状况比会计期间盈亏状况更为重要。一个投资项目能否顺利进行、有无经济上的效益,不一定取决于有无会计期间利润,而在于能否带来正现金流量,即整个项目能否获得超过项目投资的现金回收。

投资项目从整个经济寿命周期来看,大致可以分为三个时点阶段:投资期、营业期、终结期,现金流量的各个项目也可归属于各个时点阶段之中。一般来说,投资项目的现金流量大致包括如表 5-1 所示的几个方面。

表 5-1 项目各阶段所涉及的现金流量

项目阶段	现 金 流 量
投资期	长期资产投资:包括在固定资产和无形资产等长期资产上的购入、建造、运输、安装、试运行等方面所需的现金支出
	营运资金垫支:是指投资项目形成了生产能力,需要在流动资产上追加的投资
营业期	营业收入
	付现成本:即营业成本减去折旧、摊销等非付现成本
	企业所得税
	大修理支出、改良支出等(如果有)

续表

项目阶段	现金流量
终结期	固定资产变价净收入：是指固定资产出售或报废时的出售价款或残值收入扣除清理费用的净额
	固定资产变价净损益对所得税的影响
	垫支营运资金的收回

其中，营业阶段是投资项目的主要阶段。一般来说，营业阶段各年现金流量计算公式为

营业现金净流量＝营业收入－付现成本－企业所得税税额

营业现金净流量＝营业收入－（营业成本－非付现成本）－（营业收入－营业成本）×企业所得税税率

　　　　　　　＝营业收入×（1－企业所得税税率）－付现成本×（1－企业所得税税率）＋非付现成本×企业所得税税率

营业现金净流量＝（营业收入－营业成本）×（1－企业所得税税率）＋非付现成本

　　　　　　　＝税后营业利润＋非付现成本

2. 现金流量计算举例

【例 5-1】 A 公司增添一条生产流水线，以扩充生产能力。现有甲、乙两种方案可供选择。甲方案需投资 520 000 元，乙方案需投资 780 000 元。两种方案的预计使用寿命均为 5 年，折旧均采用直线法，甲方案预计残值为 20 000 元，乙方案预计残值为 30 000 元。甲方案预计年营业收入为 1 000 000 元，第一年付现成本为 660 000 元，以后在此基础上每年增加维修费 10 000 元。乙方案预计年营业收入为 1 400 000 元，年付现成本为 1 050 000 元。项目投入营运时，甲方案需垫支营运资金 200 000 元，乙方案需垫支营运资金 250 000 元。公司所得税税率为 25%。要求：根据上述资料，分别计算两种方案各年的现金流量。

解： (1) 甲方案的现金流量计算。

　　　甲方案投资期的现金流量＝－520 000－200 000＝－720 000（元）

　　　甲方案营业期的现金流量计算如表 5-2 所示。

表 5-2 甲方案营业期现金流量计算过程　　　　　　　　　　单位：元

项目	1	2	3	4	5
营业收入	1 000 000	1 000 000	1 000 000	1 000 000	1 000 000
税后营业收入 (1)	750 000	750 000	750 000	750 000	750 000
付现成本	660 000	670 000	680 000	690 000	700 000
税后付现成本 (2)	495 000	502 500	510 000	517 500	525 000
折旧	100 000	100 000	100 000	100 000	100 000
折旧抵扣额 (3)	25 000	25 000	25 000	25 000	25 000
营业现金净流量(4)=(1)-(2)+(3)	280 000	272 500	265 000	257 500	250 000

注：营业期现金流量可选择前述任一公式进行计算，各计算结果均相同。此处以第二个公式举例。

甲方案终结期的现金流量＝20 000＋200 000＝220 000（元）

甲方案各年现金流量计算结果见表5-3。

表5-3 甲方案各年现金流量计算　　　　　　　　　单位：元

项　目	0	1	2	3	4	5
固定资产投资	－520 000					
营运资金垫支	－200 000					
营业现金流量		280 000	272 500	265 000	257 500	250 000
固定资产残值						20 000
营运资金收回						200 000
现金流量合计	－720 000	280 000	272 500	265 000	257 500	470 000

(2) 乙方案的现金流量计算。

乙方案投资期的现金流量＝－780 000－250 000＝－1 030 000（元）

乙方案营业期的每年营业现金净流量＝1 400 000×(1－25％)－1 050 000×
(1－25％)＋150 000×25％
＝300 000（元）

乙方案终结期的现金流量＝30 000＋250 000＝280 000（元）

乙方案各年现金流量计算结果见表5-4。

表5-4 乙方案各年现金流量计算　　　　　　　　　单位：元

项　目	0	1	2	3	4	5
固定资产投资	－780 000					
营运资金垫支	－250 000					
营业现金流量		300 000	300 000	300 000	300 000	300 000
固定资产残值						30 000
营运资金收回						250 000
现金流量合计	－1 030 000	300 000	300 000	300 000	300 000	580 000

二、项目投资评价方法

(一) 项目投资评价方法概述

以是否考虑了资金的时间价值为标准，可以将项目投资评价方法分为静态评价指标与动态评价指标两大类。具体分类如图5-1所示。

(二) 静态评价指标的计算方法

1. 静态投资回收期法

回收期是指投资项目的未来现金净流量与原始投资额相等时所经历的时间，即原始投资额通过未来现金流量回收所需要的时间。用回收期指标评价方案时，回收期越短越好。

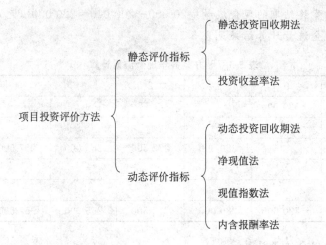

图 5-1 项目投资评价方法

静态投资回收期没有考虑货币时间价值,直接用未来现金净流量累积到原始投资数额时所经历的时间作为回收期。

$$静态投资回收期 = 已回收期限 + \frac{尚未回收的原始投资额}{下一年的现金净流量}$$

静态投资评价方法

【例 5-2】 沿用例 5-1 资料。要求:计算甲、乙两种方案各自的静态投资回收期。

解:甲方案的现金净流量计算见表 5-5。

表 5-5 甲方案现金净流量计算表　　　　　　单位:元

	年份	现金净流量	累计现金净流量
甲方案	1	280 000	280 000
	2	272 500	552 500
	3	265 000	817 500
	年份	现金净流量	累计现金净流量
乙方案	1	300 000	300 000
	2	300 000	600 000
	3	300 000	900 000
	4	300 000	1 200 000

从表 5-5 的累计现金净流量栏中可以发现,甲方案的回收期在第 2 年与第 3 年之间。因此,

$$甲方案的静态投资回收期 = 2 + \frac{720\,000 - 552\,500}{265\,000} = 2.63(年)$$

$$乙方案的静态投资回收期 = 3 + \frac{1\,030\,000 - 900\,000}{300\,000} = 3.43(年)$$

静态投资回收期法的优点是容易理解、计算简单,可以衡量投资方案的回本速度。其缺点是忽视了方案的获利能力以及回收期满后发生的现金流量,且没有考虑资金的时间价值。

2. 投资收益率法

投资收益率法，即用项目寿命期内年平均收益率来评估投资项目的一种方法。

$$投资收益率 = \frac{年平均现金流量}{初始投资额}$$

【例 5-3】 沿用例 5-1 资料。要求：计算甲、乙两种方案各自的投资收益率。

解：

$$甲方案的投资收益率 = \frac{(280\,000 + 272\,500 + 265\,000 + 257\,500 + 470\,000) \div 5}{720\,000} = 42.92\%$$

$$乙方案的投资收益率 = \frac{(300\,000 + 300\,000 + 300\,000 + 300\,000 + 580\,000) \div 5}{1\,030\,000} = 34.56\%$$

投资收益率法的优点是能反映获利能力、简明易懂。其缺点忽视了各年现金流量的差异，且没有考虑资金的时间价值。

（三）动态评价指标的计算方法

1. 动态投资回收期法

动态投资回收期需要将投资引起的未来现金净流量进行贴现，以未来现金净流量的现值等于原始投资额现值时所经历的时间为回收期。

【例 5-4】 沿用例 5-1 资料，假设 A 公司的资金成本为 10%。要求：计算甲、乙两种方案各自的动态投资回收期。

解：甲方案现金流量见表 5-6。

表 5-6　甲方案现金流量表　　　　　　　　　　单位：元

年份	现金净流量	现值系数	净流量现值	累计现值
1	280 000	0.909 1	254 548	254 548
2	272 500	0.826 4	225 194	479 742
3	265 000	0.751 3	199 094.5	678 836.5
4	257 500	0.683 0	175 872.5	854 709

$$甲方案的动态投资回收期 = 3 + \frac{720\,000 - 678\,836.5}{175\,872.5} = 3.23(年)$$

乙方案现金流量见表 5-7。

表 5-7　乙方案现金流量表　　　　　　　　　　单位：元

年份	现金净流量	现值系数	净流量现值	累计现值
1	300 000	0.909 1	272 730	272 730
2	300 000	0.826 4	247 920	520 650
3	300 000	0.751 3	225 390	746 040
4	300 000	0.683 0	204 900	950 940
5	580 000	0.620 9	360 122	1 311 062

$$乙方案的动态投资回收期 = 4 + \frac{1\,030\,000 - 950\,940}{360\,122} = 4.22(年)$$

与静态投资回收期法相比,动态投资回收期法的进步之处在于考虑了资金的时间价值。然而,动态投资回收期法在计算回收期时只考虑了未来现金净流量小于或等于原始投资额的部分,没有考虑超过原始投资额的部分。显然,回收期长的项目,其超过原始投资额的现金流量并不一定比回收期短的项目少。

2. 净现值法

一个投资项目,其未来现金净流量现值与原始投资额现值之间的差额称为净现值。计算公式为

$$净现值=未来现金净流量现值-原始投资额现值$$

净现值为正时,项目可行,说明项目的实际报酬率高于所要求的报酬率;净现值为负时,项目不可行,说明项目的实际投资报酬率低于所要求的报酬率;净现值为零时,说明项目的投资报酬率刚好达到所要求的投资报酬率,项目也可行。其他条件相同时,净现值越大,项目越好。采用净现值法来评价投资项目,一般有以下几个步骤。

(1) 测定投资项目各年的现金流量,包括现金流出量和现金流入量。

(2) 设定投资项目采用的贴现率。

(3) 按设定的贴现率,分别将各年的现金流出量和现金流入量折算成现值。

(4) 将未来的现金净流量现值与投资额现值进行比较,若前者大于或等于后者,项目可行;若前者小于后者,项目不可行。

【例 5-5】 沿用例 5-1 资料,假设 A 公司的资金成本为 10%。要求:计算甲、乙两种方案各自的净现值。

解: 甲方案的净现值 $=280\,000\times 0.909\,1+272\,500\times 0.826\,4+265\,000\times 0.751\,3+$
$\qquad 257\,500\times 0.683\,0+470\,000\times 0.620\,9-720\,000$
$\qquad =254\,548+225\,194+199\,094.5+175\,872.5+291\,823-720\,000$
$\qquad =426\,532(元)$

乙方案的净现值 $=300\,000\times (P/A,10\%,4)+580\,000\times (P/F,10\%,5)-1\,030\,000$
$\qquad =300\,000\times 3.169\,9+580\,000\times 0.620\,9-1\,030\,000$
$\qquad =950\,970+360\,122-1\,030\,000$
$\qquad =281\,092(元)$

净现值法的优点是适用性强,能基本满足年限相同的互斥投资项目的决策,还能灵活地考虑投资风险。其缺点是不适宜于独立投资项目的比较决策,有时也不能对原始投资额现值不同或寿命期不同的互斥项目进行直接决策,且在实务中所采用的贴现率不易确定。

3. 现值指数法

现值指数是投资项目的未来现金净流量现值与原始投资额现值之比。计算公式为

$$现值指数=\frac{未来现金净流量现值}{原始投资额现值}$$

现值指数的计算结果有三种:大于 1,等于 1,小于 1。若现值指数大于或等于 1,项目可行,说明项目实施后的投资报酬率高于或等于预期报酬率;若现值指数小于 1,项目不可行,说明项目实施后的投资报酬率低于预期报酬率。现值指数越大,方案

越好。

【例 5-6】 沿用例 5-1 资料，假设 A 公司的资金成本为 10%。要求：计算甲、乙两种方案各自的现值指数。

解：甲方案的现值指数 = (280 000×0.909 1+272 500×0.826 4+265 000×0.751 3+
　　　　　　　　　　　257 500×0.683 0+470 000×0.620 9) ÷ 720 000
　　　　　　　　　　= (254 548+225 194+199 094.5+175 872.5+291 823) ÷ 720 000
　　　　　　　　　　= 1.59

乙方案的现值指数 = [300 000×(P/A,10%,4)+580 000×(P/F,10%,5)] ÷ 1 030 000
　　　　　　　　= (300 000×3.169 9+580 000×0.620 9) ÷ 1 030 000
　　　　　　　　= (950 970+360 122) ÷ 1 030 000
　　　　　　　　= 1.27

现值指数法是净现值法的辅助方法，在各项目原始投资额现值相同时，实质上就是净现值法。由于现值指数是未来现金净流量现值与所需要投资额现值之比，是一个相对数指标，反映了投资效率。所以，用现值指数法来评价项目的可行性，可以克服净现值法不便于对原始投资额现值不同的项目进行评价的缺点，从而使对项目的分析评价更加合理、客观。

4. 内含报酬率法

内含报酬率是指对投资项目未来的每年现金净流量进行贴现，使所得的现值恰好与原始投资额现值相等，从而使净现值等于零时的贴现率。

采用内含报酬率法来评价投资项目，一般有以下步骤。

(1) 建立净现值等于零时的关系式。

(2) 采用试错法和插值法，计算内含报酬率。

(3) 将内含报酬率与预期报酬率进行比较。前者大于或等于后者，项目可行；前者小于后者，项目不可行。

【例 5-7】 沿用例 5-1 资料。要求：计算甲、乙两种方案各自的内含报酬率。

解：设甲方案的内含报酬率为 r_1，根据内含报酬率的定义，有以下等式成立。

$280\ 000 \times (P/A, r_1, 1) + 272\ 500 \times (P/A, r_1, 2) + 265\ 000 \times (P/A, r_1, 3) +$
　　$257\ 500 \times (P/A, r_1, 4) + 470\ 000 \times (P/A, r_1, 5) = 720\ 000$(元)

查复利现值系数表可知，

当 $r_1 = 28\%$ 时，$280\ 000 \times (P/A, 28\%, 1) + 272\ 500 \times (P/A, 28\%, 2) + 265\ 000 \times (P/A, 28\%, 3) + 257\ 500 \times (P/A, 28\%, 4) + 470\ 000 \times (P/A, 28\%, 5) = 744\ 138.75$(元)；

当 $r_1 = 32\%$ 时，$280\ 000 \times (P/A, 32\%, 1) + 272\ 500 \times (P/A, 32\%, 2) + 265\ 000 \times (P/A, 32\%, 3) + 257\ 500 \times (P/A, 32\%, 4) + 470\ 000 \times (P/A, 32\%, 5) = 685\ 823.25$(元)。

因此，由 $\dfrac{r_1 - 28\%}{32\% - 28\%} = \dfrac{720\ 000 - 744\ 138.75}{685\ 823.25 - 744\ 138.75}$，得 $r_1 = 29.66\%$。

设乙方案的内含报酬率为 r_2，根据内含报酬率的定义，有以下等式成立。

$300\ 000 \times (P/A, r_2, 1) + 300\ 000 \times (P/A, r_2, 2) + 300\ 000 \times (P/A, r_2, 3) +$
　　$300\ 000 \times (P/A, r_2, 4) + 580\ 000 \times (P/A, r_2, 5) = 1\ 030\ 000$(元)

查复利现值系数表可知，

当 $r_2=18\%$ 时，$300\,000\times(P/A,18\%,1)+300\,000\times(P/A,18\%,2)+300\,000\times(P/A,18\%,3)+300\,000\times(P/A,18\%,4)+580\,000\times(P/A,18\%,5)=1\,060\,548(元)$；

当 $r_2=20\%$ 时，$300\,000\times(P/A,20\%,1)+300\,000\times(P/A,20\%,2)+300\,000\times(P/A,20\%,3)+300\,000\times(P/A,20\%,4)+580\,000\times(P/A,20\%,5)=1\,009\,712(元)$。

因此，由 $\dfrac{r_2-18\%}{20\%-18\%}=\dfrac{1\,030\,000-1\,060\,548}{1\,009\,712-1\,060\,548}$，得 $r_2=19.20\%$。

内含报酬率的优点是反映了投资项目可能达到的报酬率，且适宜于对独立投资项目的比较决策。其缺点在于计算复杂，且不易直接考虑投资风险大小。此外，对于原始投资额现值不同的互斥投资项目，内含报酬率法在运用时可能存在限制。

任务三　项目投资决策

引导案例

面对社区团购崛起和前置仓玩家的竞争，仍未实现盈利的"叮咚买菜"，也开始了调整和扩张。在刚刚过去的2020年，"叮咚买菜"激进扩张，覆盖了北京、南京、广州等27个城市。而大规模扩张，也势必面临更多的竞争。

进入2021年后，"叮咚买菜"又计划总投资6亿美元在江苏昆山建设生鲜综合体。如此大手笔，让人在疑惑其资金来源的同时，也在担忧其"回本"问题。对此，"叮咚买菜"表示，这一举措更多是为了持续提升叮咚买菜的供应链能力，为用户提供品质确定、时间确定、品类确定的生鲜到家服务。

"叮咚买菜"的扩张速度以及"回本"问题饱受争议。2017年成立的"叮咚买菜"，于2019年走出上海，1月进杭州，5月进苏州、宁波，7月进深圳。根据"叮咚买菜"提供的数据，截至2020年年底，其服务范围覆盖为27个城市。

由于各城市消费习惯不同，给"叮咚买菜"也带来了很大的挑战。例如在芜湖市，受临长江而居的地理环境影响，当地居民对于生鲜品类的新鲜度及时令度要求较高，对"叮咚买菜"的活鲜运输要求较高。

"叮咚买菜"大量自建体系，实际上给后期运营带来很大风险，除非公司能在最短时间把这些资源都饱和运作起来，但是难度肯定很大。北京京商流通战略研究院院长赖阳说。此外，"叮咚买菜"在前置仓的扩张战略，采用的是对成熟的老仓进行分拆和裂变，配合线下猛烈地推、线上裂变推广和高额补贴进行拉新。前置仓这种模式是没有流量入口的，这就要求企业在拉新时进行高额的补贴和强大的地推，这样的获客成本是比较高的。

根据"叮咚买菜"提供的数据，目前公司前置仓数量超过850个，日订单量突破85万单，月营收超15亿元。照此计算，"叮咚买菜"每个前置仓每日订单为1000件，客单价为58.8元。"叮咚买菜"创始人梁昌霖曾表示，理想状态下，每个前置仓经营一年以上，日订单达到1000单左右，平均客单价超过65元，在刨去履单成本后，每单的营业利润预计能超过3%，也就是赚钱的。但目前，扩张中的"叮咚买菜"，其大多数前置仓的经营时间并没有超过一年，而整体看来，平均客单价也没有达到65元。

此外，据零售管理专家胡春才透露，2019年，生鲜电商行业的获客成本已经达到约300元/人。除去"叮咚买菜"直接补贴的金额之外，再算上小区、电梯等推广费用，"叮咚买菜"的获客成本可能已经超出300元。

开源证券曾对"叮咚买菜"进行了盈利模型测算：中性假设情况下，假定客单价、日客单量、毛利率分别为50元、1 000单、25%，则全年收入为1 659万元、毛利为415万元；成本端，假定每单配送费为6元，则年配送成本达到219万元，加上租金、人工、摊销、水电等其他费用，合计达到420万元，占收入比重为25.3%，营业利润为负。除此之外，前期的投入、设备的建设、物流供应链管理、运营总部庞大的系统信息化开发团队以及营销费用等都是巨大的成本支出，而这些成本还无从得知。

【引入问题】

1. 在企业扩张过程中，是否开展项目投资以及投资哪个项目需要财务人员给出准确的决策，在决策的过程中需要考虑哪些方面？

2. 对于投资的项目，如果营业利润为负，是否表明项目一定不可行？

项目投资是指将资金直接投放于生产经营实体性资产，以形成生产能力，如购置设备、建造工厂、修建设施等。项目投资一般是企业的对内投资，也包括以实物性资产投资于其他企业的对外投资。

不同项目的投资决策方法如图5-2所示。

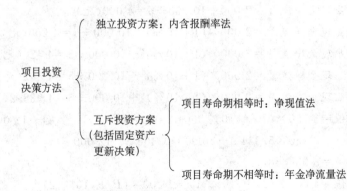

图 5-2　项目投资决策方法

一、独立投资方案的决策

独立投资方案是指两个或两个以上项目互不依赖，可以同时并存，各方案的决策也是独立的。独立投资方案之间比较时，决策要解决的问题是如何确定各种可行方案的投资顺序,即各独立方案之间的优先次序。排序分析时,以各独立方案的获利程度作为评价标准,一般采用内含报酬率法进行比较决策。

二、互斥投资方案的决策

互斥投资方案之间互相排斥,不能并存,因此决策的实质在于选择最优方案,属于选择决策。选择决策要解决的问题是应该淘汰哪个方案,即选择最优方案。从选定经济效益最大的要求出发,互斥决策以方案的获利数额作为评价标准。因此,一般采用净现值法和年金净流量法进行选优决策。但由于净现值指标受投资项目寿命期的影响,因而年金净流量法是互斥方案最恰当的决策方法。

项目期间内全部现金净流量总额的总现值折算为等额年金的平均现金净流量,称为年金净流量。年金净流量的计算公式为

$$年金净流量 = \frac{现金净流量总现值}{年金现值系数}$$

与净现值指标一样,年金净流量指标的结果大于零,说明每年平均的现金流入能抵补现金流出,投资项目的净现值大于零,方案的报酬率大于所要求的报酬率,方案可行。在两个以上寿命期不同的投资方案比较时,年金净流量越大,方案越好。

【例5-8】 甲、乙两种投资方案,甲方案需一次性投资12 000元,可用8年,残值2 000元,每年取得净利润2 500元;乙方案需一次性投资10 000元,可用5年,无残值,第一年获利2 000元,以后每年递增10%。如果资金成本为10%。要求:判断采用哪种方案。

解:两个项目的寿命期不同,故应采用年金净流量法进行决策。

甲方案每年的营业现金净流量=2 500+(12 000-2 000)÷8=3 750(元)

乙方案各年的营业现金净流量如下。

第1年的营业现金净流量=2 000+10 000÷5=4 000(元)

第2年的营业现金净流量=2 000×(1+10%)+10 000÷5=4 200(元)

第3年的营业现金净流量=2 000×(1+10%)^2+10 000÷5=4 420(元)

第4年的营业现金净流量=2 000×(1+10%)^3+10 000÷5=4 662(元)

第5年的营业现金净流量=2 000×(1+10%)^4+10 000÷5=4 928.2(元)

甲方案净现值=3 750×(P/A,10%,8)+2 000×(P/F,10%,8)-12 000
　　　　　　=3 750×5.334 9+2 000×0.466 5-12 000
　　　　　　=8 938.88(元)

乙方案净现值=4 000×(P/F,10%,1)+4 200×(P/F,10%,2)+
　　　　　　4 420×(P/F,10%,3)+4 662×(P/F,10%,4)+
　　　　　　4 928.2×(P/F,10%,5)-10 000
　　　　　=4 000×0.909 1+4 200×0.826 4+4 420×0.751 3+
　　　　　　4 662×0.683 0+4 928.2×0.620 9-10 000
　　　　　=6 672.09(元)

甲方案的年金净流量=8 938.88÷(P/A,10%,8)=8 938.88÷5.334 9=1 675.55(元)

乙方案的年金净流量＝6 672.09÷(P/A,10%,5)＝6 672.09÷3.790 8＝1 760.07(元)

由于乙方案的年金净流量大于甲方案的年金净流量，故应采用乙方案。

年金净流量法是净现值法的辅助方法，在各方案寿命期相同时，实质上就是净现值法。因此它适用于期限不同的投资方案决策。但同时，它也具有与净现值法同样的缺点，不便于对原始投资额不相等的独立投资方案进行决策。

【例 5-9】已知某企业为开发一条生产线生产新产品，拟投资 2 000 万元。现有 A、B、C 三种方案可供选择。

A 方案需购置不需要安装的固定资产，投资 1 600 万元，税法规定的残值率为 10%，使用寿命为 10 年。同时，垫支 400 万元营运资本。预计投产后第 1~10 年每年新增 1 000 万元销售收入，每年新增的付现成本和企业所得税分别为 400 万元和 100 万元。

B 方案项目寿命期为 6 年，各年的净现金流量见表 5-8。

表 5-8　B 方案各年的净现金流量　　　单位：万元

时间	0	1	2	3	4	5	6
净现金流量	−2 000	0	500	500	500	500	500

C 方案的项目寿命期为 11 年，各年现金流量表见表 5-9。

表 5-9　C 方案各年现金流量表　　　单位：万元

T/年	0	1	2	3	4	5	6~10	11	合计
原始投资	−1 000	−1 000	0	0	0	0	0	0	−2 000
税后净利润	0	0	344	344	344	364	364	364	3 580
年折旧额	0	0	144	144	144	144	144	144	1 440
年摊销额	0	0	12	12	12	0	0	0	36
回收额	0	0	0	0	0	0	0	560	560
税后净现金流量							(A)		(B)
累计税后净现金流量					(C)				

注："6~10" 年一列中的数据为每年数，连续 5 年相等。

若企业要求的必要报酬率为 8%，部分资金时间价值系数见表 5-10。

表 5-10　部分资金时间价值系数

T/年	1	6	10	11
(F/P, 8%, t)	—	1.586 9	2.158 9	—
(P/F, 8%, t)	0.925 9			0.428 9
(A/P, 8%, t)	—			0.140 1
(P/A, 8%, t)	0.925 9	4.622 9	6.710 1	

要求：(1) 计算 A 方案项目寿命期各年的净现金流量。

(2) 计算 C 方案现金流量表中用字母表示的相关净现金流量和累计净现金流量（不用列算式）。

(3) 计算B、C两方案的包括投资期的静态回收期。

(4) 计算 $(P/F, 8\%, 10)$ 和 $(A/P, 8\%, 10)$ 的值（保留四位小数）。

(5) 计算A、B两方案的净现值指标，并据此评价A、B两方案的财务可行性。

(6) 如果C方案的净现值为1 451.38万元，用年金净流量法为企业做出该生产线项目投资的决策。

解：(1) 初始的净现金流量＝－1 600－400＝－2 000(万元)，此即第0年的净现金流量。

第1年至第10年各年的营业现金流量＝销售收入－付现成本－所得税
$$=1\ 000-400-100=500(万元)$$

终结点的回收额＝160＋400＝560(万元)

故第1年至第9年的净现金流量为500万元，第10年的净现金流量为1 060万元。

(2) A＝364＋144＝508(万元)

B＝3 580＋1 440＋36＋560－2 000＝3 616(万元)

C＝－1 000－1 000＋(344＋144＋12)×3＝－500(万元)

(3) B方案包括投资期的静态回收期＝1＋2 000÷500＝5(年)

C方案包括投资期的静态回收期＝4＋500÷508＝4.98(年)

(4) $(P/F, 8\%, 10)=1/(F/P, 8\%, 10)=1\div 2.158\ 9=0.463\ 2$

$(A/P, 8\%, 10)=1/(P/A, 8\%, 10)=1\div 6.710\ 1=0.149\ 0$

(5) $NPV_A=-1\ 600-400+500\times(P/A, 8\%, 10)+560\times(P/F, 8\%, 10)$
$$=-2\ 000+500\times 6.710\ 1+560\times 0.463\ 2=1\ 614.44(万元)$$

$NPV_B=-2\ 000+[500\times(P/A, 8\%, 6)-500\times(P/A, 8\%, 1)]$
$$=-2\ 000+[500\times 4.622\ 9-500\times 0.925\ 9]=-151.5(万元)$$

由于A方案的净现值为1 614.44万元，大于零，所以A方案可行；因为B方案的净现值小于零，所以B方案不可行。

(6) A方案年金净流量＝1 614.44×0.149 0＝240.55(万元)

C方案年金净流量＝1 451.38×0.140 1＝203.34(万元)

由于A方案的年金净流量大于C方案的年金净流量，所以A方案优于C方案，应选择A方案。

三、固定资产更新决策

固定资产反映了企业的生产经营能力，固定资产更新决策是项目投资决策的重要组成部分。从决策性质上看，固定资产更新决策属于互斥投资方案的决策类型。因此，固定资产更新决策所采用的决策方法是净现值（寿命期相同）和年金净流量法（寿命期不同），一般不采用内含报酬率法。

【例5-10】 红光公司现有一台旧机床是三年前购进的，目前准备用一台新机床替换。该公司企业所得税税率为40％，资金成本为10％，其余资料如表5-11所示。要求：计算使用新旧机床两种方案的净现值。

表 5-11 新旧设备资料

项目	旧设备	新设备
原价/元	84 000	76 500
税法残值/元	4 000	4 500
税法使用年限/年	8	6
已使用年限/年	3	0
尚可使用年限/年	6	6
垫支营运资金/元	10 000	11 000
大修理支出/元	18 000（第2年年末）	9 000（第4年年末）
每年折旧费（直线法）/元	10 000	12 000
每年营运成本/元	13 000	7 000
目前变现价值/元	40 000	76 500
最终报废残值/元	55 00	6 000

解：保留旧机床方案如下。

第1~5年营业现金净流量 $=-13\,000\times(1-40\%)+10\,000\times40\%=-3\,800(元)$

第6年营业现金净流量 $=-13\,000\times(1-40\%)=-7\,800(元)$

保留旧机床方案的净现值 $=-3\,800\times(P/A,10\%,5)-7\,800\times(P/F,10\%,6)-$
$\qquad 40\,000-(54\,000-40\,000)\times40\%-18\,000\times(1-40\%)\times$
$\qquad (P/F,10\%,2)+10\,000\times(P/F,10\%,6)+$
$\qquad 5\,500\times(P/F,10\%,6)-(5\,500-4\,000)\times40\%\times$
$\qquad (P/F,10\%,6)$
$\qquad =-64\,922.21(元)$

购买新机床方案如下。

第1~6年营业现金净流量 $=-7\,000\times(1-40\%)+12\,000\times40\%=600(元)$

购买新机床方案净现值 $=600\times(P/A,10\%,6)-76\,500-(11\,000-10\,000)-$
$\qquad 9\,000\times(1-40\%)\times(P/F,10\%,4)+$
$\qquad 11\,000\times(P/F,10\%,6)+6\,000\times(P/F,10\%,6)-$
$\qquad (6\,000-4\,500)\times40\%\times(P/F,10\%,6)$
$\qquad =-69\,317.22(元)$

由于购买新机床方案的净现值小于保留旧机床方案的净现值，故应选择继续使用旧机床。

【例5-11】 某公司拟采用新设备取代已使用3年的旧设备，旧设备原价14 950元，当前估计尚可使用5年，每年操作成本2 150元，预计最终残值1 750元，目前变现价值8 500元；购置新设备需花费13 750元，预计可使用6年，每年操作成本850元，预计最终残值2 500元。该公司预期报酬率为12%，企业所得税税率为25%，税法规定该类设备应采用直线法折旧，折旧年限6年，残值为原价的10%。要求：进行是否应该更换设备的分析决策，并列出计算分析过程。

解：(1) 继续使用旧设备的平均年成本计算如下。

每年付现操作成本的现值 $=2\,150\times(1-25\%)\times(P/A,12\%,5)$
$\qquad =2\,150\times(1-25\%)\times3.604\,8=5\,812.74(元)$

年折旧额＝(14 950－14 950×10%)÷6＝2 242.50(元)
每年折旧抵税的现值＝2 242.50×25%×(P/A,12%,3)
　　　　　　　　＝2 242.50×25%×2.401 8＝1 346.51(元)
残值收益的现值＝[1 750－(1 750－14 950×10%)×25%]×(P/F,12%,5)
　　　　　　＝[1 750－(1 750－14 950×10%)×25%]×0.567 4＝956.78(元)
目前旧设备变现收益＝8 500－[8 500－(14 950－2 242.50×3)]×25%
　　　　　　　　＝8 430.63(元)
继续使用旧设备的现金流出总现值＝5 812.74＋8 430.63－1 346.51－956.78
　　　　　　　　　　　　　＝11 940.08(元)
继续使用旧设备的平均年成本＝11 940.08÷(P/A,12%,5)
　　　　　　　　　　　　＝11 940.08÷3.604 8＝3 312.27(元)。

(2) 更换新设备的平均年成本计算如下。

购置成本＝13 750(元)
每年付现操作成本现值＝850×(1－25%)×(P/A,12%,6)
　　　　　　　　　＝850×(1－25%)×4.111 4＝2 621.02(元)
年折旧额＝(13 750－13 750×10%)÷6＝2 062.50(元)
每年折旧抵税的现值＝2 062.50×25%×(P/A,12%,6)
　　　　　　　　＝2 062.50×25%×4.111 4＝2 119.94(元)
残值收益的现值＝[2 500－(2 500－13 750×10%)×25%]×(P/F,12%,6)
　　　　　　＝[2 500－(2 500－13 750×10%)×25%]×0.506 6
　　　　　　＝1 124.02(元)
更换新设备的现金流出总现值＝13 750＋2 621.02－2 119.94－1 124.02
　　　　　　　　　　　　＝13 127.06(元)
更换新设备的平均年成本＝13 127.06÷(P/A,12%,6)
　　　　　　　　　　＝13 127.06÷4.111 4＝3 192.84(元)

因为更换新设备的平均年成本(3 192.84元)低于继续使用旧设备的平均年成本 (3 312.27元)，故应更换新设备。

同 步 测 试

一、单项选择题

1. 静态回收期是(　　)。
   A. 净现值为零的年限　　　　　　B. 净现金流量为零的年限
   C. 累计净现值为零的年限　　　　D. 累计净现金流量为零的年限
2. 已知某投资项目按14%贴现率计算的净现值大于零，按16%贴现率计算的净现值小于零，则该项目的内含报酬率肯定(　　)。

A. 大于14%，小于16%　　　　B. 小于14%
C. 等于15%　　　　　　　　　D. 大于16%

3. 在一般投资项目中，当一项投资方案的净现值等于零时，即表明（　　）。
   A. 该方案的年金净流量大于0　　B. 该方案动态回收期等于0
   C. 该方案的现值指数大于1　　　D. 该方案的内含报酬率等于设定贴现率

4. 不管其他投资方案是否被采纳和实施，其收入和成本都不因此受到影响的投资与其他投资项目彼此间是（　　）。
   A. 互斥方案　　B. 独立方案　　C. 互补方案　　D. 互不相容方案

5. 某企业拟进行一项固定资产投资项目决策，设定贴现率为12%，有四个方案可供选择。其中甲方案的项目寿命期为10年，净现值为1 000万元，10年期、贴现率为10%的投资回收系数为0.177；乙方案的现值指数为0.85；丙方案的项目寿命期为11年，其年金净流量为150万元；丁方案的内含报酬率为10%。最优的投资方案是（　　）。
   A. 甲方案　　B. 乙方案　　C. 丙方案　　D. 丁方案

6. 对于多个互斥方案的比较和优选，采用年金净流量指标时（　　）。
   A. 选择投资额较大的方案为最优方案
   B. 选择投资额较小的方案为最优方案
   C. 选择年金净流量最大的方案为最优方案
   D. 选择年金净流量最小的方案为最优方案

7. 若有两种投资方案，原始投资额不相同，彼此相互排斥，各方案项目寿命期不同，可以采用下列（　　）进行选优。
   A. 年金净流量法　B. 净现值法　　C. 内含报酬率法　　D. 现值指数法

8. 对项目寿命期相同而原始投资不同的两个互斥投资项目进行决策时，适宜单独采用的方法是（　　）。
   A. 回收期法　　B. 现值指数法　　C. 内含报酬率法　　D. 净现值法

9. 对投资规模不同的两个独立投资项目的评价，应优先选择（　　）。
   A. 净现值大的方案　　　　　　B. 项目周期短的方案
   C. 投资额小的方案　　　　　　D. 内含报酬率大的方案

10. 某投资方案的年营业收入为100 000元，年总营业成本为60 000元，其中年折旧额10 000元，企业所得税税率为25%，该方案的每年营业现金流量为（　　）元。
    A. 30 000　　B. 40 000　　C. 16 800　　D. 43 200

二、多项选择题

1. 下列投资决策评价指标中，其数值越大越好的指标有（　　）。
   A. 净现值　　B. 回收期　　C. 内含报酬率　　D. 年金净流量

2. 评价投资方案的静态回收期指标的主要缺点有（　　）。
   A. 不能衡量企业的投资风险
   B. 没有考虑资金时间价值
   C. 没有考虑超过原始投资额的现金流量

D. 不能计算出较为准确的投资经济效益

3. 下列项目投资决策评价指标中，一般作为净现值法辅助方法的有（　　）。
   A. 年金净流量法　　B. 内含报酬率　　C. 现值指数法　　D. 回收期法
4. 在单一方案决策过程中，与净现值评价结论一致的评价指标有（　　）。
   A. 现值指数　　B. 年金净流量　　C. 回收期　　D. 内含报酬率
5. 内含报酬率是指（　　）。
   A. 投资报酬与总投资的比率
   B. 能使未来现金流入量现值与未来现金流出量现值相等的贴现率
   C. 未来现金流入量现值与现金流出量现值的比率
   D. 使投资方案净现值为零的贴现率

三、判断题

1. 项目投资属于直接投资，证券投资属于间接投资。（　　）
2. 一般情况下，使某投资方案的净现值小于零的贴现率，一定高于该投资方案的内含报酬率。（　　）
3. 某一方案年金净流量等于该方案净现值与相关的资本回收系数的乘积。（　　）
4. 若 A、B、C 三种方案是独立的且投资规模不同，采用年金净流量法可以得出优先次序的排列。（　　）
5. 对独立投资方案进行评价时，最适宜的方法是净现值法。（　　）

四、计算题

1. 新天地公司购入一设备准备扩充生产能力，现在甲、乙两种方案可供选择。

甲方案：需投资 100 万元，使用寿命为 5 年，采用直线法计提折旧，5 年后设备无残值。5 年中每年的销售收入为 60 万元，每年的付现成本为 20 万元。

乙方案：需投资 120 万元。另外，在第一年垫支营运资金 20 万元，采用直线折旧法计提折旧，使用寿命也为 5 年，5 年后有残值收入 20 万元。5 年中每年的销售收入为 80 万元，付现成本第一年为 30 万元，以后随着设备陈旧，逐年将增加修理费 5 万元。假设企业所得税税率为 25%。

要求：(1) 计算两个方案每年的现金流量。
(2) 计算两个方案各自的静态投资回收期和投资收益率。
(3) 计算两个方案各自的净现值与现值指数。
(4) 计算两个方案各自的内含报酬率。

2. 某企业拟更新原设备，新旧设备的详细资料见表 5-12。

表 5-12　某企业新旧设备资料

项　目	旧设备	新设备
原价/元	60 000	80 000
税法规定残值/元	6 000	8 000
规定使用年数/年	6	4

续表

项　目	旧设备	新设备
已使用年数/年	3	0
尚可使用年数/年	3	4
每年操作成本/元	7 000	5 000
最终报废残值/元	8 000	7 000
现行市价/元	20 000	80 000
每年折旧/元	9 000	18 000

已知企业所得税税率为25%。要求：分析该企业应否更新设备（假设企业要求的最低报酬率为10%）。

五、案例分析题

1. 假设你已毕业4年，每年能赚5万元，试测算你这三年求学（看成是父母对你的一项教育投资）的净现值。

2. 长水公司是一家家电制造企业，目前计划增添一条生产线，以扩充生产能力。现有的计划方案需要投资250 000元，预计使用寿命均为4年，折旧采用直线法，预计残值为10 000元。该方案预计年销售收入为500 000元，第一年付现成本为330 000元，以后在此基础上每年减少付现成本5 000元。生产线投入营运时，需垫支营运资金100 000元。该公司的资本成本为10%，适用的企业所得税税率为25%。

请回答：

(1) 为是否应开发该生产线做出决策？

(2) 假设企业还有一备选方案。备选方案需要投资375 000元，预计残值为15 000元。预计年销售收入为700 000元，年付现成本为525 000元。生产线投入营运时，需垫支营运资金125 000元。其他条件与前述方案均一致。接下来，哪一个方案对企业更为有利？

实　训　项　目

1. 创业财务计划书中项目投资决策分析

确定本组创业计划未来一年的投资方向（具体的投资项目），并利用现金流量指标对其进行决策分析。

2. 关于投资风险问题的调查分析

分小组访问学校后勤公司的经营管理者，了解公司有无其他投资创收项目，询问其面对风险的态度及采取的策略。对该类项目进行投资风险方面的分析，针对风险的预防提出建议。

项目六 证券投资管理

---------- 学 习 目 标 ----------

知识目标
1. 掌握债券价值的计算。
2. 掌握不同估价模式下股票价值的计算。

能力目标
1. 了解证券投资的概念与种类。
2. 了解债券投资、股票投资各自的优缺点。
3. 掌握债券投资收益率的计算。
4. 掌握股票投资收益率的计算。

思政目标
1. 立足社会经济需要,了解资本市场对精准扶贫的贡献。
2. 推崇主流价值观指引,凝聚学生价值认同。

导语: 本项目主要介绍证券估价和收益率的计算等内容。通过本项目学习,要求学生了解证券投资的概念、种类、特点和目的,熟练掌握债券投资和股票投资的计算,并能将这些方法灵活运用于企业理财实践。

任务一 证券投资概述

引导案例

根据 Wind 金融数据显示,2016 年有 767 家上市公司购买理财产品,几乎占据了 A 股上市公司的 1/3。且总金额达 7 628.76 亿元,比上年同期增长近 40%。其中,银行理财产品认购金额达 5 526.24 亿元,占比 72%。

购买理财产品的上市公司无论是参与家数还是涉及的金额都比2015年出现大幅增长，创下了A股历史新高。另据东方财富choice统计数据显示，与2015年比较，2016年上市公司购买理财产品的家数同比增长了41.54%，累计购买理财产品金额同比增长67.70%，平均每家上市公司购买理财产品的金额则同比增长18.48%。更有8家上市公司购买的理财规模超过百亿元，其中中国神华、新湖中宝和温氏股份位居前三，购买理财产品的资金分别达到310亿元、277.2亿元和254.1亿元。而就购买理财产品次数而言，二六三、恒生电子、建研集团、厦门钨业、浙江永强、紫金矿业6家公司2016年累计购买次数最多，分别为284次、267次、242次、196次、131次和118次。2017年以来，上市公司购买银行理财产品热度依然不减，仅2月6日一天就有安德利、弘亚数控、金洲管道和易事特4家公司发布购买理财产品的公告。

一些刚上市的"菜鸟"也加入到理财的队伍中来，1月19日登陆中小板的翔鹭钨业2月8日发布关于使用部分闲置募集资金购买理财产品的公告。公告称，2月6日召开的董事会临时会议、监事会会议审议通过了相关议案，同意公司在不影响募资投资计划正常进行的前提下，使用额度不超过1.5亿元的闲置募集资金购买安全性高、流动性好、保本型金融机构理财产品。

但是进入2021年以来，上市公司购买理财产品的热度明显下降。根据Wind数据统计，截至2021年3月14日，共有698家上市公司合计认购理财产品2 098.62亿元，指标分别与2020年同比下滑了7.79%、26.01%。

【引入问题】

1. 有的上市公司认为，"近年来由于实体经济不振，许多行业都陷入困境，募来的钱如果按部就班地用于项目建设或是扩大投资，短期来看，只会使亏损面扩大。与其把钱闲置在账户中，还不如拿来购买理财产品，至少保证还有一些收益"。这种说法是否合理？

2. 与项目投资相比，证券投资有哪些不同点？

证券资产是企业进行金融投资所形成的资产。证券投资不同于项目投资。项目投资的对象是实体性经营资产，如固定资产、无形资产等。而证券投资的对象是金融资产。金融资产是一种以凭证、票据或者合同合约形式存在的权利性资产，如股票、债券及其衍生证券等。

一、证券的概念与种类

（一）证券的概念

证券是指票面载有一定金额，代表财产所有权或债权，可以有偿转让的凭证。证券投资是企业投资的重要组成部分，科学地进行证券投资管理，能增加收益、降低风险，有利于企业财务管理目标的实现。

(二) 证券的种类

证券的种类很多，按不同的标准可以进行不同的分类。

1. 按证券的发行主体分类

按照证券发行主体的不同，证券可以分为政府证券、金融证券和公司证券三种。政府证券是指中央政府或地方政府为筹集资金而发行的证券。金融证券是指银行及非银行金融机构发行的证券。公司证券是指工商企业为筹集资金而发行的证券。政府证券的风险较小，金融证券的风险次之，公司证券的风险则视企业的规模、财务状况和其他情况而定。

2. 按证券的到期日分类

按照证券到期日的长短，证券可以分为短期证券和长期证券两种。短期证券是指到期日短于一年的证券，如国库券、商业票据、银行承兑汇票等。长期证券是指期限在一年以上的各类证券，如长期国债、公司债券等。一般而言，短期证券的风险小，变现能力强，但收益率相对较低；长期证券的收益率一般较高，但时间长、风险大。

3. 按证券的收益情况分类

按照证券收益情况的不同，证券可以分为固定收益证券和变动收益证券两种。固定收益证券是指在证券的票面上规定有固定收益率的证券，如债券票面上一般有固定的利息率、优先股票面上一般有固定的股息率，这些证券都属于有固定收益的证券。变动收益证券是指证券的票面上不标明固定的收益率，其收益情况随企业经营状况而变动的证券，普通股股票就是最典型的变动收益证券。一般而言，固定收益证券的风险较小，收益率较低；变动收益证券的风险较大，收益率较高。

4. 按证券所体现的权益关系分类

按照证券所体现的权益关系，证券可以分为所有权证券和债权证券两种。所有权证券是指证券的持有人是证券发行单位的所有者的证券。这种证券的持有人一般对发行单位有一定的管理和控制权。股票就是典型的所有权证券，股东便是发行股票的企业的所有者。债权证券是指证券的持有人是发行单位的债权人的证券，这种证券的持有人一般无权对发行单位进行管理和控制。当发行单位破产时，债权证券要优先清偿，而所有权证券要在最后清偿，所以所有权证券一般要承担比较大的风险。

二、证券资产的特点

1. 价值虚拟性

证券资产不能脱离实体资产而完全独立存在，但证券资产的价值不是完全由实体资产的现实生产经营活动决定的，而是取决于契约性权利所能带来的未来现金流量，是一种未来现金流量折现的资本化价值。如债券投资代表的是未来按合同规定收取债息和收回本金的权利，股票投资代表的是对发行股票企业的经营控制权、财务控制权、收益分配权、剩余财产追索权等股东权利。

2. 可分割性

实体项目投资的经营资产一般具有整体性要求，如购建新的生产能力，往往是厂房、设备、配套流动资产的结合。证券资产可以分割为一个最小的投资单位，如一股股票、一份债券，这就决定了证券资产投资的现金流量比较单一，往往由原始投资、未来收益或资本利得、本金回收所构成。

3. 持有目的多元性

实体项目投资的经营资产往往是为消耗而持有，为流动资产的加工提供生产条件。证券资产的持有目的是多元的，既可能是为未来积累现金（即为未来变现）而持有，也可能是为谋取资本利得（即为销售）而持有，还有可能是为取得对其他企业的控制权而持有。

4. 强流动性

证券资产具有很强的流动性，其流动性具体表现在：①变现能力强。证券资产往往都是上市证券，一般都有活跃的交易市场可供及时转让。②持有目的可以相互转换。当企业急需现金时，可以立即将为其他目的而持有的证券资产变现。证券资产本身的变现能力虽然较强，但其实际周转速度取决于企业对证券资产的持有目的。作为长期投资的形式，企业持有的证券资产的一次周转一般都会经历一个会计年度以上。

5. 高风险性

证券资产是一种虚拟资产，决定了金融投资受公司风险和市场风险的双重影响，不仅发行证券资产的公司业绩影响着证券资产投资的报酬率，资本市场的市场平均报酬率变化也会给金融投资带来直接的市场风险。

三、证券投资的目的

1. 分散资金投向，降低投资风险

投资分散化，即将资金投资于多个相关程度较低的项目，实行多元化经营，能够有效地分散投资风险。当某个项目因为经营不景气而导致利润下降甚至亏损时，其他项目可能会获取较高的收益。

2. 利用闲置资金，增加企业收益

企业在生产经营过程中，由于各种原因有时会出现资金闲置、现金结余较多的情况。这些闲置的资金可以用于投资股票、债券等有价证券，谋取投资收益，这些投资收益主要表现在股利收入、债息收入、证券买卖差价等方面。同时，企业资金的闲置有时是暂时性的，可以投资于在资本市场上流通性和变现能力较强的有价证券，这类证券能够随时变卖，收回资金。

3. 稳定客户关系，保障生产经营

企业生产经营环节中，供应和销售是企业与市场相联系的重要通道。没有稳定的原材料供应来源，没有稳定的销售客户，都会使企业的生产经营中断。为了保持与供销客户良好而稳定的业务关系，可以对业务关系链的供销企业进行投资，保持对它们一定的债权或股权，甚至控股。这样就能够以债权或股权对关联企业的生产经营施加影响和控制，保证本企业的生产经营顺利进行。

4. 提高资产的流动性，增强偿债能力

资产流动性强弱是影响企业财务安全性的主要因素。除现金等货币资产外，有价证

券投资是企业流动性最强的资产，是企业速动资产的主要构成部分。在企业需要支付大量现金，而现有现金储备又不足时，可以通过变卖有价证券迅速取得大量现金，以保证企业的及时支付。

任务二　债券投资

引导案例

根据公开信息，2020年下半年多家城投公司取消了融资计划，其中仅11月20日就有3家城投公司进行了信息披露，包括浙江省湖州市城市投资发展集团有限公司（以下简称"湖州城投"）、城建发展、西宁城市投资管理有限公司（以下简称"西宁城投"），3家公司所取消的原计划融资规模共计不超过45亿元。

据悉，几家公司取消发行债券或票据的原因均为"近期市场波动较大"。关于取消发行的具体原因，上述湖州城投相关负责人表示，市场波动之下投资者的态度较为谨慎，而公司资金目前较为充裕，不希望打开原先设定的利率上限。另外，有业内人士称，目前的市场态势短期内或难以改变，若有城投公司选择其他融资方式，则成本将出现不小的上升。

详细看几家公司的公告，湖州城投称，鉴于近期市场情况，经发行人、主承销商与投资者协商一致，决定取消发行本期债券，后续发行时间另行确定。本次取消发行债券名称为"20湖州02"，根据募集说明书，其计划发行不超过20亿元。城建发展公告称，"20京城投SCP003"发行金额为15亿元，原计划发行日为2020年11月18—19日。鉴于近期市场波动较大，根据本公司安排，决定取消本次超短期融资券发行，本公司将另择时机重新发行。西宁城投公告称，"20西宁城投MTN001"发行基础金额0元，发行金额上限10亿元，原计划发行日为2020年11月19—20日。由于近期市场波动较大，公司决定取消本期中期票据的发行，调整后的发行安排将另行公告。

其中，湖州城投对外披露，此次取消的债券原先的利率目标计划以4%为上限，4%以下为目标来发行的。但由于市场的波动原因，投资者的投资决策都较为谨慎，而湖州城投作为3A级的主体，并不希望打开债券利率上限设定。因此在市场出现波动，且公司自身的资金安排至年底都较为充裕的情况下，湖州城投选择了取消发债。

【引入问题】
1. 在做出发行债券的决策前，需要考虑哪些因素？
2. 与发行股票相比，发行债券的特点有哪些？

一、债券投资概述

债券是依照法定程序发行的约定在一定期限内还本付息的有价证券，它反映证券发行者与持有者之间的债权债务关系。

（一）债券的基本要素

债券一般包含以下几个基本要素。

1. 债券面值

债券面值是指债券设定的票面金额，它代表发行人借入并且承诺于未来某一特定日偿付债券持有人的金额，债券面值包括两方面的内容：①票面币种。即以何种货币作为债券的计量单位，一般而言，在国内发行的债券，发行的对象是国内有关经济主体，则选择本国货币，若在国外发行，则选择发行地国家或地区的货币或国际通用货币（如美元）作为债券的币种。②票面金额。票面金额对债券的发行成本、发行数量和持有者的分布具有影响，票面金额小，有利于小额投资者购买，从而有利于债券发行，但发行费用可能增加；票面金额大，会降低发行成本，但可能减少发行量。

2. 债券票面利率

债券票面利率是指债券发行者预计一年内向持有者支付的利息占票面金额的比率。票面利率不同于实际利率，实际利率是指按复利计算的一年期的利率，债券的计息和付息方式有多种，可能使用单利或复利计算，利息支付可能半年一次、一年一次或到期一次还本付息，这使得票面利率可能与实际利率发生差异。

3. 债券到期日

债券到期日是指偿还债券本金的日期，债券一般都有规定到期日，以便到期时归还本金。

（二）债券的分类

目前，债券主要可以分为以下几种不同的类型。

1. 按发行主体划分

债券按发行主体的不同，可分为政府债券、金融债券和企业债券。

（1）政府债券是指由各国中央政府或地方政府发行的债券。中央政府债券又称国债或国库券，是中央政府为了弥补国家财政赤字和为大型工程项目筹集资金而发行的债券。地方政府债券是指各地方政府，如省、市政府为地方建设筹集资金而发行的债券。政府债券的风险小、流动性强，是受投资者欢迎的债券之一。

（2）金融债券是银行或其他金融机构发行的债券。金融机构一般都有雄厚的实力，信用程度较高。因此，金融债券的风险不大，流动性较好，收益率也较高。

（3）企业债券也称公司债券，是指由股份公司等各类企业所发行的债券。与政府债券相比，企业债券的风险较大，因而利率一般也比较高。本书所论述的债券投资，就是指企业债券的投资。

2. 按是否记名划分

债券按是否记名，可分为记名债券和无记名债券。

（1）记名债券是指在券面上注明债权人姓名或名称，同时在发行企业的债权人名册上进行登记的债券。转让记名债券时，除要交付债券外，还要在债券上背书转让和在企业债权人名册上更换债权人姓名或名称。债券持有者需持债券和有关证件才能领取本息。这种债券的优点是比较安全,缺点是转让时手续复杂。

(2) 无记名债券是指在债券票面上未注明债权人姓名或名称,也不用在债权人名册上登记债权人姓名或名称的债券。这种债券可以随意转让,还本付息以债券为凭证。相对而言,无记名债券安全性较差,但转让比较方便。

3. 按有无抵押担保划分

债券按有无抵押担保,可分为信用债券、抵押债券和担保债券。

(1) 信用债券是指仅凭债券发行者的信用发行的,没有抵押品作抵押或担保人作担保的债券。政府债券一般均属于信用债券,信誉良好的企业也可发行信用债券。企业发行信用债券往往有许多限制条件,这些限制条件中最重要的称为反抵押条款,即禁止企业将其财产抵押给其他债权人。由于这种债券没有具体财产作抵押,因此只有历史悠久、信誉良好的公司才能发行这种债券。

(2) 抵押债券是指以一定的抵押品作抵押而发行的债券。当企业没有足够的资金偿还债券时,债权人可将抵押品拍卖以获取资金。抵押债券按抵押品的不同,又可分为不动产抵押债券、设备抵押债券和证券抵押债券。

(3) 担保债券是指以抵押方式担保发行人按期还本付息的债券,主要是指抵押债券。抵押债券按其抵押品的不同,又可分为不动产抵押债券、动产抵押债券和证券信托抵押债券。

4. 按是否可以转换为股票划分

债券按是否可以转换为股票,可分为可转换债券和不可转换债券。

(1) 可转换债券是指持有人可将其兑换成同一发行公司普通股股票的公司债券。公司在发行这种债券时便做出规定,持券人可以根据自己与债券发行企业的约定,按一定比率将其兑换成公司的普通股股票。

(2) 不可转换债券是指不能转换成股票的公司债券。

5. 按利率的不同划分

债券按利率的不同,可分为固定利率债券和浮动利率债券。

(1) 固定利率债券是指在发行时便规定了利率固定不变的债券。该种债券将利率明确记载在债券票面上,以后按这一固定利率向债权人支付利息。固定利率不会随今后市场利率的变化而变化。一般的企业债券都采用固定利率。

(2) 浮动利率债券是指利率可随市场利率作相应变动的债券。即在有效期内债券利率不予固定,而是定期或不定期地根据市场利率加以调整。

6. 按利息支付方式划分

债券按利息的支付方式不同,可分为有息票债券和无息票债券。

(1) 有息票债券又叫附息票债券,是指附有各种息票的债券。息票是附印于各种债券面上的利息票券,到付息日期时,凭息票领取利息。息票多用于中、长期债券。

(2) 无息票债券是指在债券券面上不附息票,期满后一次还本付息的债券。我国目前发行的债券大都是无息票债券。

二、债券的价值

将在债券投资上未来收取的利息和收回的本金折为现值,即可得到债券的内在价值。债券的内在价值也称债券的理论价格。只有债券价值大于其购买价格时，该债券才值得投资。影响债券价值的因素主要有债券的面值、期限、票面利率和所采用的贴现率等因素。

典型的债券类型是有固定的票面利率、每期支付利息、到期归还本金的债券。在这种债券模式下，债券价值计量的基本模型为

$$V_b = \sum_{t=1}^{n} \frac{I_t}{(1+R)^t} + \frac{M}{(1+R)^n}$$

式中，V_b 为债券的价值；I 为债券各期的利息；M 为债券的面值；R 为债券价值评估时所采用的贴现率（即所期望的最低投资报酬率）。一般来说，经常采用市场利率作为评估债券价值时所期望的最低投资报酬率。

从债券价值计量的基本模型中可以看出，债券面值、债券期限、票面利率、市场利率是影响债券价值的基本因素。

【例 6-1】 某债券面值 1 000 元，期限 20 年，每年支付一次利息，到期归还本金，以市场利率作为评估债券价值的贴现率，目前的市场利率为 10%，假设票面利率为 8%。要求：计算债券的价值。

解：债券的价值 $V_b = 80 \times (P/A, 10\%, 20) + 1\,000 \times (P/F, 10\%, 20)$
$= 80 \times 8.513\,6 + 1\,000 \times 0.148\,6$
$= 829.688$（元）

三、债券投资的收益率

（一）债券收益的来源

债券投资的收益是投资于债券所获得的全部投资报酬，这些投资报酬来源于以下三个方面。

1. 名义利息收益

债券各期的名义利息收益是其面值与票面利率的乘积。

2. 利息再投资收益

债券投资评价时，有两个重要的假定：第一，债券本金是到期收回的，而债券利息是分期收取的；第二，将分期收到的利息重新投资于同一项目，并取得与本金同等的利息收益。

3. 价差收益

价差收益是指债券尚未到期时投资者中途转让债券，在卖价和买价之间的价差上所获得的收益，也称资本利得收益。

（二）债券的内部收益率

债券的内部收益率是指按当前市场价格购买债券并持有至到期日或转让日所产生的预期报酬率，也就是债券投资项目的内含报酬率。在债券价值计量的基本模型中，如果用债券的购买价格 P_0 代替内在价值 V_b，就能求出债券的内部收益率。也就是说，用该内部收益率贴现所决定的债券内在价值，刚好等于债券的目前购买价格。

债券真正的内在价值是按市场利率贴现所决定的内在价值，当按市场利率贴现所计算的内在价值大于按内部收益率贴现所计算的内在价值时，债券的内部收益率才会大于市场利率，这正是投资者所期望的。

【例 6-2】 假定投资者目前以 1 040 元的价格，购买一份面值为 1 000 元、每年付息一次、到期归还本金，票面利率为 12% 的 5 年期债券，投资者将该债券持有至到期日。

要求：计算该债券的内部收益率。

解：设内部收益率为 R，由题意可得

$$1\ 040 = 120 \times (P/A, R, 5) + 1\ 000 \times (P/F, R, 5)$$

查年金现值系数表和复利现值系数表可知：

当 $R = 10\%$ 时，

$$120 \times (P/A, 10\%, 5) + 1\ 000 \times (P/F, 10\%, 5) = 120 \times 3.790\ 8 + 1\ 000 \times 0.620\ 9$$
$$= 1\ 075.796 (元)$$

当 $R = 12\%$ 时，

$$120 \times (P/A, 12\%, 5) + 1\ 000 \times (P/F, 12\%, 5) = 120 \times 3.604\ 8 + 1\ 000 \times 0.567\ 4$$
$$= 999.976 (元)$$

用插值法求内部收益率 R。

$$\frac{R - 10\%}{12\% - 10\%} = \frac{1\ 040 - 1\ 075.796}{999.976 - 1\ 075.796}$$

因此，$R = 10.94\%$。

四、债券投资的优缺点

（一）债券投资的优点

1. 投资风险较小

与股票投资相比，债券投资的风险比较小。政府债券有国家财力作后盾，其本金的安全性非常高，通常被视为无风险证券。企业债券的持有者拥有优先求偿权，即当企业破产时，可以先于股东分得企业资产，因此其本金损失的可能性较小。

2. 收益比较稳定

债券的票面上一般都标有固定利息率，债券的发行人有按时支付利息的法定义务。因此，在正常情况下，投资于债券能获得比较稳定的收入。

3. 变现力较强

由于许多债券都具有较强的流动性，因此，投资于债券，一般可以在市场上迅速出售，及时变现。

（二）债券投资的缺点

1. 购买力风险较大

债券的面值和利息率在发行时就已确定，如果投资期间的通货膨胀率比较高，则本金和利息的购买力将不同程度地受到侵蚀。在通货膨胀率非常高时，投资者虽然名义上

仍有收益，但实际上不可避免地会遭受损失。

2. 没有经营管理权

投资于债券，只能获得一定的收益，而无权对债券发行单位施以影响和控制。

任务三　股票投资

引导案例

2020年11月，在美股市场频频走弱之际，一家中概股"妖股"却凭借4天翻14倍的"战绩"一夜爆红，这只"妖股"就是上个月股价创新低的开心汽车（KXIN. US）。

资料显示，开心汽车成立于2015年，是人人公司旗下主营二手车业务的全资子公司，该公司已连续三年处于亏损状态。其股价的飙升则始于10月14日，当日该股股价暴涨266.67%至1.98美元/股，第二日下跌32.83%回落至1.33美元/股。令人意想不到的是，在消息面无明显利好刺激的背景下，10月16日起，其股价再次坐上"火箭"，到10月19日已涨至8.15美元/股，4个交易日内累计飙升超1400%。截至11月3日，开心汽车的股价已回落至3.13美元/股，而开心汽车方面自始至终未对股价的异常波动作出回应。在持续亏损且消息面无明显利好刺激的背景下，开心汽车的股价波动多了一丝难以揣测的色彩。

天眼查信息显示，开心汽车专注于高端二手车交易服务，公司运营主体为上海捷盈汽车销售有限公司。2019年5月，开心汽车在纳斯达克上市，成为继2018年6月优信上市后，国内第二家成功上市的二手车企业。然而，上市后开心汽车在资本市场的表现并没有令投资者很开心，上市当日即破发，而后长期处于低迷状态。今年以来，开心汽车股价甚至多次跌破0.5美元/股，9月8日更是创下了0.41美元/股的股价新低。

究其原因，或与公司始终难言乐观的业绩表现有关。数据显示，2017—2019年，开心汽车净亏损分别为2 869.5万美元、8 953.2万美元及6 906.8万美元；经营活动产生的现金流量分别为−7 370万美元、−970万美元和−470万美元。负债方面，开心汽车2017—2019年的资产负债率分别为99.65%、136.46%和95.35%，远高于汽车行业的平均水平。另外，在2018—2020年间，开心汽车还曾数次未能按时提交季报和年报，2020年其因未能按时提交20-F报告，违反了纳斯达克上市规则，一度收到了纳斯达克警示函，要求其及时向美国证监会提交定期财务报告。

不少专业人士分析称，开心汽车此波股价大涨或是搭上了新能源汽车市场的快车，最近一段时间，随着疫情得以控制，新能源汽车销量攀升，进而带动了相关概念板块的活跃度，同样在美上市的造车新势力蔚来汽车股价就迎来了一波大涨。但是，也有业内人士认为，不排除背后资金炒作的可能性。整个资本市场是投资者来投机的，无论是美国资本市场还是中国资本市场，都具有投机性，所以一时的股价波动未必反映的是真实

的价格。但是，脱离基本面的炒作终将被打回"原形"。

【引入问题】
1. 哪些因素会影响股价波动？
2. 股票的市场价格是否能反映公司的真实价值？

一、股票的分类

按照不同的标准，可以对股票进行不同的分类。

（一）按股东权利和义务

按照股东的权利和义务分类，股票可分为普通股和优先股。

（二）按股票票面是否记名分类

按照股票票面是否记名，股票可分为记名股票和无记名股票。

1. 记名股票

记名股票是指将股东姓名或名称记载在股票票面和股东名册上的股票。记名股票要同时附有股东名册，只有同时具备股票和股东名册，才能领取股息和红利。《公司法》规定，公司向发起人、法人发行的股票，应当为记名股票；向社会公众发行的股票，可为记名股票，也可为无记名股票。记名股票的转让、继承都必须办理过户手续。

2. 无记名股票

无记名股票是指在股票上不记载股东或名称的股票。凡是持有无记名股票的人，即成为公司的股东。无记名股票的转让、继承无须办理过户手续，只要将股票交给受让人，就可发生转让效力，移交股权。

（三）按股票票面有无金额分类

按照股票票面有无金额，股票可分为面值股票和无面值股票。

1. 面值股票

面值股票是指在股票的票面上记载每股金额的股票。股票面值的主要功能是确定每股股票在公司所占有的份额。同时，它还表明在股份有限公司中股东对每股股票所负有限责任的最高限额。《公司法》规定，股票应当标明票面面值。

2. 无面值股票

无面值股票是指在股票的票面上不记载每股金额的股票。无面值股票仅表示每一股在公司全部股本中所占有的比例，其价值随公司财产价值的增减而增减。在公司经营过程中，股份的实际价值与股票发行时的价值往往不一致，应根据股票股权来确定股份的实际价值。

（四）按股票的投资主体分类

按照股票的投资主体，股票可分为国家股、法人股、个人股和外资股。

1. 国家股

国家股是指有权代表国家投资的政府部门和机构以国有资产投入股份有限公司所获得的股票。国家股由国务院授权的部门和机构，或根据国务院的规定由地方人民政府授权的部门或机构持有，并委派股权代表。国家这部分资金形成公司的国家资本金。目前国家股基本上都是普通股，参与企业的经营管理。

2. 法人股

法人股又称企业股，是指法人单位以其依法可支配的资产投入股份有限公司所获得的股票。法人股这部分资金形成公司的法人资本金。从目前的法人股形成的方式看，它可以分为发起人法人股和社会法人股两种。发起人法人股是指股份有限公司的发起人依法定比例所认购的股份，这是公司的原始股份，在一定的时间里是不能转让的；社会法人股是由社会法人在一级市场上认购的公司公开发行的法人股，它也是一种普通股，但在规定的时间里不能流通。

3. 个人股

个人股是指社会个人或公司内部职工以个人合法财产投入股份有限公司所获得的股票，主要包括社会公众股和内部职工股。个人股这部分资金形成公司的个人股资本金。中国对个人股做了许多具体规定，如一个自然人所持股份（不含外国和中国香港、澳门、台湾地区投资者所持外资股）不得超过公司股份总额的0.5%。定向募集公司内部职工认购的股份，不得超过公司股份总额的20%。社会募集公司的本公司内部职工认购的股份，不得超过公司向社会公众发行部分的10%。由定向募集公司转为社会募集公司者，超过此限时不得再向内部职工配售股份。社会募集公司向社会公众发行的股份，不少于公司股份总数的25%。国家另有规定的除外。

4. 外资股

外资股是指外国投资者及中国香港、澳门、台湾地区投资者投资于股份有限公司所获得的股票。外资股是指上述境外投资者以外汇进行买卖的股票，包括人民币特种股票B股和在香港上市的H股等。

B股即境内人民币特种股票，是一种以人民币标明股票面值，原是仅供境外投资者以外汇买卖的股票，现在也允许境内的法人和个人买卖B股，但买卖必须用合法现汇资金。目前上海证券交易所的B股以美元为交易工具，深圳证券交易所的B股以港元为交易工具。

H股是指内地的企业发行在香港交易及结算所有限公司（香港联交所）上市流通的股票，它专供境外投资者买卖交易。

除H股以外，还有在纽约上市的N股和在新加坡上市的S股，它们都是以上市地的第一个英文字母命名的。

二、股票的价值

投资于股票预期获得的未来现金流量的现值，即为股票的价值或内在价值、理论价格。股票是一种权利凭证，它之所以有价值，是因为它能给持有者带来未来的收益，这种未来的收益包括各期获得的股利、转让股票获得的价差收益、股份公司的清算收益

等。价格小于内在价值的股票，是值得投资者投资购买的。股份公司的净利润是决定股票价值的基础。股票给持有者带来的未来收益一般是以股利形式出现的，因此也可以说股利决定了股票价值。

股票估价模型内容参见项目三中的"股票的股价"。

三、股票投资的收益率

1. 股票收益的来源

股票投资的收益由股利收益、股利再投资收益、转让价差收益三部分构成。并且只要按货币时间价值的原理计算股票投资收益，就无须单独考虑再投资收益的因素。

2. 股票的内部收益率

股票的内部收益率是使得股票未来现金流量贴现值等于目前的购买价格时的贴现率，也就是股票投资项目的内含报酬率。股票的内部收益率高于投资者所要求的最低报酬率时，投资者才愿意购买该股票。在固定增长模式中，用股票的购买价格 P_0 代替内在价值 V_s，有

$$R = \frac{D_1}{P_0} + g$$

从上式可以看出，股票投资的内部收益率由两部分构成：一部分是预期股利收益率 $\frac{D_1}{P_0}$，另一部分是股利增长率 g。

如果投资者不打算长期持有股票，而将股票转让出去，则股票投资的收益由股利收益和资本利得（转让价差收益）构成。这时，股票的内部收益率 R 是使股票投资净现值为零时的贴现率，计算公式为

$$\text{NPV} = \sum_{t=1}^{n} \frac{D_t}{(1+R)^t} + \frac{P_t}{(1+R)^n} - P_0 = 0$$

【例 6-3】 某投资者 2016 年 5 月购入 A 公司股票 1 000 股，每股购价 3.2 元；A 公司 2017、2018、2019 年分别派发现金股利 0.25 元/股、0.32 元/股、0.45 元/股；该投资者 2019 年 5 月以每股 3.5 元的价格售出该股票。要求：计算 A 公司股票的内部收益率。

解：设 A 公司股票的内部收益率为 R，则有

$$\text{NPV} = \frac{0.25}{1+R} + \frac{0.32}{(1+R)^2} + \frac{0.45}{(1+R)^3} + \frac{3.5}{(1+R)^3} - 3.2 = 0$$

当 $R = 12\%$ 时，$\text{NPV} = 0.0898$

当 $R = 14\%$ 时，$\text{NPV} = -0.0683$

用插值法计算，$R = 12\% + (14\% - 12\%) \times \frac{0 - 0.0898}{-0.0683 - 0.0898} = 13.14\%$

四、股票投资的优缺点

1. 股票投资的优点

（1）拥有被投资公司一定的经营控制权。当股票投资者将资金投资于一家股份公司

后，他就成为这家公司的股东并拥有股东的一切权利和义务，有权监督和控制企业（根据所拥有的股份多少）的生产经营情况。如果股票投资者想控制这家公司，就可以收购这家公司的股票。

（2）能取得较高的投资收益。虽然股票投资的风险较大，股票的价格也会随着各种影响因素的变化而变化，但从长远来看，绩优股票的价格总是上涨的居多。因此，只要注意选择在绩优股上涨阶段进行投资，则股票投资与其他有固定收益的证券投资相比，能适当降低购买力风险。

2. 股票投资的缺点

与其他证券投资相比，股票投资的主要缺点是投资风险较大。这主要是由股票的特性决定的。①由于股票的市场价格受诸多因素的影响，很不稳定，这使股票投资具有较大的风险；②由于普通股对企业资产的求偿权和盈利的分配权均居后，企业一旦破产，股东所受的损失可能会很大。另外，股票投资的收益也不稳定，因为股份公司分配给股东股利的多少，是根据企业的经营状况和经营战略及企业的财务状况而确定的。因此，投资于股票，风险也比其他有固定收益的证券投资的大。

同 步 测 试

一、单项选择题

1. 假设 A 公司股利的逐年增长率是 10%，A 公司 2020 年支付的每股股利是 0.5 元，2020 年年末的股价是 40 元/股，股东此时长期持有该股票的内部收益率是（　　）。

　　A. 10%　　　　B. 11.25%　　　　C. 12.38%　　　　D. 11.38%

2. 某上市公司预计未来 5 年股利高速增长，然后转为正常增长，则下列各种普通股评价模型中，最适宜于计算该公司股票价值的是（　　）。

　　A. 半固定增长模式　　　　　　B. 零增长模式

　　C. 阶段性增长模式　　　　　　D. 股利固定增长模型

3. 估算股票价值时的折现率，不能使用（　　）。

　　A. 股票市场的平均收益率　　　B. 债券收益率加适当的风险报酬率

　　C. 国债的利息率　　　　　　　D. 投资人要求的必要报酬率

4. ABC 公司平价购买刚发行的面值为 1 000 元（5 年期、每半年支付利息 40 元）的债券，该债券按年计算的持有至到期日的实际年内含报酬率为（　　）。

　　A. 4%　　　　B. 7.84%　　　　C. 8%　　　　D. 8.16%

5. 某股票的未来股利不变，当股票市价低于股票价值时，则股票内含报酬率与投资人要求的最低报酬率相比（　　）。

　　A. 较高　　　　　　　　　　　B. 较低

　　C. 相等　　　　　　　　　　　D. 可能较高也可能较低

二、多项选择题

1. 与实体项目投资相比,证券投资具有的特点有( )。
   A. 价值虚拟性　　B. 可分割性　　C. 持有目的多元性　　D. 强流动性
2. 下列关于债券价值的说法中正确的有( )。
   A. 溢价发行的债券,债券价值对市场利率的变化较为敏感
   B. 折价发行的债券,债券价值对市场利率的变化较为敏感
   C. 对于长期债券来说,溢价债券的价值与票面金额的偏离度较高
   D. 对于短期债券来说,折价债券的价值与票面金额的偏离度较高
3. 债券A和债券B是两只刚发行的每年付息一次的债券,两只债券的面值、票面利率、市场利率均相同,以下说法中正确的有( )。
   A. 若市场利率高于票面利率,偿还期限长的债券价值低
   B. 若市场利率低于票面利率,偿还期限长的债券价值高
   C. 若市场利率高于票面利率,偿还期限短的债券价值低
   D. 若市场利率低于票面利率,偿还期限短的债券价值高
4. 下列说法中正确的有( )。
   A. 即使票面利率相同的两种债券,由于付息方式不同,投资人的实际经济利益也有差别
   B. 如不考虑风险,债券价值大于市价时,买进该债券是合算的
   C. 债券以何种方式发行最主要的是取决于票面利率与市场利率的一致程度
   D. 投资长期溢价债券,容易获取投资收益但安全性较低,利率风险较大
5. 与股票内在价值呈反方向变化的因素有( )。
   A. 股利年增长率　　　　　　　　B. 年股利
   C. 期望的最低收益率　　　　　　D. 风险报酬系数

三、判断题

1. 一种10年期的债券,票面利率为10%;另一种5年期的债券,票面利率也为10%。两种债券的其他方面没有区别。在市场利率急剧下降时,前一种债券价格上升更多。( )
2. 如果不考虑影响股票价值的其他因素,零增长股票的价值与贴现率成正比,与预期股利成反比。( )
3. 股票的价值是指其实际股利所得和资本利得所形成的现金流入量的现值。( )
4. 当票面利率与市场利率相同时,债券期限变化不会引起平价发行债券价值的变动。( )
5. 如果等风险债券的市场利率不变,按年付息,那么随着时间向到期日靠近,溢价发行债券的价值会逐渐下降。( )

四、计算题

1. 某公司在2021年1月1日平价发行新债券,每张面值1 000元,票面利率10%,

5年到期,每年12月31日付息。要求:

(1) 计算2021年1月1日购买该债券并持有债券至到期日的内含报酬率是多少?

(2) 假定2022年1月1日的市场利率下降到1%,那么此时债券的价值是多少?

(3) 假定2022年1月1日的市价为1 040元,此时购买该债券并持有债券至到期日的内含报酬率是多少?

2. ABC公司最近刚刚发放的股利为2元/股,预计A公司近两年股利稳定,但从第三年起估计将以2%的速度递减,若此时无风险报酬率为6%,整个股票市场的平均收益为10%,ABC公司股票的风险报酬系数为2,若公司目前的股价为12元/股。要求:

(1) 计算股票的价值。

(2) 若公司准备持有2年后将股票出售,预计售价为13元,计算股票投资的内含报酬率。

五、案例分析题

银行可转换债券的发行

2020年11月9日,证监会官网披露,中国证券监督管理委员会第十八届发行审核委员会2020年第161次发审委会议对上海银行发行可转债事项进行审核,根据审核结果,该行获审核通过。根据发行安排,该行此次拟公开发行200亿元可转债,扣除相关发行费用后募集资金将用于支持上海银行未来业务发展,在可转债持有人转股后按照相关监管要求用于补充核心一级资本。

除上海银行外,同期还有4家银行可转债发行进程推进。11月6日,证监会披露对苏州银行发行可转债的反馈意见,要求该行就公司治理、理财业务风险、投资业务风险等13项反馈意见进行回复。11月3日晚杭州银行公告表示,近日该行收到证监会出具的《中国证监会行政许可申请受理单》。10月28日,南京银行公告,拟发行总额不超200亿元可转债,扣除发行费用后将全部用于支持公司未来各项业务发展,在可转债持有人转股后按照相关监管要求用于补充公司核心一级资本。而9月末,民生银行已经回复了监管的反馈意见。

在光大银行金融市场部分析师周茂华看来:"突发疫情影响,银行计提拨备压力上升与银行加大实体经济支持力度,推动信贷快速扩张,以及银行表外非标资产回表压力等,2020年在商业银行盈利普遍放缓的情况下,银行补充资本金需求明显提升,尤其是资本实力相对弱的中小银行。整体看,在银行资本金补充压力不减的情况下,年底银行发行可转债的积极性依然较高。"

相比其他资本补充方式,可转债具有一定优势。可转债是普通公司债券附加转股期权的混合型资本债券,转股前仅作为普通债券并有少量额度计入资本,只有转股后才能补充核心一级资本。因附加投资者转股的选择权,可转债的票面利率低于公司债券,同时转股部分相当于发行人按照转股价格发行新股给投资者。2017年证监会明确可转债不适用18个月发行间隔限制,可转债项目可单独排队,享受审核绿色通道,刺激了商业银行发行可转债热情。此外,可转债由于具有转股特点,使可转债可以相对较低的成本发行,通常情况下采取溢价发行;发行不需要进行信用评级,发行审核流程相对简单;期限较为灵活;在触发相应条款有利条件下可以强制转股;相对于增发方式,银行发行可转债对股本稀释较缓等。

请回答：

(1) 投资可转债与传统债券投资、股票投资相比，有哪些不同点？

(2) 如果你是项目决策者，如何在不同证券投资中进行选择？

实 训 项 目

1. 创业财务计划书中证券投资决策分析

确定本组创业计划今后若干年有无证券投资计划，如有，打算进行哪些方面的证券投资？证券投资占资产的比重是多少？如何分散投资，降低证券投资风险？

2. 关于证券投资的实地调研

到本地证券营业厅实地调研，了解证券开户所需的手续。下载炒股软件模拟炒股，关注宏观经济政策对证券行情的影响。

营运资金管理

项目七

学习目标

知识目标

1. 理解营运资金的筹资组合策略。
2. 掌握现金管理持有量的确定方法。
3. 掌握应收账款信用政策的确定方法。
4. 掌握存货的经济订货批量法。
5. 熟悉 ABC 分类存货管理方法。

营运资金管理

能力目标

1. 能根据企业实际情况安排营运资金的不同筹资组合策略。
2. 能根据企业持有现金的动机与成本安排现金的最佳持有量。
3. 能根据企业与客户的不同情况确定适合企业的信用政策。
4. 能根据企业不同需要控制存货的经济订货批量并对存货进行日常管理。
5. 能结合现金、应收账款、存货日常管理的具体方法对企业理财的不足之处提出建议。

思政目标

1. 能结合实际生活体会资金的运转过程。
2. 能结合疫情背景了解企业现金流管理的方法。

导语： 本项目主要介绍财务管理过程中与投资、筹资等决策相配合的主要日常经济管理行为，包括现金管理、应收账款管理和存货管理等营运资金管理的内容。通过本项目学习，要求学生了解营运资金的特点、长短期资金的筹资组合策略，熟练掌握和灵活运用现金、应收账款、存货的具体管理方法，并能将这些方法灵活运用于企业理财实践。

任务一　营运资金管理概述

冰爽冷饮有限公司是一家冷饮、冷食生产企业，其季节性生产特点很强。一般来说，在生产经营淡季，须占用250万元的流动资产和600万元的固定资产；夏季是生产经营的高峰期，由于顾客消费需求的增长，生产量也会做相应的调整，需要额外增加价值100万元的季节性存货需求。

但是，如果企业的权益资本、长期负债的筹资额只有750万元该怎么办？如果企业无论何时的长期负债、权益资本之和总是高于850万元，例如达到1 000万元，那又该怎么办？

【引入问题】

1. 在当前激烈的市场竞争中，企业的财务主管都明白，企业所需要的资金可通过短期资本来筹集，也可通过长期资本来筹集。如何理解营运资金的筹资组合策略？

2. 企业由一种筹资组合策略调整为另一种筹资组合策略的成功关键是什么？

大多数公司用短期融资支持季节性资金需求，用长期资金来支持长期营运资本需求，这属于匹配战略。能实现以上目标当然是最理想的，但实际情况并不一定能如愿，那就需要调整企业的筹资组合策略。企业该如何应对长短期资金组合的问题呢？

一、营运资金的含义

营运资金又称循环资本，是指一个企业维持日常经营所需的资金，有广义和狭义之分。广义的营运资金是指一个企业的流动资产的总额，涉及企业所有流动资产和流动负债的管理问题。狭义的营运资金是指流动资产减流动负债后的余额。当会计人员提到营运资金的时候，一般指的是狭义的营运资金。用公式表示为

营运资金总额＝流动资产总额－流动负债总额

营运资金管理是财务管理研究的一个重要主题，其原因如下：①调研表明财务经理的大部分时间要用于公司的日常营运资本管理。②流动资产占公司全部资产一半以上，这笔投资是相对容易变化的。③销售额增长和流动资产的筹资需要之间的关系既密切又直接，销售额的增加会导致所需存货的相应增加，还可能要求现金余额的相应增加。④公司现金流量预测上的不准确性以及现金流入与现金流出的非同步性，使营运资金成为公司生产经营活动的重要组成部分。

对营运资金的管理，通常应注重其周转。营运资金周转是指企业的营运资金从现金投入生产经营开始，到最终转化为现金为止的过程。营运资金周转通常与现金周转密切相关，现金的周转过程主要包括三个方面：①存货周转期，是指将原材料转

化成产成品并出售所需要的时间;②应收账款周转期,是指将应收账款转换为现金所需要的时间;③应付账款周转期,是指从收到尚未付款的材料开始到现金支出之间所用的时间。

现金循环周期的变化会直接影响所需营运资金的数额。一般来说,存货周转期和应收账款周转期越长,应付账款周转期越短,营运资金数额就越大;相反,存货周转期和应收账款周转期越短,应付账款周转期越长,营运资金数额就越小。此外,营运资金周转的数额还受到偿债风险、收益要求和成本约束等因素的制约。

二、营运资金的特点

企业市场营销环境的内容既广泛又复杂。不同的因素对营销活动各个方面的影响和制约也不尽相同,同样的环境因素对不同的企业所产生的影响和形成的制约也会不同。

（一）流动资产和流动负债的特点

营运资金的特点体现在流动资产和流动负债的特点上。流动资产投资又称经营性投资,与固定资产投资相比,它有投资回收期短、流动性强、并存性、波动性等特点。与长期负债筹资相比,流动负债筹资具有速度快、弹性大、成本低、风险大等特点。

（二）筹资组合策略

前面章节讲到的大都是长期筹资方式,现在讲的是短期筹资方式。有关长短期资金的使用有一个组合的问题。一般来讲,流动资产占用的资金主要来源于流动负债,有时也可以用长期资金来解决。从公司资金占用的实际情况来看,长期资产是一种稳定性占用,流动资产中的一部分是稳定性占用,而另一部分是随着公司经营状况变化而变化的波动性占用。

事实上,公司的资产主要可分为固定资产、永久性流动资产、临时性流动资产三种,相应的有三种可供选择的筹资组合策略——配合（中庸）型筹资组合策略、激进（冒险）型筹资组合策略、稳健（保守）型筹资组合策略。

1. 配合（中庸）型筹资组合策略

比较适中的流动资产投资的资金配合是波动性资产由流动负债来解决,而稳定性资产则由长期资金来解决。其原则是:对于临时性流动资产,运用临时性负债筹集资金。对于永久性流动资产,运用长期负债、权益资本筹集资金。

例如,某企业在生产经营淡季,须占用300万元的流动资产和500万元的固定资产;在生产经营的高峰期,会额外增加200万元的季节性存货要求。那么企业在安排流动资产数量时,就应在正常生产经营需要量800万元的基础上,再适当加上基本流动资产保险储备量200万元。

配合（中庸）型筹资组合策略如图7-1所示。

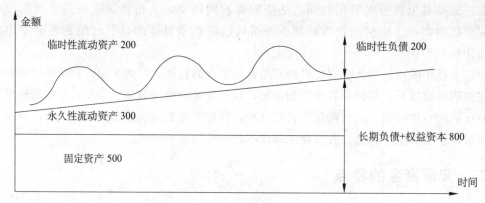

图 7-1 配合（中庸）型筹资组合策略

特点：它是一种理想的、对企业有着较高资金使用要求的长短期资金配合政策。

2. 激进（冒险）型筹资组合策略

如果公司的流动资产利用和周转水平都很好，流动资产的占用就相对较少，可将一部分流动负债资金作为公司的稳定性资产占用的资金来源，经过一段时期的应用，并无提高公司的风险，而大大提高了公司的盈利能力，公司就会采用这种激进型的资金配合策略。其原则是：临时性负债所筹集的资金不仅满足临时性流动资产的资金需要，还解决部分永久性流动资产的资金需要，其余的部分运用长期负债、权益资本筹集资金。

承上例：假设企业的权益资本、长期负债的筹资额低于 800 万元，例如只有 700 万元，那么就会有 100 万元的永久性资产和 200 万元的临时性资产要靠临时性负债融资来解决。

激进（冒险）型筹资组合策略如图 7-2 所示。

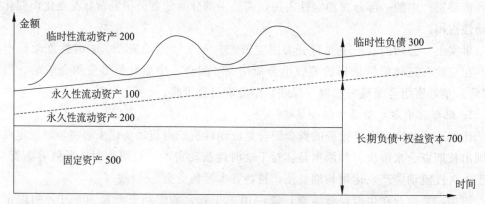

图 7-2 激进（冒险）型筹资组合策略

特点：它是一种收益性和风险性都较高的长短期资金配合政策。因为采用这种策略，公司的流动资产投资少了，可以获得较高的投资报酬率，但是财务风险较大。愿意冒风险的经理喜欢采用这种策略。

3. 稳健（保守）型筹资组合策略

如果公司收现不及时造成偿还流动负债的困难，就会通过追加长期资金的办法来弥补短期资金的不足,使公司的一部分流动资产来源于长期资金,假如这样的情况对于公司是经常发生的,那么,这种类型的公司就会采用稳健的资金配合策略。其原则是:临时性负债所筹集到的资金只能满足部分临时性流动资产的需要,而另一部分临时性流动资产和永久性流动资产,则由长期负债、权益资本作为资金来源。

例如,某企业无论何时,其长期负债、权益资本之和总是高于 800 万元,假如达到 900 万元,那么在旺季,其季节性存货只需要有 100 万元,靠当时的短期借款就可以解决了。而在淡季,多出来的 100 万元可投资于短期有价证券。

特点:它是一种收益性和风险性都较低的长短期资金配合政策。因为采用这种策略,公司的流动资产投资多了,可以降低公司的财务风险。偏好安全的经理喜欢采用这种策略。

稳健(保守)型筹资组合策略如图 7-3 所示。

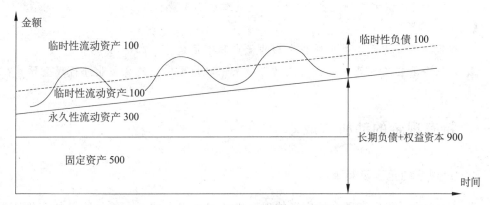

图 7-3 稳健(保守)型筹资组合策略

将营运资金的投资策略与筹资策略结合在一起,就构成了营运资金的策略组合,见表 7-1 和表 7-2。

表 7-1 营运资金的策略组合

投资策略 (按流动资产比例)	筹资策略		
	冒险型	中庸型	保守型
冒险	最冒险	冒险	中庸
中庸	冒险	中庸	保守
保守	中庸	保守	最保守

表 7-2 不同营运资金策略组合的收益与风险水平

不同营运资本管理策略	收益水平	风险水平
最冒险	最高	最高
冒险	较高	较高
中庸	一般	一般
保守	较低	较低
最保守	最低	最低

任务二 现金管理

现金管理

有一家专门销售和安装音响设备的小企业，几年来一直处于盈利状态，但很少考虑营运资金的管理。例如它从不进行现金预算。企业老板认为，按经验只要账户上一直保持 30 000 元左右的现金余额就可以基本应付日常的支付了。但有时账目上的数字也曾经大大超出 30 000 元。因为节省了现金预算的工作量，而且企业总是能够及时应付现金开支，所以老板认为这种现金管理方式比较适合小企业。

【引入问题】

1. 在现金管理方面，最小现金余额的优点和不足是什么？
2. 以该企业在支付现金方面的成功经验来论，是否应当鼓励企业进行现金预算？

一、持有现金的动机与成本

（一）现金的范围及特点

狭义的现金是指库存现金，广义的现金则还包括现金和现金等价物，如有价证券、银行存款和在途资金等，也就是货币资产。现金是一种流动性最强但无法产生盈余的资产。

根据国际惯例，现金范围包括三个方面：①库存现金，公司现时拥有的现钞，含人民币现钞和外币现钞；②活期存款，公司存在银行、随时可以支取的各种款项，含人民币存款和外币存款；③即期或到期票据，公司拥有的银行支票、银行汇票和银行本票等。

从现代理财的角度看，现金具有如下特点：①现金是流动性最强的资产，具有普遍的可接受性；②现金是一种无法产生盈余的资产，是企业的资产中被贪污和行窃者觊觎的重点对象；③现金是具有购买力变动风险的资产。

现金的管理要求包括四个方面：①钱账和章证分管，确保现金的安全完整；②严格遵守现金收支范围和银行结算制度；③加速现金流入，减缓现金流出；④加强现金的余额管理，确定最佳现金余额或最佳现金持有量。

（二）企业持有现金的动机

这里所谓的现金，可以看作是一种备用金。企业每天都要置存一部分货币资金，以备急用。19 世纪末 20 世纪初英国伟大的经济学家凯恩斯认为，置存现金的原因在于满足交易动机、预防动机和投机动机。

1. 交易动机

交易动机也叫经营性需要，是指需要有现金支付日常业务开支。虽然公司经常有收入，但是收入很难与支出同步。例如，某日销售收入 2 万元，但同一天有一笔本息合计 4 万元的债务到期，假设该公司在银行没有存款余额，则会产生偿债风险。

2. 预防动机

预防动机是指为了应付意外情况而必须持有现金。一个公司对未来将会发生的收支活动很难预计。特别是现金波动量较大的公司，必须持有一定量的货币资金以防突然性的需要。反之，波动较小的公司，可以少留一些预防性资金。如果公司从银行借款较方便，也可以少留一些现金。

3. 投机动机

投机动机的目的在于应付不寻常的购买机会，以获取更多的利润。如购买廉价原材料、股价落到最低点时买进股票。

企业除以上三项原因持有现金外，也会基于满足将来某一特定要求的特殊性考虑。例如，公司持有充足的现金以便获得商品交易中的现金折扣，从而获得更多的收益；公司持有充足的现金可以维持与提高公司的信用等级，在评定公司的信用等级或进行公司信用分析时，现金的绝对额与相对数是一项很重要的因素；公司持有充足的现金可以有效地提高公司在商业竞争中的灵活性。

（三）企业持有现金的成本

对企业来说，究竟持有多少现金才合适呢？现金管理是个左右为难的问题：持有少量现金可以使剩余资金用于有价证券及长期资产的投资，这可以提高企业的盈利性；但如果企业尝试持有太少现金，则将会出现现金不足情况的次数比它所希望的还频繁，交易成本较高。因此，研究现金持有量就必须涉及持有现金的成本问题。一般来说，企业持有现金的成本有以下几个方面。

1. 管理成本

管理成本是指公司因保持一定的现金余额而发生的管理费用。

2. 机会成本

机会成本是指公司因持有大量现金，不去投资有价证券而发生的机会成本。机会成本可用证券投资的利息收入来代替。

3. 短缺成本

短缺成本是指因现金持有量不足且又无法及时通过有价证券变现加以补充而给企业造成的损失。短缺成本随现金持有量增加而下降，一般不作考虑。

4. 转换成本

公司平时持有少量现金而大量投资于有价证券。一旦急用现金，则需经常变现手中大量的短期有价证券。证券变现（即出售证券）时要发生的交易费用，即证券变现的交易成本，也就是现金的转换成本。

现金置存太多，相对来说会降低公司的效益，造成持有现金的机会成本上升。而现金置存太少，如全部用于投资，一旦急用，就会增加变现成本。所以，企业必须根据自

己的实际情况分析确定适合自己的最佳现金持有量。

二、现金持有量的确定

1. 成本分析模式

成本分析模式是根据现金有关成本,分析预测其总成本最低时现金持有量的一种方法。运用成本分析模式确定最佳现金持有量时,只考虑因持有一定量的现金而产生的管理成本、机会成本及短缺成本,而不考虑转换成本。

运用成本分析模式确定最佳现金持有量的步骤如下。

首先,根据不同现金持有量测算并确定有关成本数值;其次,按照不同现金持有量及其有关成本资料编制最佳现金持有量测算表;最后,在测算表中找出总成本最低时的现金持有量,即最佳现金持有量。在这种模式下,最佳现金持有量,就是持有现金而产生的机会成本与短缺成本之和最小时的现金持有量。

【例 7-1】 某企业拟订了四种现金持有量方案,每种方案下的各项现金持有成本见表 7-3(该企业的投资收益率为 10%)。要求:判断该企业最佳现金持有量。

表 7-3 成本分析模式下现金持有量方案 单位:元

项 目	方案一	方案二	方案三	方案四
现金持有量	3 125	6 250	9 375	12 500
管理成本	2 500	2 500	2 500	2 500
机会成本	312.5	625	937.5	1 250
短缺成本	1 500	842.5	300	0

解:根据表 7-3 编制最佳现金持有量测算表,见表 7-4。

表 7-4 最佳现金持有量测算表 单位:元

项 目	方案一 (持有现金 3 125)	方案二 (持有现金 6 250)	方案三 (持有现金 9 375)	方案四 (持有现金 12 500)
管理成本	2 500	2 500	2 500	2 500
机会成本	312.5	625	937.5	1 250
短缺成本	1 500	842.5	300	0
总成本	4 312.5	3 967.5	3 737.5	3 750

比较表 7-4 中各方案下的现金持有量总成本发现,方案三的总成本 3 737.5 元最低,所以该企业的最佳现金持有量(即余额)应为 9 375 元。

在成本分析中,除以上方法外,还可以在坐标图中绘制各项现金持有成本及总成本模型,并据以确定最佳现金余额。具体步骤如下。

(1)在坐标图中分别描出管理成本线、机会成本线、短缺成本线。

(2)根据第一步的结果绘制总成本线。

(3)找出总成本线的最低点并向坐标横轴作引线,该引线与坐标横轴的交点即为最佳现金余额或最佳现金持有量。

例如，某企业现金持有量方案及各方案的现金持有成本资料同例 7-1，据此做出的成本分析模型，如图 7-4 所示。

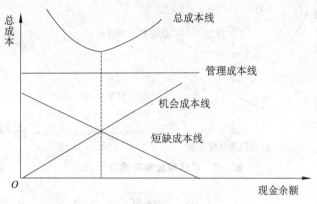

图 7-4 成本分析模型

2. 存货模式

存货模式是将存货经济订货批量模型原理用于确定目标现金持有量，其着眼点也是现金相关成本之和最低。

运用存货模式确定最佳现金持有量时，是以下列假设为前提的：企业所需要的现金可通过证券变现取得，且证券变现的不确定性很小；企业预算期内现金需要总量可以预测；现金的支出过程比较稳定、波动较小，而且每当现金余额降至零时，均通过部分证券变现得以补足；证券的利率或报酬率以及每次固定性交易费用可以获悉。

如果这些条件基本得到满足，企业便可以利用存货模式来确定最佳现金持有量。这里所说的最佳现金持有量是指能够使现金管理的机会成本与转换成本之和保持最低的现金持有量。当持有现金的机会成本与证券变现的交易成本相等时，现金管理的总成本最低，此时的现金持有量即为最佳现金持有量。因此，它是从货币资金总成本的角度来考虑现金最佳持有量。存货模式因类似于存货管理中经济订货批量的计算方法而得名。

$$现金管理总成本 = 持有成本 + 交易成本$$

平时持有大量现金，而少量投资于有价证券，则持有成本高，交易成本低。

平时持有少量现金，而经常变现有价证券，则持有成本低，交易成本高。

从图 7-5 可以看出，这两种成本的变化是反方向的。持有成本和现金持有量成正比，交易成本和现金持有量成反比。

设 F 为每次出售证券或举债的交易成本；A 为某时期内货币资金的总需求量；R 为持有现金的机会成本，即该时期有价证券的报酬率；Q 为最佳现金持有量。则

$$持有成本 = \frac{Q+0}{2} \times R = 某一时期的现金平均持有量 \times 有价证券报酬率（利率）$$

$$转换成本 = \frac{A}{Q} \times F = 最佳交易次数 \times 每次交易的固定成本$$

将两种成本的公式相加，得到 $T_c = \frac{Q}{2} \times R + \frac{A}{Q} \times F$

对其中的 Q 求导，得到最佳现金持有量模型为

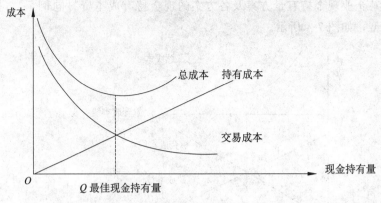

图 7-5 最佳现金持有量存货模式

$$Q = \sqrt{\frac{2AF}{R}}$$

将上式代入上面 T_c 公式得

最低现金管理总成本 $T_c = \sqrt{2AFR}$

【例 7-2】 假定某公司一个月中预期的现金支付总计为 600 万元,每次证券变现的费用为 100 元,短期证券的市场利率为 6%。要求:计算最佳现金持有量、最低现金管理总成本、转换成本和持有成本。判断该月中最适合将现金变现几次。

解:$Q = \sqrt{\dfrac{2AF}{R}} = \sqrt{\dfrac{2 \times 6\,000\,000 \times 100}{\dfrac{0.06}{12}}} = 489\,898(元)$

$T_c = \sqrt{2AFR} = \sqrt{2 \times 6\,000\,000 \times 100 \times 0.06 \div 12} = 2\,449.5(元)$

转换成本 = 持有成本 = $2\,449.5 \div 2 = 1\,224.75$(元)

最佳变现次数 = $\dfrac{A}{Q} = 6\,000\,000 \div 489\,898 \approx 12$(次)

三、现金的日常管理

企业在确定最佳现金持有量后,加强现金日常管理就可以围绕着控制现金最佳持有量来进行,但控制现金最佳持有量还必须建立一套完整的现金管理信息反馈系统。因为只有建立了完整的信息反馈系统,才能在企业发生现金运转不灵,或现金的流入流出变化导致实际的现金持有量偏离确定的最佳值时,及时采取有效的补救措施。

在具备这些条件后,加强现金的日常管理就变得简单多了。因为,企业现金持有量偏高只需开支掉就可以了,所以,如何增加现金的持有量才是加强现金日常管理最关键的问题。增加现金持有量的方法有很多种,但归纳起来主要有以下几种。

(一) 现金回收管理

企业现金收入的主要途径就是企业账款的回收,而现金回收管理的目的是尽快收回现金,加速现金的周转。因此,企业应建立销售与收款业务控制制度,并且根据成本与收益比较原则选用适当方法加速账款的回收。企业账款的回收通常需要经过四个时点：客户开出付款票据、企业收到票据、票据交存银行、企业收到现金。这样，企业账款的回收时间就由票据的邮寄时间、票据在企业停留时间、票据结算时间三个部分组成。票据在企业停留的时间可以由企业本身通过建立规章制度、奖惩激励机制等方法来控制，但对于票据邮寄时间和票据结算时间仅靠企业自身的力量是远远不够的，必须采取有效措施充分调动客户和银行的积极性，才能实现有效控制。对此，可采取以下方法。

1. 折扣、折让激励法

企业与客户之间共同寻求的都是经济利益，从这点出发，在企业急需现金的情况下，可以通过一定的折扣、折让来激励客户尽快结付账款。方法可以是在双方协商的前提下一次性给予客户一定的折让，也可以是根据不同的付款期限给出不同的折扣。例如，10天内付款，给予客户3%的折扣，20天内给予2%的折扣，30天内给予1%的折扣等。使用这种方法的技巧在于企业本身必须根据现金的需求程度和取得该笔现金后所能发挥的经济效益，以及为此而给予折扣、折让形成的有关成本，进行精确地预测和分析，从而确定出一个令企业和客户双方都能满意的折扣或折让比率。

2. 邮政信箱法

邮政信箱法又称锁箱法，它起源于西方国家，是企业为了加速现金流转而惯用的手法。具体做法是：企业在各主要城市租用专门的邮政信箱，并开设分行存款户，授权当地银行定期开箱，在取得客户票据后立即予以结算，并通过电子汇兑等最快捷的汇兑方式将货款及时拨回企业总部所在地银行。这种方法可以使客户直接将票据邮寄给客户所在地的邮箱，而不是身处异地的企业总部，它不仅缩短了票据的邮寄时间，还免除了公司办理收账、货款存入银行等手续，从而有效地缩短账款收取时间。但由于被授权开启邮政信箱的当地银行不可能免费提供服务，它不仅要求扣除相应的补偿性余额，还要加收办理额外服务的劳务费用。这样，企业的现金成本必然增加很多。因此，是否采用邮政信箱法，必须视企业提前收取这笔资金后所能产生的经济效益与预计为此增加的成本大小而定。收益大于成本的可以采用，反之则不必采用。而且即便决定采用此方法也不能过于盲目，必须根据企业以前年度的销售情况进行分析，归纳统计出企业主要客户网点，然后对各客户网点逐一进行模拟测试，再根据模拟测试的结果和该网点客户与企业业务往来的频率，来确定设立特定用途的邮政信箱。另外，设立邮政信箱的使用期限也必须有效地加以控制。

3. 银行业务集中法

银行业务集中法是一种通过建立多个收款中心来加速现金流转的方法。其具体做法是：企业指定一个主要开户行（通常是指定企业总部所在地的基本结算开户行）为集中银行，然后在收款额较为集中的各营业网点所在区域设立收款中心，客户收到账单后直接与当地收款中心联系，办理货款结算，中心收到货款后立即存入当地银行，当地银行在进行票据交换后，立即转给企业总部所在地的集中银行。

这种方法的优点是可以缩短客户邮寄票据所需时间和票据托收所需时间，同时缩短现金从客户到企业的中间周转时间；其缺点同样是由于多处设立收款中心，相应增加了现金成本。企业应在权衡利弊得失的基础上，做出是否采用银行业务集中法的决策，这需要计算分散收账收益净额。

分散收账收益净额＝(分散收账前应收账款投资额－分散收账后应收账款投资额)×企业综合资金成本率－因增设收账中心每年增加费用额

这种方法在技巧上除可以采用与邮政信箱法相同的方式外，还可以将各网点的收款中心业务直接委托给当地银行办理，这样既减少了中间环节，又节省了人力、财力。

4. 大额款项专人处理法

大额款项专人处理法是通过企业设立专人负责制度，将现金收取的职责明确落实到具体的责任人，在责任人的努力下，提高办事效率，从而加速现金流转速度。这种方法的优点是便于管理，缺点是缩短的时间相对较少，也会增加相应的现金成本。采用这种方法时，必须保持人员的相对稳定，因为处理同样类型的业务，有经验的人通常比没有经验的更方便、快捷。

5. 其他方法

除上述方法外，现金回收管理的方法还有很多，如电子汇兑、企业内部往来多边结算、减少不必要的银行账户等。

(二) 现金支出管理

现金支出管理的症结所在是现金支出的时间。从企业角度而言，与现金收入管理相反，尽可能地延缓现金的支出时间是控制企业现金持有量最简便的方法。当然，这种延缓必须是合理合法的，而且是不影响企业信誉的；否则，企业延期支付所带来的效益必将远小于为此而遭受的损失。通常，企业延期支付账款的方法有以下几种。

1. 推迟支付应付账款法

一般情况下，供应商在向企业收取账款时，都会给企业预留一定的信用期限，企业可以在不影响信誉的前提下，尽量推迟支付的时间。一般采用的方法是在信用期的最后一天支付。

2. 汇票付款法

汇票付款法是在支付账款时，可以采用汇票付款的尽量使用汇票，而不采用支票或银行本票，更不是直接支付现钞。因为在使用汇票时，只要不是"见票即付"的付款方式，在受票人将汇票送达银行后，银行还要将汇票送交付款人承兑，并由付款人将一笔相当于汇票金额的资金存入银行，银行才会付款给受票人，这样就有可能合法地延期付款。而在使用支票或银行本票时，只要受票人将支票存入银行，付款人就必须无条件付款。

3. 合理利用"浮游量"

现金的浮游量是指企业现金账户上现金金额与银行账户上所示的存款额之间的差额。有时，企业账户上的现金余额已为零或负数，而银行账户上的该企业的现金余额还有很多。这是因为有些企业已开出的付款票据，银行尚未付款出账，而形成的未达账项。对于这部分现金的浮游量，企业可以根据历年资料进行合理的分析预测，有效加以利用。要点是预测的现金浮游量必须充分接近实际值，否则容易开出空头支票。

4. 分期付款法

对企业而言，无论是谁都不能保证每一笔业务都能做到按时足额付款，这是常理。因此，如果企业与客户是一种长期往来关系，彼此间已经建立了一定的信用，那么在出现现金周转困难时，适当地采取"分期付款"的方法，客户是完全可以理解的。但拒绝支付又不加以说明，或每一笔业务无论金额大小都采用"分期付款法"，则对客户的尊重和信用度就会大打折扣。因此，企业可采用大额分期付款、小额按时足额支付的方法。另外，采用分期付款方法时，一定要妥善拟订分期付款计划，并将计划告之客户，且必须确保按计划履行付款义务，这样就不会失信于客户。

5. 改进工资支付方式法

企业每月发放职工工资时，都需要大笔现金，而这大笔的现金如果在同一时间提取，则在企业现金周转困难时会使企业陷入危机。解决此危机的方法就是最大限度地避免这部分现金在同一时间提取。因此，企业可在银行单独开设一个专供支付职工工资的账户，然后预先估计开出支付工资支票到银行兑现的具体时间与大致金额。举例说明如下。

某企业在每月10日发放工资，而根据多年经验判断，工资发放不可能在10日一天结束，通常10日、11日、12日、12日以后各期的兑现率分别为30%、25%、20%、25%，这样企业就不必在10日足额开出支付工资支票的金额，而开出月工资的30%即可，这样节余下的现金可用于其他支出。

6. 外包加工节现法

对于生产型企业，特别是工序繁多的生产型企业，可采取部分工序外包加工的方法，有效地节减企业现金。举例说明如下。

某生产型企业，其元器件、零部件的采购需要支付采购成本，加工则需要支付员工的工资费、保险费，生产线的维护、升级等也同样需要占用大量的流动资金，这样就可以采取外包加工的方法。外包后，只需要先付给外包单位部分定金即可。在支付外包单位的账款时，还可以采用上述诸方法合理地延缓付款时间。

（三）闲置现金投资管理

企业在筹集资金和经营业务时会取得大量的现金，这些现金在用于资本投资或其他业务活动之前，通常会闲置一段时间。对于这些现金，如果让其一味地闲置就是一种损失、一种浪费。因此，可将其投入流动性高、风险性低、交易期限短，且变现及时的投资上，以获取更多的利益，如金融债券投资、可转让大额存单、回购协议等，但股票、基金、期货等投资虽然可行，因风险较大而不提倡。

值得强调的是，近年来，我国的网上支付已经进入速度较快的成长阶段。随着电子商务等对网上支付的需求增强，支付宝、微信等第三方支付平台的市场规模增长迅速，导致我国网上支付的市场规模持续扩大，一些地区已经开始试行数字货币，企业可以通过网上银行等方便、高效、快捷的方式完成电子收付，实现资金结算、转账、信贷等活动。虽然网上支付等还存在安全性、认证等方面的问题，但是纸质货币被电子货币代替而引发的结算革命是大势所趋。因此，企业应该顺应形势，变革现金管理方式。

任务三 应收账款管理

金昂机械制造企业是一家合伙企业，为了应付激烈的竞争，平时全部采用赊销方式进行销售。它依靠成功的经营获得了不菲的利润。它给客户开出的信用条件是30天内支付销售款。但是据统计，实际情况是这样的：按赊销金额计算，60%的客户在30天内付款，30%的客户在60天内付款，6%的客户在90天内付款，另有4%的坏账损失。有合伙人提出用提供现金折扣的方法吸引客户提早付款，可是具体执行起来成本较高。所以有人说不需要，还说这是贿赂顾客放弃原先其所合法拥有的延期支付权。

【引入问题】

1. 现金折扣等同于贿赂吗？
2. 现金折扣与坏账是如何相关的？
3. 什么是现金折扣政策，你推荐使用这种政策吗？

一、应收账款的功能与成本

（一）应收账款的功能

应收账款是指企业对外销售商品或提供劳务等形成的，应收但尚未收回的，被购货单位或接受劳务单位所占用的款项，即是因赊销而产生的应收款项，包括应收销售款、其他应收款、应收票据等。产生应收账款的原因不外乎两个方面，即由于距离原因和结算原因不能及时收回账款和采用赊销手段促销。在此，我们一般只研究后一种情况。采用赊销手段促销可以增强企业竞争力，扩大销售量，增加销售收入。但也有可能形成坏账损失。

归纳起来，应收账款的功能主要表现在以下两个方面。

（1）增加销售，提高市场竞争能力。在银根紧缩、市场疲软和资金匮乏的情况下，赊销的促销作用是十分明显的。特别是在销售新产品、开拓新市场时，更具有重要意义。

（2）降低存货占用，加速资金周转。

（二）应收账款的成本

企业有了应收账款，就有了坏账损失的可能。不仅如此，应收账款的增加还会造成资金成本和管理费用的增加。企业要充分认识和估算应收账款的下列三项成本。

1. 机会成本

简单地说，机会成本就是因为你持有一定数量的应收账款，致使自己丧失了某些投资机会，而造成的损失。应收账款作为企业用于强化竞争、扩大市场占用率的一项短期投资占用，明显丧失了该部分资金投入证券市场及其他方面的收入。举例说明，甲公司欠你50 000元，那么如果你将这笔应收账款用于抵押贷款，然后去投资股票，可能获得100 000元的收益，但是如果你不去投资，等到款项收回，也只有50 000元，所以这就是由于你持有应收账款而丧失了再投资的收益50 000（100 000－50 000）元。一般来说，机会成本的计算主要取决于假设的投资项目的资金成本率或收益率。即

$$机会成本＝维持赊销业务所需要的资金 \times 资金成本率$$

式中，维持赊销业务所需要的资金＝应收账款平均余额×变动成本率

$$应收账款平均余额 = \frac{赊销收入净额}{应收账款周转率}$$

$$应收账款周转率 = \frac{日历天数}{应收账款周转期}$$

简单来说，应收账款上的投资金额取决于赊销金额与平均收账期间。例如，一家公司的平均收账期间是30天，那么任何时候都将有30天价值的销售收入尚未收款，如果每天销售10 000元，那么平均而言，公司的应收账款就等于30×10 000＝300 000（元）。

2. 管理成本

企业对应收账款的全程管理所耗费的开支，主要包括对客户的资信调查费用，应收账款账簿的记录费用，收账过程开支的差旅费、通信费、人工工资、诉讼费以及其他费用。

3. 坏账成本

因为应收账款存在着无法收回的可能性，所以会给债权企业带来呆坏账损失，即坏账成本。坏账成本一般与应收账款发生的数量呈正比，即企业应收账款余额越大，坏账成本就越高。

这三种成本中，管理成本、坏账成本相对比较稳定，而且数额不大，控制起来也比较容易。那么如何做好应收账款的管理，关键就在于如何合理地控制机会成本。一方面，企业不能持有太多的应收账款，这样就会丧失很多再投资的机会，造成机会成本过大；另一方面，又不能持有很少的应收账款，造成流动资产减少，很容易形成资不抵债的危险。因此，合理地确定应收账款持有量就是关键一环了。

二、信用政策的确定

信用政策又称应收账款管理政策，是企业对应收账款进行规划和控制的基本策略和措施，包括信用标准、信用条件和收账政策三方面，也是应收账款控制的主要内容。

确定应收账款信用政策的原则主要就是在应收账款信用政策所增加的盈利和这种政策的成本之间做出权衡。

在进行应收账款信用决策时，主要应注意选择合适的信用条件、制定合理的信用政策、建立应收账款的监督系统、做好应收账款的收账管理工作。

(一) 信用标准的确定

信用标准是指顾客获得企业的交易信用所具备的条件,即用户必须具备的财务实力。因此,财务管理部门应负责确立信用标准,并以此为准绳来评估用户的财务实力,为信用政策的制订奠定基础。如果顾客达不到信用标准,便不能享受企业的信用或只能享受较低的信用标准。通常以预期的坏账损失率作为信用的判断标准。

1. 信用标准的影响因素

影响信用标准的因素主要有三个方面:①同行业的竞争状况;②企业承担违约风险的能力;③客户的信用品质。只有充分了解客户的信用品质,才能够有把握地给予对方信用,从而更好地保护企业自身利润,降低风险。

如果企业的信用标准较严,只对信誉很好、坏账损失率很低的顾客给予赊销,则会减少坏账损失和应收账款的机会成本,但同时也会减少销售量,增加库存,导致企业竞争力受到削弱;如果信用标准较宽,愿意向信誉不好的客户提供赊销,那么其产品的销售量会增加,产品的市场占有率也会提高,但同时本企业被应收账款占用的资金和遭受坏账损失的可能性都会相应增加。可见,决定最优的信用标准需要考虑信用的边际收益与边际成本,只有边际收益大于边际成本,适当放松信用标准才是可取的。很明显,此时的边际收益是指由于信用政策放宽,增加赊销而增大的销售收入。边际成本是指由于信用政策放宽,增加有关应收账款的机会成本、违约或坏账损失调整与收账成本等。总而言之,企业应根据具体情况,进行合理权衡。只有信用标准变化带来的收益大于其成本时,才可提供商业信用。

【例7-3】某企业采用现有信用政策的赊销收入为300万元,边际贡献率为20%,该企业此时生产能力处于过剩状态,无须增加固定成本即可增加产销量200万元。企业为了充分利用现有的生产规模,决定放宽信用标准,此举预计能给企业增加120万元销售额,但平均收款期会从1个月延长到6个月。再假设应收账款的机会成本为15%,新增应收账款的坏账损失率为6%。要求:判断这种情况下企业究竟应不应该放宽信用标准。

解:边际收益 $= 120 \times 20\% = 24$(万元)

边际成本 $=$ 边际机会成本 $+$ 边际坏账损失

$$= \frac{(300+120) \times (1-20\%)}{360} \times 180 \times 15\% - \frac{300 \times (1-20\%)}{360} \times 30 \times 15\% +$$

$120 \times 6\% = 29.4$(万元)

边际利润 $= 24 - 29.4 = -5.4$(万元)

通过分析可知,企业放宽信用标准并不可取,它将使企业亏损5.4万元,所以企业不应放宽信用标准。

2. 信用标准的定性评估——"6C评估法"

在西方,公司通常要对用户的信用品质进行评价,即信用评估。信用评估是根据信用调查得到的有关资料,运用特定方法,对顾客信用状况进行分析和评估。信用评估的方法很多,最常用的是"6C评估法"。

"6C评估法"是指重点分析影响信用的6个方面的一种方法。这6个方面的英文单词的首字母都是 C，所以称它为"6C 评估法"。这 6 个方面是品质（character）、能力（capacity）、资本（capital）、抵押品（collateral）、条件（condition）和持续性（continuity）。

（1）品质。品质（或品行）是指顾客的信誉，即是否愿意履行偿债义务、是否具有良好的形象。每一笔商业信用都隐含着用户对企业的付款承诺。所以，对企业来讲，对用户的品质考察最为重要。如果用户不具备良好的品质，没有付款的诚意，则该应收账款的风险势必增大，也许连偿债的可能性都没有。品质直接决定了应收账款的回收速度和回收数额。

（2）能力。能力是指企业根据用户的偿债记录、经营手段以及对用户的实际考察调研结果而对其偿债能力大小所做出的一种主观判断。

（3）资本。资本是指顾客的财务实力和财务状况，表明顾客可能偿还债务的背景。通常是根据顾客的负债比率、流动比率、速动比率等财务比率的分析指标来判断。

（4）抵押品。抵押品是指顾客为了获得商业信用而向对方提供的可作为抵押的资产。用户一旦拒付款项或无力支付款项时，则可用抵押品或其变卖收入来抵债。这对于不了解底细或信用状况有争议的顾客尤为重要。

（5）条件。条件是指可能影响顾客付款能力的外部经济环境，以及地区、行业性的特殊情况。

（6）持续性。持续性是指企业经营政策的连续性与稳定性。

3. 信用标准的定量评估

首先设定信用等级的评价标准，即根据对客户信用资料的调查分析，选取一组具有代表性的、能够说明付款能力和财务状况的若干比率，作为信用风险评价指标，并给出不同信用状况的考核标准值及其对应的拒付风险系数。

可以选用的评价指标有流动比率、速动比率、现金比率、产权比率、已获利息倍数、应收账款周转率、存货周转率、总资产报酬率、赊销付款履约情况等。

信用等级在好以上：坏账风险率为 0。

信用等级在好坏之间：坏账风险率为 5%。

信用等级在坏以下：坏账风险率为 10%。

【例 7-4】 举例说明信用标准的评估过程。

解： 首先，设定能反映客户"6C"的有关指标。主要是有关财务指标，包括流动比率、速动比率、净流动资产、负债比率、产权比率、总资产、应收账款周转率、存货周转率、销售收入、赊购偿付情况等。

其次，根据企业实际，将能反映客户"6C"的有关指标转化为量化标准，见表 7-5。

表 7-5 客户信用量化计算表

指　　标	信用好	信用差	信用好风险值	信用差风险值
流动比率	2 以上	1.5 以下	0	10
速动比率	1 以上	0.7 以下	0	10
净资产/万元	110 以上	35 以下	0	10
负债比率（负债/资产）	30% 以下	70% 以上	0	10

续表

指　标	信用好	信用差	信用好风险值	信用差风险值
产权比率（负债/产权）	1 以下	2 以上	0	10
总资产/万元	1 500 以上	300 以下	0	10
应收账款周转率	12 以上	8 以下	0	10
存货周转率	5 以上	3.5 以下	0	10
销售收入/万元	5 000 以下	2 000 以下	0	10
赊购偿付情况	及时	经常拖欠	0	10

再次，评判财务风险量化标准，在本例中风险低的，量化得分在 10 分以上；风险中等的，量化得分为 10~30 分；风险大的，量化得分在 30 分以上，需要予以特别控制。

最后，根据客户的实际资料并结合其他信息进行评估，见表 7-6。

表 7-6　客户风险量化计算表

指　标	客户信用值	客户风险值	累计风险
流动比率	2.2	0	0
速动比率	0.8	5	5
净资产/万元	725	0	5
负债比率（负债/资产）	54.69%	5	10
产权比率（负债/产权）	1.21	3	13
总资产/万元	1 600	0	13
应收账款周转率	12.5	0	13
存货周转率	6	0	13
销售收入/万元	6 300	0	13
赊购偿付情况	及时	0	13

按公司确定的信用评级标准，该客户的风险值为 13，属于风险中等的客户，公司可以对该客户授信。

（二）信用条件的决策

信用条件是指企业向对方提供商业信用时要求其支付赊销款项的条件。

1. 信用条件的构成

信用期限：是指企业允许客户从购货到付清货款的最长时间。

折扣期限：企业可按销售收入的一定比率给予客户现金折扣的付款期限。

现金折扣：是指产品售价的扣减。

【例 7-5】　信用条件 "2/10，1/20，n/30" 的意思是什么？

解：在 10 天内付款，给予 2% 的现金折扣；在 11~20 天内付款，给予 1% 的现金折扣；30 天内必须付款，不给予现金折扣。

2. 信用条件的选择

信用条件的决策原则，即比较不同的信用条件的销售收入及相关成本，最后计算出各自的净收益,并选择净收益最大的信用条件。

总计算式如下。

(年赊销额－客户享受折扣额)×边际贡献率－机会成本－管理费用－坏账损失＝净收益

或　　年赊销额－客户享受折扣额－变动成本额－机会成本－管理费用－

坏账损失＝净收益

机会成本＝应收账款平均余额×再投资比例×期望投资收益率

$$=\frac{赊销净额}{应收账款周转次数}×再投资比例×期望投资收益率$$

$$=\frac{赊销净额}{360/平均收账期}×再投资比例×期望投资收益率$$

【例 7-6】 企业为加强市场竞争,拟降低原定信用标准(可给予信用客户的坏账损失率不超过 1‰)和信用条件(信用期 1 个月,无折扣)。

现有方案 A、B,有关数据如下。

项目	A	B
可接受坏账损失率	2‰	5‰
信用条件	2/20,n/60	3/20,2/30,n/90
愿享受折扣优惠的客户	50％	40％,20％
收账费用	6 万元	9 万元

假设原方案年赊销收入 100 万元,综合边际贡献率 30％,A、B 方案可使收入递增 30％、40％,收回的应收账款有 70％用于再投资,期望投资收益率 16％,原方案收账费用 2 万元。要求:判断采用 A、B 哪个方案。

解:原方案与 A、B 两方案的净收益比较见表 7-7。

表 7-7　信用标准与信用条件决策表

序号	项目	原方案	A	B	差异	
①	赊销收入/万元	100	130	140	30	40
②	贡献毛益/万元	30	39	42	9	12
③	应收账款平均收账期/天	30	20×50％＋60×50％＝40	20×40％＋30×20％＋90×40％＝50		
④	周转率(360/③)/次	360÷30＝12	9	7.2		
⑤	平均余额(①/④)/万元	100÷12＝8.333 3	130÷9＝14.444 4	140÷7.2＝19.444 4		
⑥	增加投资(⑤×70％)/万元	5.833 3	10.111 1	13.611 1		
⑦	再投资收益(⑥×16％)/万元	0.933 3	1.617 8	2.177 8	0.684 5	1.244 5
⑧	管理费用/万元	2	6	9	4	7
⑨	坏账损失/万元	1	2.6	7	1.6	6
⑩	净收益[②－(⑦＋⑧＋⑨)]/万元	26.066 7	28.782 2	23.822 2	2.715 5	－2.244 5

A方案的净收益＞原方案的净收益＞B方案的净收益，因此选择A方案的信用标准与信用条件。

信用条件的选择，除以上直接计算比较各方案净收益的方法之外，还可以采用差量分析的方法计算信用条件变化对利润的综合影响。

【例7-7】某公司现在的信用条件是：30天内付款，无现金折扣，年度平均收现期为40天，销售收入10万元。预计下年销售利润率与本年相同，仍保持30%。现为扩大销售，若应收账款的机会成本为10%，则有A、B两个方案可供选择。

A方案：信用条件为3/10，n/20，预计销售收入增加3万元，所增加的销售额中坏账损失率为4%，客户获得现金折扣的比率为60%，平均收现期为15天。

B方案：信用条件为2/20，n/30，预计销售收入增加4万元，所增加的销售额中坏账损失率为5%，客户获得现金折扣的比率为70%，平均收现期为25天。要求：判断A、B哪个方案最优。

解：A方案如下。

① 增加销售利润＝30 000×30%＝9 000(元)

② 增加应收账款机会成本：

$$[30\ 000 \div 360 \times 15 + (15-40) \div 360 \times 100\ 000] \times 10\% = -570(元)$$

③ 增加现金折扣：130 000×60%×3%＝2 340(元)

④ 增加坏账损失：30 000×4%＝1 200(元)

⑤ 信用条件变化对利润综合影响：

$$9\ 000 - (-570 + 2\ 340 + 1\ 200) = 6\ 030(元)$$

B方案如下。

① 增加销售利润：40 000×30%＝12 000(元)

② 增加应收账款机会成本：

$$[40\ 000 \div 360 \times 25 + (25-40) \div 360 \times 100\ 000] \times 10\% = -138.89(元)$$

③ 增加现金折扣：140 000×70%×2%＝1 960(元)

④ 增加坏账损失：40 000×5%＝2 000(元)

⑤ 信用条件变化对利润综合影响：

$$12\ 000 - (-138.89 + 1\ 960 + 2\ 000) = 8\ 178.89(元)$$

因为B方案信用变化对利润的综合影响大于A方案，所以选择B方案。

（三）收账政策的确定

收账政策是指企业为催收已过期的应收账款所遵循的程序，也就是当信用条件被违反时企业采取的收账策略，具体就是指催收过期账款的步骤或程序。收账政策一般根据时间的长短来确定，分别采取暂不打扰、信函催收、电话催收、上门催讨，一直到诉诸法律的方式。如果企业收账政策太宽松，可能会令预期未付款的客户拖欠更长时间甚至赖账；如果收账政策过严，又可能得罪客户，影响正常的商务关系，因而企业采取一个适中的收账政策显得相当重要。例如企业可以规定：逾期不足10天的客户不予过多打扰；对逾期10天未付款的客户可以通过书信催收；对逾期30天以上的客户除以措辞严厉的书信催缴以外,还可电话催缴;对于逾期 90 天仍不付款的客户,则可移交专门的收账机构处理或是诉诸法律来解决。

企业制定收账政策需要做两方面的工作。第一是进行应收账款的账龄分析,主要目的是了解企业目前的应收账款中有多少尚处于信用期限内,有多少钱款超过信用期限,对超过信用期限的应收账款按拖欠时间长短进行分类分析;第二是针对不同拖欠时间的应收账款进行不同收账方式下的成本效益分析,选取经济可行的收账政策,对可能发生的坏账损失应提前做好准备。

应收账款的账龄是指未收回的应收账款所拖欠的时间,分析的重点应放在已超过信用期拖欠的应收账款上。账龄分析的方法是将应收账款按账龄分类,尤其是按被拖欠的时间分类,密切关注应收账款的回收情况。从应收账款账龄结构分析入手,通过各类不同账龄的应收账款余额占应收账款总体余额的百分比,还可以清楚地看出企业应收账款的分布和被拖欠情况,便于企业加强对应收账款的管理。

若逾期的应收账款比重较大,则依次进行下列处理:①分析产生这种情况的原因,如果属于企业信用政策的问题,应立即进行信用政策的调整;②具体分析拖欠客户的情况,搞清这些客户发生拖欠的原因是什么,拖欠的时间有多长,拖欠的金额有多少;③针对不同的情况采取不同的收账方法,制定出经济可行的收账方案;④对尚未过期的应收账款也不应放松管理和账龄分析,防止发生新的逾期拖欠。

账龄分析表格式如表 7-8 所示。

表 7-8 账龄分析表

应收账款账龄	账户数量	金额/元	百分率/%
信用期内	200	80 000	40
超过信用期 1~20 天	100	40 000	20
超过信用期 21~40 天	50	20 000	10
超过信用期 41~60 天	30	20 000	10
超过信用期 61~80 天	20	20 000	10
超过信用期 81~100 天	15	10 000	5
超过信用期 100 天以上	5	10 000	5
应收账款总额		200 000	100

利用账龄分析表,企业可以了解到以下情况。

首先,企业有多少欠款尚在信用期内。表 7-8 显示,有价值 80 000 元的应收账款处在信用期内,占全部应收账款的 40%。这些款项未到偿付期,欠款是正常的。

其次,企业有多少欠款超过了信用期,超过时间长短的款项各占多少,有多少欠款会因拖欠时间太久而可能成为坏账。表 7-8 显示,有价值 120 000 元的应收账款已超过了信用期,占全部应收账款的 60%。但是,其中拖欠时间较短(20 天内)的有 40 000 元,占全部应收账款的 20%,这部分欠款收回的可能性很大;拖欠时间较长(21~100 天)的有 70 000 元,占全部应收账款的 35%,这部分欠款的收回有一定难度;拖欠时间很长(100 天以上)的有 10 000 元,占全部应收账款的 5%,这部分欠款很可能成为坏账。对不同拖欠时间的欠款，企业应采取不同的收账方法，制定出经济可行的收账政策；对可能发生的坏账损失，则应提前做出准备，充分估计这一因素对损益的影响。

催收账款是要花费代价的，某些催款方式的费用还会很高（如诉讼费），但是收账成本与收账效益并非呈线性关系。一般情况是最初支出的收账成本也许不会使呆账减去多少，以后陆续支出的费用将对呆账损失的减少起着越来越大的作用，但是若超过这个限度，则再追加支出对进一步减少呆账损失的影响却渐趋减弱。因此，在决定收账政策时，要将收账成本和收账效益进行权衡。制定有效、得当的收账政策，很大程度上靠有关人员的经验。从财务管理的角度讲，也有一些量化的方法可供参照。根据收账政策的优劣在于应收账款总成本最小化的道理，可以通过各收账方案成本的大小对其加以选择。

【例7-8】 某企业打算改进现有收账方案，现有A、B两种方案可供选择，假定企业应收账款机会成本20%，变动成本率80%，年赊销额为720万元，有20%赊销额超过信用期需催收，A、B方案的有关情况见表7-9。要求：判断企业采用A、B哪个收账政策。

表7-9 收账费用和坏账损失情况表

方案	每年收账费用/万元	平均收账期/天	坏账损失率/%
A	10	30	2
B	15	20	1

解：A方案逾期应收账款平均余额＝30÷360×720×20%＝12（万元）

B方案逾期应收账款平均余额＝20÷360×720×20%＝8（万元）

A方案逾期应收账款机会成本＝12×80%×20%＝1.92（万元）

B方案逾期应收账款机会成本＝8×80%×20%＝1.28（万元）

A方案坏账损失额＝720×2%＝14.4（万元）

B方案坏账损失额＝720×1%＝7.2（万元）

B方案相对A方案净收益＝7.2+0.64-5＝2.84（万元）

所以企业应当采用B收账政策。

三、应收账款的日常管理

为了控制应收账款的风险，企业一般要有一套科学的日常管理方法，具体有下列几个方面。

（一）应收账款投资控制额分析

应收账款投资额的多少取决于两个因素：①信用数量的多少；②应收账款收现所需的时间。其计算公式为

应收账款投资控制额＝每日信用销售额×应收账款平均收现期

确定应收账款投资控制额，是为了在不影响业务收入的情况下，尽量降低应收账款

的占用水平。根据公式可以看出，关键在于大力缩短应收账款平均收现期。作为应收账款的管理目标，对平均收现期要有明确要求，如7~10天。

(二) 应收账款追踪分析

应收账款一旦为客户所欠，赊销企业就必须考虑如何按期足额收回的问题，要达到这一目的，赊销企业就有必要在收账之前对该项应收账款的运行过程进行追踪分析。既然应收账款是存货变现的中间环节，那么追踪分析的重点应放在赊销商品的销售与变现方面。如果客户有良好的信用品质，以赊购方式购入商品后能顺利实现销售并收回账款，那么赊销企业按期足额收回货款一般问题不大。对信誉不好、现金可调剂程度低下的客户，赊销后则应采取积极措施催收。

(三) 应收账款账龄分析

检查应收账款的实际占用天数，企业对其收回的监督，可通过编制账龄分析表进行，据此了解，有多少欠款尚在信用期内，应及时监督，有多少欠款已超过信用期，计算出超时长短的款项各占多少百分比，估计有多少欠款会造成坏账，如有大部分超期，企业应检查其信用政策。具体计算如前所述。

(四) 应收账款收现保证率分析

应收账款收现保证率是指在一定会计期间内必须收现的应收账款占全部应收账款的比重。

1. 必须收现的应收账款

必须收现的应收账款是指在一定会计期间内，为了保证企业正常的现金流转，特别是满足具有刚性约束的纳税及偿付不能展期的到期债务的需要，而必须通过应收账款收现来补充的现金，其数值等于当期必要现金支付总额与当期其他稳定可靠的现金流入总额之间的差额。

2. 计算公式

$$\text{应收账款收现保证率} = \frac{\text{当期必要现金支付总额} - \text{当期其他稳定可靠的现金流入总额}}{\text{当期应收账款总计金额}}$$

应收账款收现保证率反映了应收账款有效收现对企业现金需求补充的最低保障程度，也是企业确定的应收账款收现的最低标准。

3. 当期其他稳定可靠的现金流入总额

当期其他稳定可靠的现金流入总额是指从应收账款收现以外可以取得的其他稳定可靠的现金流入数额，主要包括短期有价证券变现净额、可随时取得的银行贷款额等。

【例7-9】 某企业本年销售收入可达到2 000万元，其中赊销收入占50%。企业生产所需材料成本为1 200万元，其中赊购比重为40%。企业的变动费用率为5%，固定费用为80万元（其中付现费用60万元），销售税金及附加为60万元，增值税税率为13%，企业所得税税率为25%。企业本年将有50万元到期债务。上年尚未收现的应收账款余额为200万元，其他稳定的现金收入为600万元。要求：计算该企业的最低应收账款收现保证率。

解：应交增值税＝(2 000－1 200)×13％＝104(万元)

应交企业所得税＝(2 000－1 200－2 000×5％－80－60)×25％＝140(万元)

其他付现成本与费用＝1 200×60％＋2 000×5％＋60＝880(万元)

预计现金总需要额＝104＋140＋60＋50＋880＝1 234(万元)

最低应收账款收现保证率＝(1 234－600)÷(2 000×50％＋200)＝52.83％

（五）建立应收账款坏账准备金制度

不管企业采用多么严格的信用政策，只要有应收账款就有发生坏账的可能性。因此，按照权责发生制和谨慎性原则的要求，企业必须对坏账发生的可能性预先进行估计，并计提相应的坏账准备金。坏账准备金的计提比例与应收账款的账龄存在着密切的关系。应收账款坏账准备金的具体计提比例可以由企业根据自己的实际情况和以往的经验加以确定。我国现行的会计制度对股份有限公司计提坏账准备金做了一些详细的规定。例如，当公司计提的比例高于40％或低于5％时，应该在会计报表附注中说明计提的比例及理由。当然，应收账款计提坏账准备金以后，坏账不一定发生。一般来讲，企业的应收账款符合下列条件之一的，应确认为坏账：债务人死亡，以其遗产清偿后仍然无法收回的部分；债务人破产，以其破产财产清偿后仍然无法收回的部分；债务人较长时间内未履行其偿债义务，并且有足够的证据表明无法收回或收回的可能性较小。应收账款计提坏账准备金以后，一旦发生坏账，要用坏账准备金核销。但是，对已确认为坏账的应收账款，并不意味着企业已经放弃了对它的追索权，一旦情况发生变化，债务人具有了偿债能力，企业就应该积极追偿。

应收账款的管理应从应收账款的形成、目标及日常管理入手。加强公司的治理，针对应收账款管理中发现的问题，采取有效的措施对企业应收账款加强管理，使企业应收账款保持一个合理水平。企业应在发挥应收账款扩大销售和减少存货的功能同时，尽可能做到持有成本最低、持有风险最小，保持合理的现金流量和较高的销售利润，以达到提高企业应收账款投资的收益率，从而不断提高企业效益，提高企业竞争力的目的。

任务四　存货管理

引导案例

对很多行业来说，存货可以自制也可以外购。至于如何选择，要根据企业的实际情况而定。浙江温州的一位生产自动门企业的周老板就主张在可能的前提下自己制作零件。例如磨具、电子板、金属夹之类的零件技术含量并不高，企业如果有这个生产能力，都要自己生产。周老板的外甥到企业实习，对这种做法不太理解，他认为既然企业自动门使用的电池和马达都要向外部供应商订购，那干脆所有零件都外购好了，这样企业可以一门心思专攻自动门新产品的升级和改造，何乐而不为呢？周老板解释：特别是生产全新产品的时候，所用的零件经常可能发生改变。而如果一直依赖外部供应，如果订单改变了，等待新零件就可能置企业于死地。而如果企业自己可以加工零件，那么只需两周左右就可以制造出完整的新产品，而且自己生产还可以更好地控制产品质量和降低成本。

【引入问题】
1. 存货自制的做法固然有优点，但有没有存在什么不足呢？
2. 企业订购存货取决于哪些前提条件？有什么具体方法？

一、存货的功能与成本

（一）存货的功能

存货是绝大多数公司的一项重要资产，是指公司在生产经营过程中为销售或者耗费而储备的各种商品和材料物资。它包括在产品、自制半成品、原材料、燃料、低值易耗品、包装物等。存货是公司流动资产中流动性较差的项目。存货的功能是指存货在企业生产经营过程中所具有的作用。企业持有存货的主要功能有四个方面：防止停工待料、适应市场变化、降低进货成本、维持均衡生产。但是过多的存货要占用较多的资金，并且会增加包括仓储费、保险费、维修费、管理人员工资等在内的各项开支。存货占用资金是有成本的。存货管理的目标是要最大限度地降低存货投资上的成本，即以最小的成本提供公司生产经营所需的存货，在两者之间作出权衡，达到最佳结合。

（二）存货的成本

存货成本是指存货所耗费的总成本，是企业为存货所发生的一切支出，主要包括进货成本、储存成本、短缺成本（缺货成本）。从理论上讲，存货成本应该包括从购入到使商品处于可供销售的地点和状态的一切直接和间接的支出。它包括商品购买时的发票价格（价目表价格扣除商业折扣）减去购货折扣；商品在运输中由买方负担的运费、保险费、税款支出和在途正常损耗等；处理费用，例如对运输中弄皱的衣服重新加以烫平的费用。

1. 进货成本

进货成本即取得成本，又分为订货成本和购置成本。订货成本中，一部分订货的固定成本与订货次数无关，如常设采购机构的基本开支；另一部分订货的变动成本与订货次数相关，如差旅费、邮费、运输费等。和订货次数相关的费用属于决策的相关成本，如差旅费等就和进货次数成正比。因为进货次数越多，需要支付的相关性订货成本也就越多，反之则越少。购置成本即采购成本，指为购买存货本身而发生的成本。计算公式如下：

总进货成本＝订货固定成本＋订货变动成本＋购置成本
　　　　　＝订货固定成本＋订货次数×每次订货费＋购置成本
　　　　　＝订货固定成本＋物资需要总量÷每次订货批量×每次订货费＋购置成本

2. 储存成本

储存成本主要包括物资占用资金的利息、仓库和运输工具的维修折旧费用、物资存储损耗等费用。其中，固定性储存成本和存货储存数量没多大关系，属于决策的无关成本；而变动性储存成本随着存货储存数量的增减而同步增减，属于决策的相关成本，和存货储存数量成正比。计算公式如下。

年储存成本＝年平均储存数量×单位存货年储存成本

3. 短缺成本（缺货成本）

短缺成本（缺货成本）是因缺货而使企业蒙受的停产损失、延误发货的信誉损失以及丧失销售机会的损失等。一般企业是不会让这种现象发生的，所以在计算经济订货批量时不予考虑。

二、经济订货批量模型

存货决策中财务部门要做的是决定订货时间和订货批量。能够使存货总成本最低的订货批量，叫作经济订货批量或经济批量。经济订货批量法是指通过计算经济合理的订货批量，从而确定企业存储总费用最低的物资储备定额的方法。它是侧重于从企业本身节约费用的角度来考虑物资储备的一种方法。

1. 经济订货批量最基本模型

经济订货批量基本模型以如下假设为前提：①企业一定时期的订货总量可以较为准确地予以预测；②存货的耗用或者销售比较均衡；③存货的价格稳定，且不存在数量折扣，订货日期完全由企业自行决定，并且每当存货量降为零时，下一批存货均能立即一次到位；④仓储条件及所需现金不受限制；⑤不允许出现缺货情形；⑥所需存货市场供应充足，不会因买不到所需存货而影响其他方面。

经济订货批量的原理和现金的最佳持有量存货模式的原理一模一样，是指能使一定时期的存货总成本达到最低点时的订货数量，即研究存货总成本最低时的一次性采购量，又称最佳采购批量。经济订货批量最基本模型有关公式如下。

存货总成本 TC＝固定订货成本＋变动订货成本＋购置成本＋固定储存成本＋变动储存成本

与批量相关的存货总成本 TC(Q)＝变动订货成本＋变动储存成本

据此可推出与批量相关的如下公式。

$$Q = \sqrt{\frac{2AB}{C}}$$

$$TC = \frac{AB}{Q} + \frac{QC}{2} = \sqrt{2ABC}$$

$$I = \frac{Q}{2}P$$

$$N = \frac{A}{Q}$$

式中，TC（Q）为经济订货批量下的存货最低总成本；Q 为经济订货批量；B 为每次订货费用；A 为存货的全年需要量；C 为单位存货年储存成本；I 为经济订货批量平均占用资金（平均存货投资）；P 为单位成本；N 为年度最佳订货批次。

【例 7-10】 A 公司预计 2000 年销售量达到 3 600 套小五金，而且该公司十分有把握达到这一目标。该批小五金的储存成本为存货购买价格的 25%，单位存货的购买价格为 40 美元，每批订货的可变订货成本为 125 美元。要求：计算经济订货批量及其该公司将要进行的平均存货投资。如果销售量减少至原来的 1/4，计算经济订货批量。

解： 经济订货批量 $Q=\sqrt{\dfrac{2AB}{C}}=\sqrt{\dfrac{2\times 3\,600\times 125}{40\times 0.25}}=300$（套）

平均存货投资 $I=\dfrac{Q}{2}\cdot P=\dfrac{300\times 40}{2}=6\,000$（美元）

如果销售量减少至原来的 1/4，则

经济订货批量 $Q=\sqrt{\dfrac{2AB}{C}}=\sqrt{\dfrac{2\times 900\times 125}{40\times 0.25}}=150$（套）

注意：如该公司的销售额减少至原来的 1/4（即由 3 600 套变到 900 套），则经济订货批量将减少至原来的 1/2（即由 300 套变为 150 套）。如销售增长 4 倍，则只能够导致存货增加 2 倍。一般的规则是经济订货批量将随着销售额的平方根的增长而增长，因此，销售额的任何增长都会引起存货相应比例增长。财务人员在确定存货控制标准时，应该牢记这一点。

【例 7-11】 某公司每年出售 600 双鞋，每双鞋的订货价格 10 元。单位存货年储存成本为存货价值的 30%，每次订货的固定成本为 20 元。要求：

(1) 计算经济订货批量。

(2) 假设不考虑固定订货成本、购置成本、固定储存成本，当订货量为经济订货批量时，计算年存货总成本。

解：(1) 经济订货批量 $Q=\sqrt{\dfrac{2AB}{C}}=\sqrt{\dfrac{2\times 600\times 20}{10\times 0.3}}=89.44$（双）

(2) 年存货总成本 TC＝变动订货成本＋变动储存成本

$$=\dfrac{AB}{Q}+\dfrac{QC}{2}=\dfrac{600}{89.44}\times 20+\dfrac{1}{2}\times 89.44\times 10\times 30\%$$

$$=134.16+134.16=268.32（元）$$

2. 有数量折扣时的经济订货批量模型

在有数量折扣的经济订货批量模式下，需要考虑的相关成本包括购置成本、变动订货费用和变动性储存成本。计算的基本步骤如下。

(1) 按照经济订货批量基本模型确定经济订货批量。

(2) 计算按经济订货批量订货时的存货总成本。

(3) 计算按给予数量折扣的不同批量订货时的存货总成本。

(4) 比较不同批量订货时的存货总成本。此时，最佳订货批量就是使存货总成本最低的订货批量。

计算公式如下。

购置成本＝存货的全年需要量×单价＝AP

变动性订货费用＝年订货次数×每次订货费用＝$\dfrac{AB}{Q}$

变动性储存成本＝年平均存储数量×单位存货年储存成本＝$\frac{QC}{2}$

【例 7-12】 某企业甲材料的年需要量为 16 000kg，每千克标准价为 20 元。销售企业规定：客户每次购买量不足 1 000kg 的，按照标准价格计算；每次购买量为 1 000kg 以上、2 000kg 以下的，价格优惠 2%；每次购买量为 2 000kg 以上的，价格优惠 3%。要求：计算经济订货批量。已知：每次订货费用为 600 元，单位材料的年储存成本为 30 元。

解： 按经济订货批量最基本模型确定的经济订货批量为

$$Q=\sqrt{\frac{2AB}{C}}=\sqrt{\frac{2\times 16\,000\times 600}{30}}=800(\text{kg})$$

每次订货 800kg 时的存货总成本＝16 000×20＋16 000÷800×600＋800÷2×30
　　　　　　　　　　　　　　　＝344 000(元)

每次订货 1 000kg 时的存货相关总成本＝16 000×20×(1－2%)＋16 000÷1 000×
　　　　　　　　　　　　　　　　　　600＋1 000÷2×30＝338 200(元)

每次订货 2 000kg 时的存货相关总成本＝16 000×20×(1－3%)＋16 000÷2 000×
　　　　　　　　　　　　　　　　　　600＋2 000÷2×30＝345 200(元)

通过比较发现，每次订货为 1 000kg 时的存货相关总成本最低，所以此时最佳经济订货批量为 1 000kg。

三、再订货点

1. 再订货点的概念

一般情况下，公司的存货不能做到随用随时补充，因此不能等存货用光再去订货，而需要在没有用完前提前订货。在提前订货的情况下，公司再次发出订货单时，尚有存货的库存量称为再订货点，用 R 来表示，它的数量等于交货时间（L）和每日平均需用量（d）的乘积，即为

$$R=Ld$$

假设公司订货日至到货期的时间为 10 天，每日存货需要量 30 件，则

$$R=Ld=10\times 30=300(\text{件})$$

即公司在尚存 300 件存货时，就应当再次订货，等到下批订货到达时，原有库存刚好用完。此时，有关存货的每次订货量、订货次数、订货间隔时间等均无变化。也就是说，订货提前期对最佳订货量并无影响，只是在达到再订货点（300 件）时即发出订货单罢了。

2. 基本模型扩展一：存货陆续供应和使用

建立基本模型时，假设存货一次全部入库，而事实上，各批存货可能陆续入库。在这种情况下，需要对基本模型做一些修改。设每日送货量为 P，每日耗用量为 d，则每批货（Q）全部送达所需日数为 Q/P，称为送货期，送货期内全部耗用量为 $Q/(Pd)$，每批送完时，最高存量为 $Q-Q/(Pd)$，平均存量为 $1/2\,[Q-Q/(Pd)]$，这样，与批量有关的总成本为

$$TC = \frac{A}{Q} \times B + \frac{Q}{2} \times \left(1 - \frac{d}{P}\right) \times C_c$$

求导得出存货陆续供应和使用的最佳订货批量公式及总成本公式分别如下。

$$Q^* = \sqrt{\frac{2AB}{C} \times \frac{P}{P-d}}$$

$$TC(Q^*) = \sqrt{2ABC\left(1 - \frac{d}{P}\right)}$$

存货陆续供应和使用的最佳订货批量模型见图7-6。

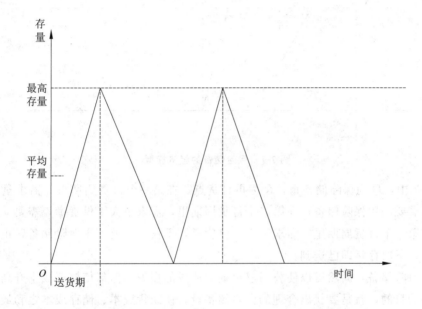

图 7-6 存货陆续供应和使用的最佳订货批量模型

【例 7-13】 某公司某种存货年需用量 10 800 件，每日送货量为 80 件，每日耗用量为 30 件，每次订货费用 120 元，单件存货储存成本 5 元。要求：计算最佳订货批量和总成本。

解：$A=10\ 800$ 件，$B=120$ 元，$C=5$ 元，$P=80$ 件，$d=30$ 件，应用上述公式得到如下计算结果。

$$Q^* = \sqrt{\frac{2 \times 10\ 800 \times 120}{5} \times \frac{80}{80-30}} = 910(件)$$

$$TC(Q^*) = \sqrt{2 \times 10\ 800 \times 120 \times 5 \times \left(1 - \frac{30}{80}\right)} = 2\ 846(元)$$

3. 基本模型扩展二：保险储备

以上讨论假定存货的供需稳定且确知，即每日需求量不变，交货时间也固定不变。实际上，每日需求量可能发生变化，交货时间也可能发生变化。按照某一订货量和再订货点发出订单后，如果需求增大或送货延迟，就会发生缺货。为防止由此造成的损失，就需要多储备一些存货以备应急之用，这称为保险储备。这些存货正常情况下不动用，只有当存货过量使用或送货延迟时才动用。

保险储备的经济模型见图 7-7。

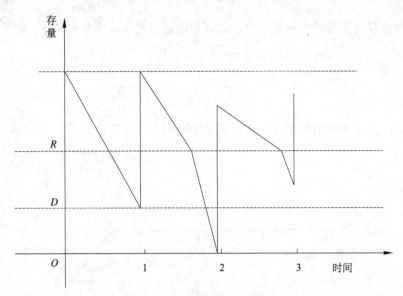

图 7-7 保险储备的经济模型

图 7-7 中，D 为保险储备量，R 为再订货点。在第一个订货周期里，需求量等于供货量，不需要动用保险储备；在第二个订货周期里，需求量大于供货量，需要动用保险储备；在第三个订货周期里，需求量小于供货量，不仅不需要动用保险储备，正常储备还未用完，下次存货即已送到。

建立保险储备，固然可以使公司避免缺货造成的损失，但却使储存成本升高。研究保险储备的目的，就是要找出合理的保险储备量，使缺货成本、储存成本之和最小。在分析决策时，可先计算出各不同保险储备量的总成本，然后再比较总成本，选定其中最低的。

假设与此相关的总成本为 $TC(S, D)$，单位缺货成本为 Ku，一次订货缺货量为 S，年订货次数为 N，保险储备量为 D，单位储存成本为 C，则

$$TC(S, D) = KuSN + DC$$

现实中，缺货量 S 具有概率性，其概率性可根据历史经验估计得出，保险储备量可选择而定。

【例 7-14】 某公司年需要量 10 800 件，单位存货储存成本 5 元，单位存货缺货成本 10 元，交货时间 10 天，已计算出最佳订货量 720 件，每年订货次数 15 次。交货期的存货需要量及概率分布见表 7-10。要求：判断保险储备量。

表 7-10 交货期的存货需要量及概率分布

需要量/件	270	280	290	300	310	320	330
概率	0.01	0.04	0.25	0.4	0.25	0.04	0.01

解：首先，计算不同保险储备量的总成本。

① 不设置保险储存量，即以 300 件为再订货点，假设不设置保险储备量时缺货的

期望值为 S_0，则

$$S_0=(310-300)\times0.25+(320-300)\times0.04+(330-300)\times0.01=3.6(件)$$
$$TC(S,D)=10\times3.6\times15+0\times5=540(元)$$

② 保险储备量为 10 件，即以 310 件为再订货点。

$$S_{10}=(320-310)\times0.04+(330-310)\times0.01=0.6(件)$$
$$TC(S,D)=10\times0.6\times15+10\times5=140(元)$$

③ 保险储备量为 20 件，即以 320 件为再订货点。

$$S_{20}=(330-320)\times0.01=0.1(件)$$
$$TC(S,D)=10\times0.1\times15+20\times5=115(元)$$

④ 保险储备量为 30 件，即以 330 件为再订货点。

$$S_{30}=0$$
$$TC(S,D)=10\times0\times15+30\times5=150(元)$$

然后，比较不同保险储备量的总成本，以其最低者为最佳。

当保险储备量 $D=20$ 件，即再订货点为 320 件时，总成本最低，为 115 元，故应确定的保险储备量为 20 件。

以上举例说明的是由于需求量变化引起的缺货问题。至于由于延迟交货引起的缺货，也可以通过建立保险储备量的方法来解决。确定其保险储备量时，可将延迟的天数折算为增加的需求量，计算方法类同。

四、存货的日常管理

（一）存货储存期控制

储存存货会占用资金和增加仓储管理费，而且在市场变化很快的情况下，储存期过长有可能导致企业的产品或商品滞销而给企业带来巨大损失。因此，应尽量缩短存货储存期，加速存货周转，以便提高企业经济效益、降低企业经营风险。

存货储存期控制包括存货保本储存期控制和保利储存期控制两项内容。

存货保本期是指商品从验收入库起，直到商品销售完成止，不至于发生经营亏损的最长储存期限。

存货保利期是指商品从验收入库起至商品销售完成止能够实现目标利润的最长储存期限。

计算好存货的储存期，相应的就可以有针对性地实行以下措施。

（1）凡是已过保本期的产品或商品大多属于积压滞销的存货，企业应该采取降价促销的办法，尽快将其推销出去。

（2）对超过保利期但未过保本期的存货，应当分析原因，找出对策，力争在保本期内将其销售出去。

（3）对于尚未超过保利期的存货，企业应当密切监督，防止发生过期损失。

（4）企业每隔一段时间应对各类产品的销售状况进行总结，调整企业未来的产品结构，提高存货的周转速度和投资效益。

存货储存期的计算公式为

$$存货保本储存期(天数) = \frac{毛利 - 固定储存费 - 销售税金及附加}{每日变动储存费}$$

$$存货保利储存期(天数) = \frac{毛利 - 固定储存费 - 销售税金及附加 - 目标利润}{每日变动储存费}$$

【例 7-15】 江南商厦股份有限公司经营的自行车年销售收入为 500 000 元,销售成本为 440 000 元,期间费用为 63 780 元。其中:仓储管理费用为 7 640 元,商品持有成本为 6 760 元,销售税金及附加为 1 020 元。要求:

(1) 计算自行车保本储存期。

(2) 若自行车目标利润为 8 800 元,计算保利储存期。

解:(1) 计算自行车保本储存期。

$$商品销售毛利 = 500\,000 - 440\,000 = 60\,000(元)$$

$$固定费用 = 63\,780 - 7\,640 - 6\,760 = 49\,380(元)$$

$$日变动费用 = \frac{7\,640 + 6\,760}{360} = 40(元)$$

$$自行车保本储存期 = \frac{60\,000 - 49\,380 - 1\,020}{40} = 240(天)$$

(2) 若自行车目标利润为 8 800 元,计算其保利储存期。

$$自行车保利储存期 = \frac{60\,000 - 49\,380 - 1\,020 - 8\,800}{40} = 20(天)$$

批进批出存货的盈利(或亏损)金额 = 每日变动储存费 × (保本储存天数 - 实际储存天数)

【例 7-16】 东方流通企业购进甲商品 2 000 件,单位进价(不含增值税)50 元,单位售价 65 元(不含增值税),经销该批商品的一次费用为 11 000 元,若货款均来自负债,年综合利息率 10.8%,该批存货的月保管费用率 2.4‰,销售税金及附加 800 元;该商品适用 13% 的增值税税率。要求:

(1) 计算该批存货的保本储存期。

(2) 若企业要求 8% 的投资利润率,计算保利储存期。

解:

$$保本储存期 = \frac{(65-50) \times 2\,000 - 11\,000 - 800}{50 \times (1+13\%) \times 2\,000 \times \left(\frac{10.8\%}{360} + \frac{0.24\%}{30}\right)} = 424(天)$$

$$保利储存期 = \frac{(65-50) \times 2\,000 - 11\,000 - 800 - 50 \times (1+13\%) \times 2\,000 \times 8\%}{50 \times (1+13\%) \times 2\,000 \times \left(\frac{10.8\%}{360} + \frac{0.24\%}{30}\right)}$$

$$= 213(天)$$

(二) 存货 ABC 分类管理

ABC 分类法又称帕累托分析法,也叫主次因素分析法,是项目管理中常用的一种方法。它是根据事物在技术或经济方面的主要特征,进行分类排队,分清重点和一般,从而有区别地确定管理方式的一种分析方法。由于它把被分析的对象分成 A、B、C 三类,所以又称为 ABC 分析法。

A 类，发生频率为 70%～80%，是主要影响因素。

B 类，发生频率为 10%～20%，是次要影响因素。

C 类，发生频率为 0～10%，是一般影响因素。

ABC 分类法是由意大利经济学家帕累托首创的。1879 年，帕累托在研究个人收入的分布状态时，发现少数人的收入占全部人日收入的大部分，而多数人的收入却只占一小部分，他将这一关系用图表示出来，就是著名的帕累托图。该分析方法的核心思想是在决定一个事物的众多因素中分清主次，识别出少数的但对事物起决定作用的关键因素和多数的但对事物影响较小的次要因素。

存货的 ABC 分类管理是指按一定的标准，将存货划分为 A、B、C 三类，分别采用分品种重点管理、分类别一般控制和按总额灵活掌握的存货管理方法。

分类的标准：一个是金额标准；另一个是品种数量标准。其中金额标准是最基本的。

例如，对库存商品按资金占用额进行重要性分析。

首先，收集各个存货商品的单价、数量、资金占用额等数据。

其次，对原始数据进行整理并按要求进行计算，如计算存货数、累计存货数、累计存货百分数、累计资金占用额、累计资金占用额百分数等。

最后，制作 ABC 分类表。按资金占用额的大小，由高到低对所有存货顺序排列并累计存货金额百分比：将累计金额为 60%～80% 的前若干存货定为 A 类；将接下来金额为 20%～30% 的存货定为 B 类；将其余存货定为 C 类。A 类物品是指品种少、占用资金多、采购较难的重要物品，应采取最经济的办法，实行重点管理，定时定量供应，严格控制库存。C 类物品是指品种多、占用资金少、采购较容易的次要物品，应采取简便方法管理，固定定货量。B 类物品是指处于上述两者之间的物品，应采用一般控制、定期订货、批量供应的方法。

【例 7-17】某企业共有材料 15 种，共占用资金 80 000 元，该企业存货控制采用 ABC 分类法。要求：确定 A、B、C 三类存货的控制措施。

解： 各种材料的归类情况如表 7-11 所示。

表 7-11 存货的 ABC 分类表

类 别	品种数量	品种比重/%	资金总额/元	资金比重/%
A 类存货	2	13.3	58 000	72.5
B 类存货	4	26.7	17 200	21.5
C 类存货	9	60.0	4 800	6.0
合　计	15	100.0	80 000	100.0

根据以上分类，再分别确定对 A、B、C 三类存货的不同控制措施。

ABC 分类法还可以应用到质量管理、成本管理和营销管理等各个方面。例如在营销管理中，企业在对某一产品的顾客进行分析和管理时，可以根据用户的购买数量将用户分成 A 类用户、B 类用户和 C 类用户。由于 A 类用户数量较少，购买量却占公司产品销售量的 80%，企业一般会为 A 类用户建立专门的档案，指派专门的销售人员负责

对A类用户的销售业务，提供销售折扣，定期派人走访用户，采用直接销售的渠道方式。而对数量众多，但购买量很小，分布分散的C类用户，则可以采取利用中间商间接销售的方式。

（三）存货的归口分级管理控制

存货的归口分级管理的基本原则：谁使用谁管理，谁管理谁负责。其管理方法主要有以下三个方面。

1. 企业财务部门对存货资金实行集中统一管理

首先，根据国家财务制度和财经法规，结合企业的具体情况，制定企业资金管理的各种制度。其次，认真测算企业存货资金需要量，并及时足额筹措资金。最后，对各单位的资金运用情况进行检查和分析，及时发现问题，处理问题，并按照已制定的资金管理制度对相关部门进行考核评估。

2. 实行资金的归口管理

原材料、燃料、包装物等资金归供应部门管理；在产品和自制半成品资金归生产部门管理；产成品资金归销售部门管理；工具用具占用的资金归工具部门管理；修理用备件占用的资金归各动力部门管理。

3. 实行资金的分级管理

原材料资金计划指标可分配给供应计划、材料采购、仓库保管、整理部门各业务组管理；在产品资金计划指标可分配给各车间、半成品库管理；产成品资金计划指标可分配给销售、仓库保管、产成品发运等各业务组管理。

同步测试

一、单项选择题

1. 某企业生产经营淡季采用300万元的流动资产和600万元的固定资产。在生产经营的旺季，额外增加150万元的季节性存货需求，而且企业的长期负债、权益资本的筹资额为750万元。150万元的永久性资产和150万元的临时性资产的资金需求由临时性负债解决。则其所采用的营运资金融资政策属于（　　）。

　　A. 激进型融资政策　　　　　　　B. 中庸型融资政策
　　C. 保守型融资政策　　　　　　　D. 配合型融资政策

2. 利用锁箱法和建立多个收款中心法进行现金回收管理的共同优点是（　　）。

　　A. 可以缩短支票邮寄时间　　　　B. 可以降低现金管理成本
　　C. 可以减少收账人员　　　　　　D. 可以缩短发票邮寄时间

3. 与现金持有量没有明显比例关系的是（　　）。

　　A. 资金成本　　　　　　　　　　B. 机会成本
　　C. 短缺成本　　　　　　　　　　D. 管理成本

4. "6C评估法"中的"品质"是指（   ）。
   A. 客户履约或赖账的可能性   B. 客户偿付能力的高低
   C. 客户的经济实力与财务状况   D. 不利经济环境对客户偿付能力的影响
5. 下列属于应收账款机会成本的是（   ）。
   A. 收账费用
   B. 坏账损失
   C. 对客户信用状况进行调查而支付的费用
   D. 投资于应收账款而丧失的利息收入
6. 下列描述中不正确的是（   ）。
   A. 信用条件是指企业对客户提出的付款要求
   B. 信用期限是企业要求客户付款的最长期限
   C. 收账方针是当客户违反信用条件时企业所采取的收账策略与措施
   D. 现金折扣是企业因客户预付款而给予客户的优惠
7. 经济订货批量基本模型所依据的假定不包括（   ）。
   A. 允许缺货   B. 存货单价不变
   C. 能及时补充存货   D. 集中到货
8. 下列项目属于存货储存成本的是（   ）。
   A. 进货差旅费   B. 存货储存利息成本
   C. 由于材料中断造成的停工损失   D. 入库检验费
9. 下列进货费用中与进货次数成正比例的是（   ）。
   A. 采购部门管理费用   B. 采购人员的计时工资
   C. 进货业务费   D. 预付订金的机会成本
10. 存货 ABC 分类控制法中对存货划分的最基本的分类标准为（   ）。
    A. 金额标准   B. 品种数量标准
    C. 重量标准   D. 金额与数量标准
11. 在对存货采用 ABC 分类法进行控制时，应当重点控制的是（   ）。
    A. 价格昂贵的存货   B. 数量较大的存货
    C. 占用资金较多的存货   D. 品种较多的存货

二、多项选择题

1. 在保守型的筹资组合策略中，临时性流动资产的资金来源可以是（   ）。
   A. 临时性负债   B. 长期负债   C. 其他负债   D. 权益资金
2. 企业持有现金，应力求使（   ）成本之和最小。
   A. 管理成本   B. 机会成本   C. 短缺成本   D. 资金成本
3. 企业持有现金的动机包括（   ）。
   A. 收益性动机   B. 交易性动机 C. 预防性动机 D. 投机性动机
4. 用存货模式分析确定最佳现金持有量时，应予考虑的成本费用项目有（   ）。
   A. 现金管理费用   B. 现金与有价证券的交易成本

C. 现金的持有成本　　　　　　　D. 现金短缺成本
5. 为了提高现金使用效率，企业应当（　　）。
   A. 加速收款并尽可能推迟付款　　B. 尽可能使用汇票付款
   C. 使用现金浮游量　　　　　　　D. 用现金支付工人工资
6. 企业对顾客进行资信评估应当考虑的因素主要有（　　）。
   A. 信用品质　　B. 偿付能力　　C. 资本和抵押品
   D. 经济状况　　E. 持续性
7. 企业的应收款项是企业应该收取而尚未收到的各种款项，包括（　　）。
   A. 应收账款　　B. 应收票据　　C. 应收的各种赔款
   D. 应收的各种罚款　　E. 出装包装物租金
8. 信用政策是企业关于应收账款等债权资产的管理或控制方面的原则性规定，包括（　　）。
   A. 信用标准　　B. 收账方针　　C. 坏账损失
   D. 收账费用　　E. 信用条件
9. 企业扩大信用期限会带来（　　）的增加。
   A. 边际收益　　　　　　　　　　B. 收账费用
   C. 坏账损失　　　　　　　　　　D. 应收账款占用利息
10. 下列说法正确的有（　　）。
    A. 延长信用期限一定能给企业带来利润
    B. 延长信用期限会引起应收账款机会成本、坏账损失和收账费用的增加
    C. 企业是否提供或在多大程度上提供现金折扣，主要应考虑提供折扣后所得的收益是否大于现金折扣的成本
    D. 现金折扣就是商业折扣，是为了鼓励客户多购买给予客户在价格上的优惠
11. 在存货管理的基本模型中，所应考虑的相关成本有（　　）。
    A. 订货费用　　B. 储存成本　　C. 购进成本　　D. 缺货成本

三、判断题

1. 现金浮游量是指企业实际现金余额超过最佳现金持有量之差。（　　）
2. 现金与有价证券的变动性转换成本与证券交易次数有关，属于决策相关成本。（　　）
3. 企业通过信用调查和严格信用审批制度，可解决账款遭到拖欠甚至拒付的问题。（　　）
4. 企业花费的收账费用越多，坏账损失就一定越少。（　　）
5. 存货进价又称进货成本，是指存货本身的价值，即采购单价与采购数量的乘积。（　　）
6. 信用条件是客户获得企业商业信用所应具备的最低条件，通常以预期的坏账损失率表示。（　　）
7. 企业现金管理的目的首先是使得现金获得最大的收益，其次是保证日常生产经

营业务的现金需求。 (　　)

8. 现金周转期就是存货周转期与应收账款周转期之和。 (　　)

9. 营运资金有广义和狭义之分，狭义的营运资金又称净营运资金，指流动资产减流动负债后的余额。 (　　)

10. 拥有大量现金的企业具有较强的偿债能力和承担风险能力，因此，企业单位应该尽量多地拥有现金。 (　　)

四、计算题

1. 某企业预计每周现金收入为90万元，每周现金支出为100万元，每次将有价证券转换成现金的费用为250元，有价证券利率为14%。要求：

(1) 计算最佳现金余额和每年交易次数。

(2) 如果该企业规模增加一倍，计算最佳现金余额。

2. 某公司预测年度赊销收入5 000万元，信用条件为n/30，变动成本率为70%，资金成本率为10%。该公司为扩大销售，拟订了A、B两个信用条件方案。

A方案：将信用条件放宽到n/60，预计坏账损失率为4%，收账费用80万元。

B方案：将信用条件改为2/10，1/20，n/60，估计约有70%的客户（按赊销额计算）会利用2%的现金折扣，10%的客户会利用1%的现金折扣，坏账损失率为3%，收账费用60万元。要求：假设以上两方案均使销售收入增长10%，填表7-12并确定该企业应选择何种信用条件方案。

表7-12　A、B两方案信用条件

项　目	A（n/60）	B（2/10，1/20，n/60）
年赊销额		
现金折扣		
年赊净销额		
变动成本		
信用成本前收益		
平均收账期		
应收账款周转率		
应收账款平均余额		
维持赊销所需资金		
机会成本		
收账费用		
坏账损失		
信用成本后收益		

3. 某公司本年度需耗用乙材料36 000kg，该材料购进成本为200元/kg，年度储存成本为16元/kg，平均每次订货费用为20元。要求：计算本年度乙材料的经济订货批量、经济订货批量下的相关总成本、平均资金占用额、本年度最佳订货批次。

4. 某企业每年耗用A材料7 200kg，该材料单位成本10元，单位储存成本5元，一次订货成本500元。要求：

(1) 计算最佳订货批量和一年订货次数。
(2) 如果企业每日耗用材料20kg，订货至到货时间（交货时间）15天，计算再订货点。
(3) 如果要求保险储备为100kg，计算再订货点。

5. 某商品流通企业购进甲商品1 000件，单位进价（不含增值税）50元，单位售价60元（不含增值税），经销该批商品的一次费用为10 000元，若货款均来自银行贷款，年利率6%，该批存货的月保管费用率3‰，销售税金及附加600元。要求：
(1) 计算该批存货的保本储存期。
(2) 若企业要求获得5%的投资利润率，计算保利储存期。

五、案例分析题

万通公司是近年来新成立的小型私人企业，主要经营日用品、食物、饮料等杂货的网上销售业务。但因经营不善，难逃被投资方卖掉的命运。管理层最后分析发现，扭亏为盈的关键在存货上，但各部门所持的意见大相径庭。

仓库部门和采购部门经理认为现有的库存量太高，特别对那些货架期（保鲜要求）比较短的商品来说，过期损失的负担相当大。而销售部经理则认为存货量不够导致频频缺货，越来越低的订单完成率和糟糕的服务水平限制了销售额的增加。而财务经理的分析则显示，存货在公司的资产中占用了大量的现金。

请回答：
(1) 各部门人员的观点有没有矛盾之处？反映了企业存在什么样的问题？
(2) 如果你是总经理，怎么应对现在的局面呢？

实训项目

1. 创业财务计划书中营运资金管理分析

制订本组创业财务计划未来一年的月现金预算表，并对利润和现金进行可能的盈亏分析。针对本组创业计划，安排和制定应收账款和存货的日常管理方法，并制定相关制度。

2. 关于存货管理问题的调查分析

分小组到学校周边中小型超市调查，使用ABC分类管理法对超市的商品存货进行分类管理，并有针对性地撰写一份存货管理方案。

利润分配管理

项目八

学习目标

知识目标
1. 精通剩余股利政策的计算。
2. 掌握固定或稳定增长股利政策的计算。
3. 掌握固定股利支付率政策的计算。
4. 掌握低正常股利加额外股利政策的计算。

能力目标
1. 了解利润分配的原则和制约因素。
2. 了解各种股利分配理论。
3. 理解并掌握四种股利政策。
4. 了解股利分配的程序、方式。

思政目标
1. 了解《公司法》对利润分配的规定,树立法治意识。
2. 厚植爱国主义情怀,培养奋斗精神。

导语:本项目主要介绍利润分配的有关内容。利润分配是对公司税后净利进行分派的一种行为,也是股本资本投资者获得投资报酬的重要途径之一。公司董事会以及管理者在谋求股东财富最大化的过程中,应当尊重公司投资者、尊重企业未来的发展。股利政策之所以成为公司的一项极为重要的财务政策,在于它连通了企业现金流量、企业价值与投资者财富三者之间的关系。

任务一　利润分配概述

引导案例

Wind数据显示，截至2021年2月21日，236家A股公司发布2020年业绩快报，189家公司营业收入实现同比增长，191家公司归属于上市公司股东的净利润实现同比增长，占比达80.93%。另有29家公司披露了2020年年报，25家公司营业收入实现同比增长，19家公司归属于上市公司股东的净利润实现同比增长。具体来看，在上述265家公司中，2020年归属于上市公司股东的净利润增长幅度超过10%的有156家，超过30%的有83家，超过50%的有44家，超过100%的有23家。222家公司净利润规模超过1亿元，超过5亿元的有114家，超过50亿元的有26家，超过100亿元的有16家。从行业角度看，计算机、通信和其他电子设备制造业，化工，医药制造业，食品制造业，专用设备制造业5大行业上市公司业绩表现整体较为亮眼。

部分上市公司现金分红比例大。爱美客披露，基于公司持续、稳健的盈利能力和良好的财务状况，以及对未来发展的良好预期，为积极合理回报投资者、共享企业价值，拟向全体股东每10股派发现金红利35元（含税），合计派发现金股利42 070万元。同时进行资本公积金转增股本，向全体股东每10股转增8股。年报显示，爱美客2020年实现营业收入7.09亿元，同比增长27.18%；实现归属于上市公司股东的净利润4.4亿元，同比增长43.93%。

有的上市公司分红比例较低。以沃尔核材为例，公司拟以2020年12月31日总股本为基数，每10股派发现金红利0.3元（含税），不送红股，不以公积金转增股本，剩余未分配利润结转以后年度。不少公司指出，目前正处于拓宽产业结构的重要阶段，对资金需求量较大，因此2020年不进行利润分配。秀强股份指出，公司需要加大投入，寻求新的发展机遇和利润增长点，资金需求量较大。

【引入问题】
1. 影响公司利润分配的因素有哪些？
2. 对于公司而言，利润分配有哪些不同的方式？

一、利润分配的原则

利润分配是对公司利润的所有权和占有权进行划分，保证其合理归属与运用的自处理过程。利润分配是一项十分重要的工作，它不仅影响企业的筹资和投资决策，而且涉及国家、投资者、职工等多方面的利益关系，涉及企业长远利益与近期利益、整体利益与局部利益等关系的处理与协调。通过合理的利润分配能正确处理企业与各方面的经济关系，调动各方面的积极性，促进生产的发展。由此可见，企业的利润分配具有十分重要的意义。

为合理组织企业财务活动和正确处理财务关系，企业在进行利润分配时应遵循如下原则。

1. 依法分配原则

企业的利润分配必须依法进行，这是正确处理各方面利益关系的关键。在利润分配前，首先要依法及时、足额地缴纳所得税，企业只有在缴纳所得税后才能按规定的程序进行利润分配。为规范企业利润分配行为，国家制定和颁布了若干法规，如《公司法》《企业会计准则》等。这些法律法规规定了企业利润分配的基本要求、一般程序和重要比例，企业应充分考虑执行，不得违反。

2. 兼顾各方利益原则

企业的税后利润全部归投资者所有，这既是企业的基本制度，也是企业所有者投资于企业的根本动力之所在。企业的利润离不开全体职工的辛勤劳动，职工作为利润的直接创造者，除获得工资奖金等劳动报酬外，企业还要提取公积金，用于企业后续发展的资金保证。

由此可见，企业进行利润分配时，必须兼顾企业所有者、经营者和职工的利益，调动各方面的积极性，统筹安排，既要满足维护投资者的合法权益，也要保障职工的切身利益，同时还应考虑企业自身发展的需要。

3. 分配与积累并重原则

企业进行利润分配时，应正确处理长远利益和近期利益的辩证关系，将两者有机结合起来，既要考虑企业的长远利益，也要考虑职工的近期利益，坚持分配与积累并重。考虑未来发展需要，增加企业后劲，企业除按规定提取法定盈余金外，可适当留存一部分利润作为积累。这部分留存收益虽暂时未予分配，但仍为企业所有者所有。而且，这部分积累不仅为企业扩大再生产筹措了资金，同时也增强了企业抵抗风险的能力，提高了企业经营的安全系数和稳定性，这也有利于增加对所有者的回报。

4. 投资与收益对等原则

企业分配利润应当体现"谁投资谁受益"，受益大小与投资比例相适应，即投资受益对等原则，这是正确处理与投资者关系的关键。投资者因其投资行为而享有收益权，并要求同其投资比例相适应。这就要求企业在向投资者分配利益时，应本着平等一致的原则，按照各方投入资本的多少来分配，而绝不允许发生任何一方随意多分多占的现象。这样能从根本上保护投资者的利益，鼓励投资者投资。

二、利润分配的制约因素

企业的利润分配涉及企业相关各方的切身利益，受众多不确定因素的影响，在确定分配政策时，应当考虑各种相关因素的影响，主要包括法律、公司、股东及其他因素。

（一）法律因素

为了保护债权人和股东的利益，法律法规就公司的利润分配做出了如下规定。

1. 资本保全约束

规定公司不能用资本（包括实收资本或股本和资本公积）发放股利，目的在于维持企业资本的完整性，防止企业任意减少资本结构中的所有者权益的比例，保护企业完整的产权基础，保障债权人的利益。

2. 资本积累约束

规定公司必须按照一定的比例和基数提取各种公积金，股利只能从企业的可供股东分配利润中支付。此处可供股东分配利润包含公司当期的净利润按照规定提取各种公积金后的余额和以前累积的未分配利润。另外，在进行利润分配时，一般应当贯彻"无利不分"的原则，即当企业出现年度亏损时，一般不进行利润分配。

3. 超额累积利润约束

由于资本利得与股利收入的税率不一致，如果公司为了股东避税而使得盈余的保留大大超过了公司目前及未来的投资需要时，将被加征额外的税款。

4. 偿债能力约束

偿债能力是企业按时、足额偿付各种到期债务的能力。如果当期没有足够的现金派发股利，则不能保证企业在短期债务到期时有足够的偿债能力，这就要求公司考虑现金股利分配对偿债能力的影响，确定在分配后仍然保持较强的偿债能力，以维持公司的信誉和借贷能力，从而保证公司的正常资金周转。

(二) 公司因素

公司基于短期经营和长期发展的考虑，在确定利润分配政策时，需要关注以下因素。

1. 现金流量

由于会计规范的要求和核算方法的选择，公司盈余与现金流量并非完全同步，净收入的增加并不一定意味着可供分配的现金流量的增加。公司在进行利润分配时，要保证正常的经营活动对现金的需求，以维持资金的正常周转，使生产经营得以有序进行。

2. 资产的流动性

企业现金股利的支付会减少其现金持有量，降低资产的流动性，而保持一定的资产流动性是企业正常运转的必备条件。

3. 盈余的稳定性

企业的利润分配政策在很大程度上会受盈利稳定性的影响。一般来讲，公司的盈余越稳定，其股利支付水平也就越高。对于盈利不稳定的公司，可以采用低股利政策。

4. 投资机会

如果公司的投资机会多，对资金的需求量大，那么它就很可能会考虑采用低股利支付水平的分配政策；相反，如果公司的投资机会少，对资金的需求量小，那么它就很可能倾向于采用较高的股利支付水平。此外，如果公司将留存收益用于再投资所得报酬低于股东个人单独将股利收入投资其他投资机会所得的报酬时，公司就不应多留留存收益，而应多发放股利，这样有利于股东价值的最大化。

5．筹资因素

如果公司具有较强的筹资能力，随时能筹集到所需资金，那么它会具有较强的股利支付能力。另外，留存收益是企业内部筹资的一种重要方式，它与发行新股或举债相比，不需花费筹资费用，同时增加了公司权益资本的比重，降低了财务风险，便于低成本取得债务资本。

6．其他因素

由于股利的信号传递作用，公司不宜经常改变其利润分配政策，应保持一定的连续性和稳定性。此外，利润分配政策还会受其他因素的影响，例如不同发展阶段、不同行业的公司股利支付比例会有差异，这就要求公司在进行政策选择时要考虑发展阶段以及所处行业状况。

(三) 股东因素

股东在控制权、收入和税负方面的考虑也会对公司的利润分配政策产生影响。

1．控制权

现有股东往往将股利政策作为维持其控制地位的工具。公司支付较高的股利导致留存收益减少，当公司为有利可图的投资机会筹集所需资金时，发行新股的可能性增大，新股东的加入必然稀释现有股东的控制权。所以，股东会倾向于较低的股利支付水平，以便从内部的留存收益中取得所需资金。

2．稳定的收入

如果股东依赖现金股利维持生活，他们往往要求公司能够支付稳定的股利，而反对留存过多的利润。还有一些股东认为通过增加留存收益引起股价上涨而获得的资本利得是有风险的，而目前的股利是确定的，即使是现在较少的股利，也强于未来的资本利得，因此他们往往也要求支付较多的股利。

3．避税

政府对企业利润征收所得税以后，还要对自然人股东征收个人所得税，股利收入的税率要高于资本利得的税率。一些高股利收入的股东出于避税的考虑，往往倾向于较低的股利支付水平。

(四) 其他因素

1．债务契约

一般来说，股利支付水平越高，留存收益越少，公司的破产风险加大，就越有可能损害债权人的利益。因此，为了保证自己的利益不受侵害，债权人通常都会在债务契约、租赁合同中加入关于借款公司股利政策的限制条款。

2．通货膨胀

通货膨胀会带来货币购买力水平下降，导致固定资产重置资金不足，此时，企业往往不得不考虑留用一定的利润，以便弥补由于购买力下降而造成的固定资产重置资金缺口。因此，在通货膨胀时期，企业一般会采取偏紧的利润分配政策。

任务二 股利政策

引导案例

上海证券交易所发布的《上海证券交易所上市公司现金分红指引》（简称《指引》），旨在引导和推动上市公司建立持续、稳定、科学和透明的分红机制，促进资本市场理性投资、长期投资和价值投资，实现长期资金入市与现金分红之间的良性互动，保护投资者合法权益。根据《指引》，上市公司应当合理制定现金分红政策和决策程序，完善现金分红的信息披露及监督机制，引导投资者形成稳定回报预期和长期投资理念。

《指引》表示，上交所鼓励上市公司在章程中明确现金分红相对于股票股利在利润分配方式中的优先顺序。上市公司采用股票股利进行利润分配的，应当以给予股东合理现金分红回报和维持适当股本规模为前提，并综合考虑公司成长性、每股净资产的摊薄等因素。

《指引》明确，上交所鼓励上市公司每年度均实施现金分红。上市公司可以选择固定金额政策、固定比率政策、超额股利政策和剩余股利政策四种股利政策之一，作为现金分红政策。上市公司应当在年度报告"董事会报告"部分中详细披露现金分红政策的制定及执行情况。对于采用剩余股利政策的上市公司，《指引》要求其同时披露未来投资项目的基本情况，包括资金来源、预计收益率，以及是否建立除因不可抗力外达不到预计收益率的内部问责机制等事项，并应在后续年度报告中对投资项目的实际收益和预计收益情况进行比对披露。已建立相关内部问责机制的公司，如实际收益率低于预计收益率，还应当说明内部问责机制的执行情况。但如该公司当年现金分红比例不低于30％的，则不受此限。

【引入问题】
1. 与其他股利政策相比，剩余股利政策有哪些特点？
2. 哪些公司会选择剩余股利政策？

股利政策是指在法律允许的范围内，企业是否发放股利、发放多少股利以及何时发放股利的方针及对策。股利政策的最终目标是使公司价值最大化。股利往往可以向市场传递一些信息，股利发放的多寡、是否稳定、是否增长等，往往是大多数投资者推测公司经营状况、发展前景优劣的依据。因此，股利政策关系到公司在市场上、在投资者中间的形象，成功的股利政策有利于提高公司的市场价值。

一、股利分配理论

企业的股利分配方案既取决于企业的股利政策，又取决于决策者对股利分配的理解与认识，即股利分配理论。股利分配理论是指人们对股利分配的客观规律的科学认识与总结，其核心问题是股利政策与公司价值的关系问题。在市场经济条件下，股利分配要符合财务管理目标。人们对股利分配与财务目标之间关系的认识存在不同的流派与观念，还没有一种被大多数人接受的权威观点和结论。关于股利分配理论，目前主要有以下两种较流行的观点。

（一）股利无关理论

股利无关理论认为，在一定的假设条件限制下，股利政策不会对公司的价值或股票的价格产生任何影响，投资者不关心公司股利的分配。公司市场价值的高低，是由公司所选择的投资决策的获利能力和风险组合所决定的，而与公司的利润分配政策无关。

由于公司对股东的分红只能采取派现或股票回购等方式，因此，在完全有效的资本市场上，股利政策的改变就仅仅意味着股东的权益在现金股利与资本利得之间分配上的变化。如果投资者按理性行事的话，这种改变不会影响公司的市场价值以及股东的财富。该理论是建立在完全资本市场理论之上的，假定条件包括：①市场具有强式效率，没有交易成本，没有任何一个股东的实力足以影响股票价格；②不存在任何公司或个人所得税；③不存在任何筹资费用；④公司的投资决策与股利决策彼此独立，即投资决策不受股利分配的影响；⑤股东在股利收入和资本增值之间并无偏好。

（二）股利相关理论

与股利无关理论相反，股利相关理论认为，企业的股利政策会影响股票价格和公司价值。股利相关理论的主要观点有以下几种。

1. "手中鸟"理论

"手中鸟"理论认为，用留存收益再投资给投资者带来的收益具有较大的不确定性，并且投资的风险随着时间的推移会进一步加大，因此，厌恶风险的投资者会偏好确定的股利收益，而不愿将收益留存在公司内部去承担未来的投资风险。该理论认为公司的股利政策与公司的股票价格是密切相关的，即当公司支付较高的股利时，公司股票价格会随之上升，公司价值将得到提高。

2. 信号传递理论

信号传递理论认为，在信息不对称的情况下，公司可以通过股利政策向市场传递有关公司未来获利能力的信息，从而会影响公司的股价。一般来讲，预期未来获利能力强的公司，往往愿意通过相对较高的股利支付水平把自己同预期获利能力差的公司区别开来，以吸引更多的投资者。对于市场上的投资者来讲，股利政策的差异或许是反映公司预期获利能力的有价值的信号。如果公司连续保持较为稳定的股利支付水平，那么，投资者就可能对公司未来的盈利能力与现金流量抱有乐观的预期。另外，如果公司的股利支付水平在过去一个较长的时期内相对稳定，而现在却有所变动，投资者将会把这种现象看作公司管理者将改变公司未来收益率的信号，股票市价将会对股利的变动做出反应。

3. 所得税差异理论

所得税差异理论认为，由于普遍存在的税率以及纳税时间的差异，资本利得收益比

股利收益更有助于实现收益最大化目标,公司应当采用低股利政策。一般来说,对资本利得收益征收的税率低于对股利收益征收的税率;再者,即使两者没有税率上的差异,由于投资者对资本利得收益征收的纳税时间选择更具有弹性,投资者仍可以享受延迟纳税带来的收益差异。

4. 代理理论

代理理论认为,股利政策有助于减缓管理者与股东之间的代理冲突,即股利政策是协调股东与管理者之间代理关系的一种约束机制。该理论认为,股利的支付能够有效地降低代理成本。首先,股利的支付减少了管理者对自由现金流量的支配权,这在一定程度上可以抑制公司管理者的过度投资或在职消费行为,从而保护外部投资者的利益;其次,较多的现金股利发放,减少了内部融资,导致公司进入资本市场寻求外部融资,从而公司将接受资本市场上更多的、更严格的监督,这样便通过资本市场的监督减少了代理成本。因此,高水平的股利政策降低了企业的代理成本,但同时增加了外部融资成本,理想的股利政策应当使两种成本之和最小。

二、股利政策

股利政策由企业在不违反国家有关法律、法规的前提下,根据本企业具体情况制定。股利政策既要保持相对稳定,又要符合公司财务目标和发展目标。在实际工作中,通常有以下几种股利政策可供选择。

1. 剩余股利政策

剩余股利政策是指公司在有良好的投资机会时,根据目标资本结构,测算出投资所需的权益资本额,先从盈余中留用,然后将剩余的盈余作为股利来分配,即净利润首先满足公司的资金需求,如果还有剩余,就派发股利;如果没有,则不派发股利。剩余股利政策的理论依据是股利无关理论。根据股利无关理论,在完全理想的资本市场中,公司的股利政策与普通股每股市价无关,故而股利政策只需随着公司投资、融资方案的制定而自然确定。因此,采用剩余股利政策时,公司要遵循如下四个步骤:一是设定目标资本结构,在此资本结构下,公司的加权平均资金成本将达最低水平;二是确定公司的最佳资本预算,并根据公司的目标资本结构预计资金需求中所需增加的权益资本数额;三是最大限度地使用留存收益来满足资金需求中所需增加的权益资本数额;四是留存收益在满足公司权益资本增加需求后,若还有剩余再用来发放股利。

【例8-1】 某公司2020年税后净利润为800万元,2021年的投资计划需要资金1 000万元,公司的目标资本结构为权益资本占70%、债务资本占30%,假设该公司当年流通在外的普通股为1 000万股。要求:计算每股股利。

解:按照目标资本结构的要求,公司投资方案所需的权益资本数额为

$$1\,000 \times 70\% = 700(万元)$$

公司当年全部可用于分派的盈余为800万元,除满足上述投资方案所需的权益资本数额外,还有剩余可用于发放股利。2021年,公司可以发放的股利额为

$$800 - 700 = 100(万元)$$

假设该公司当年流通在外的普通股为 1 000 万股，那么，每股股利为

$$100 \div 1\,000 = 0.1(元/股)$$

剩余股利政策的优点：留存收益优先满足再投资的需要，有助于降低再投资的资金成本，保持最佳的资本结构，实现企业价值的长期最大化。

剩余股利政策的缺点：若完全遵照执行剩余股利政策，股利发放额就会每年随着投资机会和盈利水平的波动而波动。在盈利水平不变的前提下，股利发放额与投资机会的多寡呈反方向变动；而在投资机会维持不变的情况下，股利发放额将与公司盈利呈同方向波动。剩余股利政策不利于投资者安排收入与支出，也不利于公司树立良好的形象，一般适用于公司初创阶段。

2. 固定或稳定增长的股利政策

固定或稳定增长的股利政策是指公司将每年派发的股利额固定在某一特定水平或是在此基础上维持某一固定比率逐年稳定增长。公司只有在确信未来盈余不会发生逆转时才会宣布实施固定或稳定增长的股利政策。在这一政策下，应首先确定股利分配额，而且该分配额一般不随资金需求的波动而波动。

固定或稳定增长的股利政策的优点：①稳定的股利向市场传递着公司正常发展的信息，有利于树立公司的良好形象，增强投资者对公司的信心，稳定股票的价格；②稳定的股利额有助于投资者安排股利收入和支出，有利于吸引那些打算进行长期投资并对股利有很高依赖性的股东；③固定或稳定增长的股利政策可能会不符合剩余股利理论，但考虑到股票市场会受多种因素影响（包括股东的心理状态和其他要求），为了将股利或股利增长率维持在稳定的水平上，即使推迟某些投资方案或暂时偏离目标资本结构，也可能比降低股利或股利增长率更为有利。

固定或稳定增长的股利政策的缺点：股利的支付与企业的盈利相脱节，即不论公司盈利多少，均要支付固定的或按固定比率增长的股利，这可能会导致企业资金紧缺，财务状况恶化。此外，在企业无利可分的情况下，若依然实施固定或稳定增长的股利政策，也是违反《公司法》的行为。

因此，采用固定或稳定增长的股利政策，要求公司对未来的盈利和支付能力作出准确的判断。一般来说，公司确定的固定股利额不宜太高，以免陷入无力支付的被动局面。固定或稳定增长的股利政策通常适用于经营比较稳定或正处于成长期的企业，但很难被长期采用。

3. 固定股利支付率政策

固定股利支付率政策是指公司将每年净利润的某一固定百分比作为股利分派给股东。这一百分比通常称为股利支付率，股利支付率一经确定，一般不得随意变更。在这一股利政策下，只要公司的税后利润一经计算确定，所派发的股利也就相应确定了。固定股利支付率越高，公司留存的净利润越少。

固定股利支付率政策的优点：①采用固定股利支付率政策，股利与公司盈余紧密地配合，体现了"多盈多分、少盈少分、无盈不分"的股利分配原则；②由于公司的获利能力在年度间是经常变动的，因此，每年的股利也应当随着公司盈利的变动而变动。采用固定股利支付率政策，公司每年按固定的比例从税后利润中支付现金股利，从企业的

支付能力的角度看，这是一种稳定的股利政策。

固定股利支付率政策的缺点：①大多数公司每年盈利很难保持稳定不变，导致年度间的股利额波动较大，由于股利的信号传递作用，波动的股利很容易给投资者带来经营状况的不稳定、投资风险较大的不良印象，成为影响股价的不利因素；②容易使公司面临较大的财务压力，这是因为公司实现的盈利多，并不能代表公司有足够的现金流用来支付较多的股利额；③合适的固定股利支付率的确定难度比较大。

由于公司每年面临的投资机会、筹资渠道都不同，而这些都可以影响公司的股利分派，所以，一成不变地奉行固定股利支付率政策的公司在实际中并不多见，固定股利支付率政策只是较适用于那些处于稳定发展且财务状况也较稳定的公司。

【例8-2】 A公司目前发行在外的股数为1 000万股，该公司的产品销路稳定，2021年拟投资1 200万元，扩大生产能力50%。该公司想要维持目前50%的负债比率，并想继续执行10%的固定股利支付率政策。该公司在2020年的税后利润为500万元。要求：计算该公司2021年为扩充上述生产能力必须从外部筹措的权益资本。

解：

$$保留利润 = 500 \times (1 - 10\%) = 450(万元)$$

$$项目所需权益融资 = 1\,200 \times (1 - 50\%) = 600(万元)$$

外部权益融资$= 600 - 450 = 150$（万元），即该公司2021年为扩充上述生产能力必须从外部筹措的权益资本为150万元。

4. 低正常股利加额外股利政策

低正常股利加额外股利政策是指公司事先设定一个较低的正常股利额，每年除按正常股利额向股东发放股利外，还在公司盈余较多、资金较为充裕的年份向股东发放额外股利。但是，额外股利并不固定化，不意味着公司永久地提高了股利支付额。这种股利政策可以用以下公式表示。

$$Y = a + bX$$

式中，Y为每股股利；X为每股收益；a为低正常股利；b为股利支付比率。

低正常股利加额外股利政策的优点：①赋予公司较大的灵活性，使公司在股利发放上留有余地，并具有较大的财务弹性，公司可根据每年的具体情况，选择不同的股利发放水平，以稳定和提高股价，进而实现公司价值的最大化；②使那些依靠股利度日的股东每年至少可以得到虽然较低但比较稳定的股利收入，从而吸引住这部分股东。

低正常股利加额外股利政策的缺点：①由于各年度之间公司盈利的波动使得额外股利不断变化，造成分派的股利不同，容易给投资者造成收益不稳定的感觉；②当公司在较长时间持续发放额外股利后，可能会被股东误认为"正常股利"，一旦取消，传递出的信号可能会使股东认为这是公司财务状况恶化的表现，进而导致股价下跌。

相对来说，对那些盈利随着经济周期而波动较大的公司，或者在盈利与现金流量很不稳定时，低正常股利加额外股利政策也许是一种不错的选择。

【例8-3】 某公司成立于2019年1月1日，2019年实现净利润1 000万元，分配现金股利550万元，提取盈余公积450万元（所提盈余公积均已指定用途）。2020年实现净利润900万元（不考虑计提法定盈余公积的因素）。2021年计划增加投资，所需资金为700万元。假定公司目标资本结构为自有资金占60%，借入资金占40%。要求：

（1）在保持目标资本结构的前提下，计算2021年投资方案所需的自有资金额和需要从外部借入的资金额。

（2）在保持目标资本结构的前提下，如果公司执行剩余股利政策，计算2020年应分配的现金股利。

（3）在不考虑目标资本结构的前提下，如果公司执行固定股利政策，计算2020年应分配的现金股利、可用于2021年投资的留存收益和需要额外筹集的资金额。

（4）在不考虑目标资本结构的前提下，如果公司执行固定股利支付率政策，计算该公司的股利支付率和2020年应分配的现金股利。

（5）假定公司2021年面临着从外部筹资的困难，只能从内部筹资，不考虑目标资本结构，计算在此情况下2020年应分配的现金股利。

解：（1）2021年投资方案所需的自有资金额＝700×60％＝420（万元），2021年投资方案所需从外部借入的资金额＝700×40％＝280（万元）。

或者：2021年投资方案所需从外部借入的资金额＝700－420＝280（万元）。

（2）2020年应分配的现金股利＝净利润－2021年投资方案所需的自有资金额＝900－420＝480（万元）。

（3）2020年应分配的现金股利＝上年分配的现金股利＝550（万元），可用于2021年投资的留存收益＝900－550＝350（万元），2021年投资需要额外筹集的资金额＝700－350＝350（万元）。

（4）该公司的股利支付率＝550÷1 000×100％＝55％，2020年应分配的现金股利＝55％×900＝495（万元）。

（5）因为公司只能从内部筹资，则2021年的投资需要从2020年的净利润中留存700万元，所以2020年应分配的现金股利＝900－700＝200（万元）。

任务三　股利分配的程序与方式

股利分配

引导案例

2020年9月，中国上市公司协会联合上海证券交易所、深圳证券交易所发布A股上市公司现金分红榜单，包括"上市公司丰厚回报榜单"和"上市公司真诚回报榜单"各100家公司。近年来，A股上市公司投资者保护意识逐步增强，现金分红和投资者回报水平逐年提升。根据2019年年度报告，上市公司现金分红合计约1.36万亿元，同比增长约10.7％，分红上市公司占全部上市公司总数约66％。

本次榜单以近一年和近三年的现金分红总额为主要指标，评选出"上市公司丰厚回报榜单"前100家；以近一年和近三年的股利支付率为主要指标，评选出"上市公司真诚回报榜单"前100家。从榜单情况来看，"上市公司丰厚回报榜单"入选公司2019年的现金分红总额占全体A股公司总额的67.9％，2017—2019年的累计现金分红额占全体A股公司总额的68.61％。

入选"上市公司丰厚回报榜单"的公司中,包括沪市主板77家、深市主板16家、中小板6家、创业板1家。其中,排名前十位的公司分别是工商银行、农业银行、中国银行、建设银行、中国石化、中国神华、招商银行、中国平安、交通银行、中国石油。

入选"上市公司真诚回报榜单"的公司中,包括沪市主板37家、深市主板12家、中小板33家、创业板18家。该榜单排名前十位的公司分别是亿通科技、金鹰股份、英力特、天威视讯、兆日科技、浙江医药、安记食品、康力电梯、兴业科技、焦点科技。

入选"上市公司丰厚回报榜单"的有82%的公司自上市以来连续每年分红,有70家公司近10年以来连续进行分红。入选"上市公司真诚回报榜单"的有84%的公司自上市以来连续每年分红,有30家公司近10年以来连续进行分红。华能国际、双汇发展、宇通客车、永辉超市、步长制药、重庆水务、云南白药7家公司同时入选两个榜单。

现金分红不仅反映公司经营业绩和规范运作水平,也关系到资本市场良好生态环境的形成。中国上市公司协会表示,榜单的发布,旨在引导上市公司依法诚信经营,做守底线、负责任、有担当、受尊重的企业,有效保护投资者合法权益,培育良好的市场生态。协会和沪深证券交易所将继续支持上市公司在专注主业、提升实体经济竞争力的同时,积极回报股东,使广大中小投资者能够分享经济发展和上市公司成长带来的收益和回报。

【引入问题】
1. 现金股利作为股利分配的一种,与其他分配方式相比有哪些特点?
2. 哪些股东会倾向于公司发放现金股利?

一、股利分配程序

公司股利的发放必须遵守相关的要求,按照日程安排来进行。一般情况下,先由董事会提出分配预案,然后提交股东大会决议,股东大会决议通过才能进行分配。股东大会决议通过分配预案后,要向股东宣布发放股利的方案,并确定股权登记日、除息日和股利发放日。

(1) 股利宣告日。股利宣告日是股东大会决议通过并由董事会将股利支付情况予以公告的日期。公告中将宣布每股应支付的股利、股权登记日、除息日以及股利支付日。

(2) 股权登记日。股权登记日是有权领取本期股利的股东资格登记截止日期。凡是在此指定日期收盘之前取得公司股票,成为公司在册股东的投资者都可以作为股东享受公司本期分派的股利。在这一天之后取得股票的股东则无权领取本次分派的股利。

(3) 除息日。除息日是领取股利的权利与股票分离的日期。在除息日之前购买股票的股东才能领取本次股利,而在除息日当天或是以后购买股票的股东,则不能领取本次股利。由于失去了"收息"的权利,除息日的股票价格会下跌。除息日是股权登记的下一个交易日。

(4) 股利发放日。股利发放日是公司按照公布的分红方案向股权登记日在册的股东实际支付股利的日期。

【例8-4】 某上市公司于2019年4月18日公布2018年度的最后分红方案,其公告如下:"2019年4月8日在北京召开的股东大会,通过了董事会关于每股分派0.12元的2018年股息分配方案。股权登记日为4月26日,除息日为4月27日,股东可在5月15日至30日之间通过深圳交易所按交易方式领取股息。特此公告。"要求:画出该公司的股利支付程序图。

解:该公司的股利支付程序如图8-1所示。

图8-1 股利支付程序

二、股利分配方式

1. 现金股利

现金股利是以现金支付的股利,它是最常见的股利支付方式。公司选择发放现金股利除了要有足够的留存收益外,还要有足够的现金,而现金充足与否往往会成为公司发放现金股利的主要制约因素。

2. 财产股利

财产股利是以现金以外的其他资产支付的股利,主要是以公司所拥有的其他公司的有价证券,如债券、股票等,作为股利支付给股东。

【例8-5】 2014年7月2日,青青稞酒发布公告称,拟向2014年7月9日在册的股东(除发起人股东外)免费赠送青稞酒礼盒一套。本次赠送活动的预算约为345万元,包含产品、宣传册及快递费,该费用列入公司本年度的销售费用。根据青青稞酒2014年一季报披露,一季度末该股股东总数为29 330人,相当于人均预算约117元。目前该股股价在16元左右,以最低购买股数一手计算,股民在7月9日当天花1 600元持有一手青青稞酒,就可以获得价值117元的青稞酒礼盒,折现后回报率约7.3%,相比目前不少银行理财产品的收益率都要划算。而这已经不是青青稞酒第一次向股东赠酒。2013年8月,该公司也向股东赠送过青稞酒产品及购酒卡一张。针对两次赠酒,青青稞酒在公告中也坦言,旨在提升公司产品知名度和影响力。

值得注意的是,2013年央视广告招标中,白酒企业现场广告投入规模达36.6亿元。相比之下,青青稞酒此次向股东赠酒仅花费345万元,加上经过媒体的广泛报道,不知不觉中就起到了"花小钱办大事"的推广效果,算得上是聪明之举。

事实上,上市公司另类分红并非青青稞酒首创。2013年4月,南方食品发布公告称,向持有公司1 000股(含)以上的股东(大股东黑五类集团除外)赠送黑芝麻乳礼盒(12罐装)一套,超过1 000股的按每1 000股一礼盒折算赠送,不足1 000股的股东发放简易包装(6罐装)黑芝麻乳新品一份。赠饮品尝预算约为550万元。此外,公司拟出资100万元(含税)奖励对新产品提出好建议的股东。此举首开上市公司赠送实物先河,一时间成为A股热门话题,南方食品也达到了为新产品造势的目的。

除前面提到的送酒、送黑芝麻乳以外，上市公司实物分红可谓五花八门，详情见表 8-1。

表 8-1　上市公司另类分红一览表

时间	上市公司	另类分红方式	预算
2013 年 4 月 4 日	南方食品	赠送黑芝麻乳产品	550 万元
2013 年 4 月 10 日	量子高科	赠送龟苓膏产品	100 万元
2013 年 4 月 25 日	珠江钢琴	买指定钢琴可享受折扣优惠	限量 3000 台
2013 年 8 月 21 日	青青稞酒	赠送青稞酒及购酒卡一张	345 万元
2013 年 9 月 14 日	九州通	赠送小苏打护理产品套装	200 万元
2013 年 11 月 6 日	华侨城 A	免费入园一次	—
2014 年 7 月 2 日	青青稞酒	赠送青稞酒礼品盒一套	345 万元

3. 负债股利

负债股利是以负债方式支付的股利，通常以公司的应付票据支付给股东，有时也以发放公司债券的方式支付股利。财产股利和负债股利实际上是现金股利的替代，但这两种股利支付形式在我国公司实务中相对较少使用。

4. 股票股利

股票股利是公司以增发股票的方式所支付的股利，我国实务中通常也称其为"红股"。发放股票股利对公司来说，并没有现金流出企业，也不会导致公司的财产减少，而只是将公司的未分配利润转化为股本和资本公积。但股票股利会增加流通在外的股票数量，同时降低股票的每股价值。它不改变公司股东权益总额，但会改变股东权益的构成。

【例 8-6】某上市公司在 2020 年发放股票股利前，其资产负债表上的股东权益情况如表 8-2 所示。要求：分析发放股票股利对公司股东权益总额的影响。

表 8-2　发放股票股利前的股东权益情况　　　　　单位：万元

股本（面值 1 元，发行在外 2 000 万股）	2 000
资本公积	4 000
盈余公积	3 000
未分配利润	3 000
股东权益合计	12 000

解：假设该公司宣布发放 10% 的股票股利，现有股东每持有 10 股即可获赠 1 股普通股。若该股票当时市价为 4 元，那么随着股票股利的发放，需从"未分配利润"项目划转出的资金为

$$2\,000 \times 10\% \times 4 = 800（万元）$$

由于股票面值（1 元）不变，发放 200 万股，"股本"项目应增加 200 万元，其余的 600 万元（800－200）应作为股票溢价转至"资本公积"项目，而公司的股东权益总额并未发生改变，仍是 12 000 万元，股票股利发放后资产负债表上的股东权益情况如表 8-3 所示。

表 8-3　发放股票股利后的股东权益情况　　　　　　单位：万元

股本（面值 1 元，发行在外 2 200 万股）	2 200
资本公积	4 600
盈余公积	3 000
未分配利润	2 200
股东权益合计	12 000

假设一位股东派发股票股利之前持有公司的普通股 10 万股，那么他所拥有的股权比例为

$$10\div2\,000\times100\%=0.5\%$$

派发股利之后，他所拥有的股票数量和股份比例为

$$10\times(1+10\%)=11(万股)$$
$$11\div2\,200\times100\%=0.5\%$$

可见，发放股票股利不会对公司股东权益总额产生影响，但会引起资金在各股东权益项目间的再分配。而且股票股利派发前后每一位股东的持股比例也不会发生变化。需要说明的是，上例中股票股利以市价计算价格的做法，是很多西方国家所通行的，但在我国，股票股利价格则是按照股票面值来计算的。

发放股票股利虽不直接增加股东的财富，也不增加公司的价值，但对股东和公司都有特殊意义。

对股东来讲，股票股利主要有以下优点：①理论上，派发股票股利后，每股市价会成反比例下降，但实务中这并非必然结果，因为市场和投资者普遍认为，发放股票股利往往预示着公司会有较大的发展和成长，这样的信息传递会稳定股价或使股价下降比例减小甚至不降反升，股东便可以获得股票价值相对上升的好处；②由于股利收入和资本利得税率的差异，如果股东把股票股利出售，还会给他带来资本利得纳税上的好处。

对公司来讲，股票股利主要有以下优点：①发放股票股利不需要向股东支付现金，在再投资机会较多的情况下，公司就可以为再投资提供成本较低的资金，从而有利于公司的发展；②发放股票股利可以降低公司股票的市场价格，既有利于促进股票的交易和流通，又有利于吸引更多的投资者成为公司股东，进而使股权更为分散，有效地防止公司被恶意控制；③股票股利的发放可以传递公司未来发展前景良好的信息，从而增强投资者的信心，在一定程度上稳定股票价格。

任务四　股票分割与股票回购

引导案例

2021 年 2 月 27 日，巴菲特旗下伯克希尔·哈撒韦公司发布财报，巴菲特致股东信同步发出。

巴菲特在致股东信中表示："2020 年，伯克希尔公司斥资 247 亿美元回购了其 A 类和 B 类普通股，未来将进一步回购以减少流通股。"

"2020 年，我们回购了相当于 80 998 股的评级为 A 的股票，在回购过程中花费了 247 亿美元，这表明了我们对伯克希尔的热情。这一行动使你们在伯克希尔所有业务中的所有权增加了 5.2%，而你甚至不必动自己的账户。按照查理·芒格和我长期以来的标准，我们进行了这些回购，因为我们相信，这些回购既能提高股东的每股内在价值，又能为伯克希尔公司可能遇到的任何机会或问题提供充足的资金。"

"虽然回购使股票在市场上慢慢地消失了，但随着时间的推移，收益会变得很丰厚。这一过程为投资者提供了一种简单的方式，并让他们拥有不断扩大的业务。"

【引入问题】

1. 股票回购是什么意思？巴菲特的公司为什么要回购股票？
2. 从巴菲特致股东信的观点来看，股票回购对投资者有什么好处？

一、股票分割

1. 股票分割的概念

股票分割又称拆股，是指将一股股票拆分成多股股票的行为。股票分割一般只会增加发行在外的股票总数，而不会对公司的资本结构产生任何影响。股票分割与股票股利非常相似，都是在不增加股东权益的情况下增加了股份的数量。所不同的是，股票股利虽不会引起股东权益总额的改变，但股东权益的内部结构却会发生变化；而股票分割之后，股东权益总额及其内部结构都不会发生任何变化，发生变化的只是股票面值。

2. 股票分割的作用

（1）降低股票价格。股票分割会使每股市价降低，减少买卖该股票所需的资金量，从而可以促进股票的流通和交易。流通性的提高和股东数量的增加，会在一定程度上加大对公司股票恶意收购的难度。此外，降低股票价格还可以为公司发行新股做准备，因为股价太高会使许多潜在投资者力不从心而不敢轻易对公司股票进行投资。

（2）提高投资者的信心。股票分割可以向市场和投资者传递公司发展前景良好的信号，有助于提高投资者对公司股票的信心。

3. 反分割

与股票分割相反，如果公司认为其股票价格过低，不利于其在市场上的声誉和未来的再筹资时，为提高股票的价格，会采取反分割措施。反分割又称股票合并或逆向分割，是指将多股股票合并为一股股票的行为。反分割显然会降低股票的流通性，提高公司股票投资的门槛，它向市场传递的信息通常是不利的。

4. 股票分割与股票股利的比较

股票分割与股票股利的比较见表 8-4。

表 8-4　股票分割与股票股利的比较

比较项目	股票股利	股票分割
不同点	面值不变	面值变小
	股东权益结构变化（股本与资本公积增加、未分配利润减少）	股东权益结构不变
	属于股利支付方式	不属于股利支付方式
相同点	普通股股数增加	
	每股收益和每股市价下降	
	资产总额、负债总额、股东权益总额不变	

【例 8-7】　某上市公司 2020 年年末资产负债表上的股东权益情况如表 8-5 所示。

表 8-5　股东权益情况　　　　　　　　　　　　单位：万元

股本（面值 8 元，发行在外 1 000 万股）	8 000
资本公积	10 000
盈余公积	4 000
未分配利润	8 000
股东权益合计	30 000

要求：(1) 假设股票市价为 20 元，该公司宣布发放 10% 的股票股利，即现有股东每持有 10 股即可获赠 1 股普通股。发放股票股利后，股东权益有何变化？每股净资产是多少？

(2) 假设该公司按照 1∶2 的比例进行股票分割。股票分割后，股东权益有何变化？每股净资产是多少？

解：(1) 发放股票股利后的股东权益情况如表 8-6 所示。

表 8-6　发放股票股利后的股东权益情况　　　　单位：万元

股本（面值 8 元，发行在外 1 100 万股）	8 800
资本公积	11 200
盈余公积	4 000
未分配利润	6 000
股东权益合计	30 000

每股净资产 = 30 000 ÷ (1 000 + 100) = 27.27（元/股）

(2) 股票分割后的股东权益情况如表 8-7 所示。

表 8-7　股票分割后的股东权益情况　　　　　　单位：万元

股本（面值 4 元，发行在外 2 000 万股）	8 000
资本公积	10 000
盈余公积	4 000
未分配利润	8 000
股东权益合计	30 000

每股净资产 = 30 000 ÷ (1 000 × 2) = 15（元/股）

二、股票回购

1. 股票回购的含义

股票回购是指上市公司出资将其发行在外的普通股以一定的价格购买回来予以注销或作为库存股的一种资本运作方式。公司不得随意收购本公司的股份，只有满足相关法律规定的情形才允许股票回购。

2. 股票回购的方式

股票回购的方式主要包括公开市场回购、要约回购和协议回购三种。

（1）公开市场回购。公开市场回购是指公司在公开交易市场上以当前市价回购股票。

（2）要约回购。要约回购是指公司在特定期间向股东发出以高出当前市价的某一价格回购既定数量股票的要约，并根据要约内容进行回购。

（3）协议回购。协议回购是指公司以协议价格直接向一个或几个主要股东回购股票。

3. 股票回购的动机

在证券市场上，股票回购的动机多种多样，主要有以下几点。

（1）现金股利的替代。现金股利政策会对公司产生未来的派现压力，而股票回购不会。当公司有富余资金时，通过购回股东所持股票将现金分配给股东，这样股东就可以根据自己的需要选择继续持有股票或出售获得现金。

（2）改变公司的资本结构。无论是现金回购还是举债回购股份，都会提高公司的财务杠杆水平，改变公司的资本结构。公司认为权益资本在资本结构中所占比例较大时，为了调整资本结构而进行股票回购，可以在一定程度上降低整体资金成本。

（3）传递公司信息。由于信息不对称和预期差异，证券市场上的公司股票价格可能被低估，而过低的股价将会对公司产生负面影响。一般情况下，投资者会认为股票回购意味着公司认为其股票价值被低估而采取的应对措施。

（4）基于控制权的考虑。控股股东为了保证其控制权不被改变，往往采取直接或间接的方式回购股票，从而巩固既有的控制权。另外，股票回购使流通在外的股份数变少，股价上升，从而可以有效地防止敌意收购。

4. 股票回购的影响

股票回购对上市公司的影响主要表现在以下几个方面。

（1）降低资产流动性。股票回购需要大量资金支付回购成本，容易造成资金紧张，降低资产流动性，影响公司的后续发展。

（2）可能忽视长远发展。股票回购无异于股东退股和公司资本的减少，也可能会使公司的发起人股东更注重创业利润的实现，从而不仅在一定程度上削弱了对债权人利益的保护，而且忽视了公司的长远发展，损害了公司的根本利益。

（3）容易导致公司操纵股价。公司回购自己的股票容易导致其利用内幕消息进行炒作，加剧公司行为的非规范化，损害投资者的利益。

5. 股票回购与股票分割及股票股利的比较

股票回购与股票分割及股票股利的差异如表 8-8 所示。

表 8-8 股票回购与股票分割及股票股利的差异

比较项目	股票回购	股票分割及股票股利
股票数量	减少	增加
每股市价	提高	降低
每股收益	提高	降低
资本结构	改变，提高财务杠杆水平	不影响
控制权	巩固既定控制权或转移公司控制权	不影响

同 步 测 试

一、单项选择题

1. 主要依靠股利维持生活或对股利有较高依赖性的股东最不赞成的公司股利政策是（   ）。

　　A. 剩余股利政策　　　　　　　　B. 固定或稳定增长的股利政策
　　C. 低正常股利加额外股利政策　　D. 固定股利支付率政策

2. 下列股利分配政策中，能使企业保持理想的资本结构，使平均资金成本最低，并实现企业价值最大化的是（   ）。

　　A. 剩余股利政策　　　　　　　　B. 固定股利政策
　　C. 固定股利支付率政策　　　　　D. 低正常股利加额外股利政策

3. 以下股利政策中，有利于稳定股票价格，从而树立公司良好形象，但股利的支付与公司盈余相脱节的股利政策是（   ）

　　A. 剩余股利政策　　　　　　　　B. 固定或稳定增长股利政策
　　C. 固定股利支付率政策　　　　　D. 低正常股利加额外股利政策

4. 相对于其他股利政策而言，从企业支付能力的角度看，（   ）是一种稳定的股利政策。

　　A. 剩余股利政策　　　　　　　　B. 固定或稳定增长的股利政策
　　C. 固定股利支付率政策　　　　　D. 低正常股利加额外股利政策

5. 在下列股利政策中，股利与利润之间保持固定比例关系，体现风险投资与风险收益对等关系的是（   ）。

　　A. 剩余股利政策　　　　　　　　B. 固定或稳定增长的股利政策
　　C. 固定股利支付率政策　　　　　D. 低正常股利加额外股利政策

6. 在下列各项中，计算结果等于股利支付率的是（   ）。

　　A. 每股收益除以每股股利　　　　B. 每股股利除以每股收益

C. 每股股利除以每股市价 D. 每股收益除以每股市价

7. 相对于其他股利政策而言，既可以维持股利的稳定性，又有利于稳定和提高股价进而实现公司价值最大化的股利政策是（　　）。
   A. 剩余股利政策 B. 固定或稳定增长的股利政策
   C. 固定股利支付率政策 D. 低正常股利加额外股利政策

8. 下列股利政策中，基于股利无关理论确立的是（　　）。
   A. 剩余股利政策 B. 固定或稳定增长的股利政策
   C. 固定股利支付率政策 D. 低正常股利加额外股利政策

9. 当公司处于初创阶段时，适宜的股利分配政策是（　　）。
   A. 剩余股利政策 B. 固定或稳定增长的股利政策
   C. 固定股利支付率政策 D. 低正常股利加额外股利政策

10. 最适用于盈利随着经济周期而波动较大的公司的股利政策是（　　）。
    A. 剩余股利政策 B. 固定或稳定增长的股利政策
    C. 固定股利支付率政策 D. 低正常股利加额外股利政策

二、多项选择题

1. 下列符合股利分配代理理论的观点的有（　　）。
   A. 股利政策相当于是协调股东与管理者之间代理关系的一种约束机制
   B. 股利政策向市场传递有关公司未来盈利能力的信息
   C. 用留存收益再投资带给投资者的收益具有很大的不确定性
   D. 使代理成本和外部融资成本之和最小的政策是最优股利政策

2. 造成股利波动较大，给投资者以公司不稳定感觉的股利分配政策有（　　）。
   A. 剩余股利政策 B. 固定或稳定增长的股利政策
   C. 固定股利支付率政策 D. 低正常股利加额外股利政策

3. 下列股利政策中，基于股利相关理论确立的有（　　）。
   A. 剩余股利政策 B. 固定或稳定增长的股利政策
   C. 固定股利支付率政策 D. 低正常股利加额外股利政策

4. 采用低正常股利加额外股利政策的优点有（　　）。
   A. 可以吸引部分依靠股利度日的股东 B. 使公司具有较大的灵活性
   C. 使股利负担最低 D. 有助于稳定和提高股价

5. 影响股利政策的法律因素包括（　　）。
   A. 资本保全约束 B. 资本确定约束
   C. 资本积累约束 D. 偿债能力约束

6. 按照资本保全约束的要求，企业发放股利所需资金的来源包括（　　）。
   A. 当期利润 B. 留存收益
   C. 资本公积 D. 股本

7. 下列哪些情况下，公司会限制股利的发放？（　　）
   A. 盈利不够稳定 B. 筹资能力强

C. 投资机会不多　　　　　　　　D. 收益可观但是资产流动性差
8. 股东从保护自身利益的角度出发，在确定股利分配政策时应考虑的因素有（　　）。
   A. 避税　　　　　　　　　　　B. 控制权
   C. 稳定收入　　　　　　　　　D. 资本积累
9. 下列属于制约股利分配的公司因素的有（　　）。
   A. 控制权　　　　　　　　　　B. 筹资因素
   C. 盈余的稳定性　　　　　　　D. 资产的流动性
10. 上市公司发放股票股利可能导致的结果有（　　）。
    A. 公司股东权益内部结构发生变化　　B. 公司股东权益总额发生变化
    C. 公司每股利润下降　　　　　　　　D. 公司股份总额发生变化

三、判断题

1. 股东为防止控制权稀释，往往希望公司提高股利支付率。（　　）
2. 对于盈余不稳定的公司而言，较多采取低股利政策。（　　）
3. 在连续通货膨胀的条件下，公司应采取偏紧的股利政策。（　　）
4. "手中鸟"理论的观点认为，公司分配的股利越多，公司的股票价格越高。（　　）
5. 按照股利的所得税差异理论，股利政策与股价相关，由于税负影响，企业应采取高股利政策。（　　）
6. 处于成长中的公司多采取低股利政策；陷于经营收缩的公司多采取高股利政策。（　　）
7. 在除息日之前，股利权从属于股票；从除息日开始，新购入股票的人不能分享本次已宣告发放的股利。（　　）
8. 股票分割对公司的资本结构和股东权益不会产生任何影响，但会引起每股面值降低，并由此引起每股收益和每股市价下跌。（　　）
9. 股票回购是指股份公司出资将其发行流通在外的股票以一定价格购回予以注销或库存的一种资本运作方式，其具体运作方式就是公司在市场上按市价直接购买本公司的股票。（　　）
10. 财产股利是以现金以外的其他资产支付的股利，主要是以公司发行的有价证券，如公司债券、公司股票等作为股利发放给股东。（　　）

四、计算题

1. 2020年M公司获得1 500万元净利润，其中300万元用于支付股利。2020年企业经营正常，在过去5年中净利润增长率一直保持在10%。然而，M公司预计2021年净利润将达到1 800万元，2021年公司预期将有1 200万元的投资机会。预计M公司未来无法维持2021年的净利润增长水平（2021年的高水平净利润归因于当年引进的盈余水平超常的新生产线），公司仍将恢复到10%的增长率。2020年M公司的目标负债率为40%，未来将维持在此水平。要求：分别计算在以下各种情况下M公司2021年的

预期股利。

(1) 公司采取稳定增长的股利政策,2021 年的股利水平设定旨在使股利能够按长期盈余增长率增长。

(2) 公司保持 2020 年的股利支付率。

(3) 公司采用剩余股利政策。

(4) 公司采用低正常股利加额外股利政策,固定股利基于长期增长率,超额股利基于剩余股利政策(分别指明固定股利和超额股利)。

2. 某公司本年实现的净利润为 500 万元,资产合计 5 600 万元,当前每股市价 10 元。年终利润分配前的股东权益项目资料见表 8-9。要求:计算回答下述互不相关的问题。

表 8-9 某公司年终利润分配前的股东权益项目资料

项目资料	金额/万元
股本——普通股(每股面值 4 元,200 万股)	800
资本公积	320
未分配利润	1 680
所有者权益合计	2 800

(1) 计划按每 10 股送 1 股的方案发放股票股利,股票股利的金额按市价计算,计算完成这一分配方案后的股东权益各项目数额,以及每股收益和每股净资产。

(2) 计划按每 10 股送 1 股的方案发放股票股利,股票股利的金额按市价计算,并按发放股票股利前的股数派发每股现金股利 0.2 元。计算完成这一分配方案后的股东权益各项目数额,以及每股收益和每股净资产。

(3) 若计划每 1 股分割为 4 股,计算完成这一分配方案后的股东权益各项目数额,以及每股收益和每股净资产。

(4) 分析比较发放股票股利和进行股票分割对公司的有利之处。

3. 甲公司本年销货额 1 000 000 元,税后净利 120 000 元。其他有关资料如下。

(1) 财务杠杆系数为 1.5,固定营业成本为 240 000 元。

(2) 企业所得税税率为 25%。

要求:(1) 计算总杠杆系数。

(2) 若该公司实行的是剩余股利政策,预计进行投资所需资金为 80 000 元,目标资本结构是自有资金占 50%,计算本年年末支付的股利。

五、案例分析题

佛山照明的利润分配

2018 年 3 月 29 日,佛山照明发布了 2017 年年报,披露公司在上一会计年度实现营业收入 38.00 亿元,同比增长 12.88%,实现归属于上市公司股东的净利润 7.40 亿元。

年报中显示，公司电工业务发展快速，控股子公司智达电工公司通过产品技术创新、外观创新、材料创新，打造高品质的创意开关产品，电工产品去年实现销售收入12 859.13万元。目前，智达电工公司拥有一级经销商216家，终端网点超过4 800家，并与恒大地产、康桥地产等7家地产商，金螳螂、广田等5家装饰公司签订战略合作协议，为未来智达电工公司KA渠道的发展打下了坚实的基础。

公司将继续坚持专业化发展路径，围绕"照明、电工、汽车照明"三大板块业务，通过大力实施"技术高精尖化、品牌及市场国际化、生产规模化"的战略，全面提升公司的经营质量及可持续发展能力，加快推进新产品研发，丰富、升级智能照明、智能电工产品线，并继续实施降本增效工作。

公司利润分配预案：以1 272 132 868股为基数，向全体股东每10股派发现金红利3.29元（含税），以资本公积金向全体股东每10股转增1股。

请回答：
(1) 在作出利润分配方案前，佛山照明会考虑哪些因素的影响？
(2) 佛山照明素有"现金奶牛"之称，分红比例较高，这对于公司今后的发展有何影响？

实 训 项 目

1. 创业财务计划书中利润分配方案分析

制定本组创业公司今后5年、10年甚至更久远的发展规划，并讨论今后如果企业发展顺利是否考虑上市？如果上市成功，开头几年将选用何种股利政策？

2. 关于上市公司股利分配问题的调查分析

由学校出面联系本地上市公司，了解其选择股利政策、股利支付方式的依据，收集其三年来股利分配政策的有关数据，并结合该公司近年来的经营状况，分析其股利分配方案的影响因素。

项目九 财务分析

学习目标

知识目标

1. 理解财务分析的内容和意义。
2. 掌握财务分析的基本原理和方法。
3. 掌握四大类财务分析指标的计算公式、含义及其分析方法。
4. 熟悉杜邦财务分析体系核心层次的分析方法。
5. 理解沃尔评分法。

财务分析

能力目标

1. 能够阅读财务报表。
2. 能够结合财务指标分析公司的财务状况和经营成果。
3. 能够利用杜邦财务分析体系对公司的经营情况进行简单的综合分析。

思政目标

1. 培养诚实劳动、合法经营的正确理念。
2. 培养诚信、法治、敬业的社会主义核心价值观。

导语：本项目主要介绍财务分析的方法、财务指标分析的运用，以及业绩评价的指标体系等。这些内容对现代财务管理有重要实际作用。通过本项目学习，要求学生掌握财务分析的意义、内容及其局限性，财务分析方法的种类、含义、原理及及其应注意的问题，要求熟练掌握四大类财务分析指标的各项方法，了解杜邦财务分析体系和沃尔评分法。

任务一 财务分析基础

某公司资产负债表见表9-1。

表9-1 某公司资产负债表　　　　　　　　　单位：万元

项目	年初数	年末数
流动资产	3 100	4 200
长期投资	1 300	1 500
固定资产	45 000	60 000
无形资产	2 755	1 925
资产合计	52 155	67 625
项目	年初数	年末数
流动负债	14 690	29 425
长期负债	4 200	2 100
负债合计	18 890	31 525

【引入问题】

根据表9-1中的每个项目分析公司的财务状况，如果把项目进行联系分析，又会怎样呢？该公司的财务状况有什么隐患吗？你能提出什么建议？

一、财务分析的意义和内容

财务分析是根据企业财务报表等信息资料，采用专门方法，系统分析和评价企业财务状况、经营成果以及未来发展趋势的过程。

财务分析以企业财务报告及其他相关资料为主要依据，对企业的财务状况和经营成果进行评价和剖析，反映企业在运营过程中的利弊得失和发展趋势，从而为改进企业财务管理工作和优化经济决策提供重要财务信息。

（一）财务分析的意义

财务分析对不同的信息使用者具有不同的意义。具体来说，财务分析的意义主要体现在以下方面。

1. 判断企业的财务实力

通过对资产负债表和利润表有关资料进行分析，计算相关指标，可以了解企业的资产结构和负债水平是否合理，从而判断企业的偿债能力、营运能力及获利能力等财务指标，揭示企业在财务状况方面可能存在的问题。

2. 评价和考核企业的经营业绩，揭示财务活动存在的问题

通过指标的计算、分析和比较，能够评价和考核企业的盈利能力和资金周转状况，

揭示企业经营管理的各个方面和各个环节问题，找出差距，得出分析结论。

3. 挖掘企业潜力，寻求提高企业经营管理水平和经济效益的途径

企业进行财务分析的目的不仅是发现问题，更重要的是分析问题和解决问题。通过财务分析，应保持和进一步发挥生产经营管理中成功的经验，对存在的问题应提出解决的策略和措施，以达到扬长避短、提高经营管理水平和经济效益的目的。

4. 评价企业的发展趋势

通过各种财务分析，可以判断企业的发展趋势，预测其生产经营的前景及偿债能力，从而为企业领导层进行生产经营决策，为投资者进行投资决策，为债权人进行信贷决策提供重要的依据，避免因决策错误给其带来重大的损失。

（二）财务分析的内容

财务分析信息的需求者主要包括企业所有者、企业债权人、企业经营决策者和政府等。不同主体出于不同的利益考虑，对财务分析信息有着各自不同的要求。

1. 所有者对财务分析的要求

企业所有者作为投资人，关心其资本的保值和增值状况，因此较为重视企业获利能力指标，主要进行企业盈利能力分析。

2. 债权人对财务分析的要求

企业债权人因不能参与企业剩余收益分享，首先关注的是其投资的安全性，因此更重视企业偿债能力指标，主要进行企业偿债能力分析，同时也关注企业盈利能力分析。

3. 经营决策者对财务分析的要求

企业经营决策者必须对企业经营理财的各个方面，包括运营能力、偿债能力、获利能力及发展能力的全部信息予以详尽地了解和掌握，主要进行各方面的综合分析，并关注企业财务风险和经营风险。

4. 政府对财务分析的要求

政府兼具多重身份，既是宏观经济管理者，又是国有企业的所有者和重要的市场参与者，因此政府对企业财务分析的关注点因所具身份不同而异。

尽管不同企业的经营状况、经营规模、经营特点不同，作为运用价值形式进行的财务分析，归纳起来其分析的内容不外乎偿债能力分析、营运能力分析、获利能力分析、发展能力分析和综合能力分析五个方面。

二、财务分析的方法

（一）趋势分析法

趋势分析法又称水平分析法，是通过对比两期或连续数期财务报告中的相同指标，确定其增减变动的方向、数额和幅度，来说明企业财务状况或经营成果变动趋势的一种方法。采用这种方法，可以分析引起变化的主要原因、变动的性质，并预测企业未来的发展趋势。

趋势分析法的具体运用主要有重要财务指标的比较、会计报表的比较和会计报表项目构成的比较三种方式。

1. 重要财务指标的比较

重要财务指标的比较是指将不同时期财务报告中的相同指标或比率进行纵向比较，直接观察其增减变动情况及变动幅度，考察其发展趋势，预测其发展前景的一种方法。不同时期财务指标的比较主要有以下两种方法。

(1) 定基动态比率，是以某一时期的数额为固定的基期数额而计算出来的动态比率。其计算公式为

$$定基动态比率 = \frac{分析期数额}{固定基期数额} \times 100\%$$

(2) 环比动态比率，是以每一分析期的数据与前期数据相比较计算出来的动态比率。其计算公式为

$$环比动态比率 = \frac{分析期数额}{前期数额} \times 100\%$$

2. 会计报表的比较

会计报表的比较是指将连续数期的会计报表的金额并列起来，比较各指标不同期间的增减变动金额和幅度，据以判断企业财务状况和经营成果发展变化的一种方法。会计报表的比较具体包括资产负债表比较、利润表比较和现金流量表比较等。

3. 会计报表项目构成的比较

会计报表项目构成的比较是在会计报表比较的基础上发展而来的，是以会计报表中的某个总体指标作为100%，再计算出各组成项目占该总体指标的百分比，从而比较各个项目百分比的增减变动情况，以此来判断有关财务活动的变化趋势的一种方法。

采用比较分析法时，应当注意以下问题。

(1) 用于对比的各个时期的指标，其计算口径必须保持一致。

(2) 应剔除偶发性项目的影响，使分析所利用的数据能反映正常的生产经营状况。

(3) 应运用例外原则对某项有显著变动的指标作重点分析，研究其产生的原因，以便采取对策，趋利避害。

(二) 比率分析法

比率分析法是通过计算各种比率指标来确定财务活动变动程度的方法。比率指标的类型主要有构成比率、效率比率和相关比率三类。

1. 构成比率

构成比率又称结构比率，是某项财务指标的各组成部分数值占总体数值的百分比，反映部分与总体的关系。利用构成比率，可以考察总体中某个部分的形成和安排是否合理，以便协调各项财务活动。其计算公式为

$$构成比率 = \frac{某个组成部分数值}{总体数值} \times 100\%$$

例如，企业资产中流动资产、固定资产和无形资产占资产总额的百分比（资产构成比

率），企业负债中流动负债和长期负债占负债总额的百分比（负债构成比率）等。利用构成比率，可以考察总体中某个部分的形成和安排是否合理，以便协调各项财务活动。

2. 效率比率

效率比率是某项财务活动中所费与所得的比率，反映投入与产出的关系。利用效率比率指标，可以进行得失比较，考察经营成果，评价经济效益。

例如，将利润项目与销售成本、销售收入、资本金等项目加以对比，可以计算出成本利润率、销售利润率和资本金利润率指标，从不同角度观察、比较企业获利能力的高低及其增减变化情况。

3. 相关比率

相关比率是以某个项目和与其有关但又不同的项目加以对比所得的比率，反映有关经济活动的相互关系。利用相关比率指标，可以考察企业相互关联的业务安排是否合理，以保障经营活动顺畅进行。

例如，将流动资产与流动负债进行对比，计算出流动比率，可以判断企业的短期偿债能力，将负债总额与资产总额进行对比，可以判断企业长期偿债能力。

采用比率分析法时，应当注意以下几点：对比项目的相关性；对比口径的一致性；衡量标准的科学性。

（三）因素分析法

因素分析法是依据分析指标与其影响因素的关系，从数量上确定各因素对分析指标影响方向和影响程度的一种方法。因素分析法具体有两种：连环替代法和差额分析法。

1. 连环替代法

连环替代法是将分析指标分解为各个可以计量的因素，并根据各个因素之间的依存关系，顺次用各因素的比较值（通常为实际值）替代基准值（通常为标准值或计划值），据以测定各因素对分析指标的影响。

【例 9-1】 某企业 2021 年 10 月某种原材料费用的实际数是 5 040 元，而其计划数是 4 000 元。实际比计划增加 1 040 元。由于原材料费用是由产品产量、单位产品材料消耗量和材料单价三个因素的乘积组成的，因此可以把材料费用这一总指标分解为三个因素，然后逐个分析它们对材料费用总额的影响程度。现假设三个因素的数值如表 9-2 所示。

表 9-2　某企业材料费用

项　目	单位	计划数	实际数
产品产量	件	100	120
单位产品材料消耗量	千克	8	6
材料单价	元	5	7
材料费用总额	元	4 000	5 040

要求：运用连环替代法分析各因素变动对材料费用总额的影响。

解：根据表 9-2 中的资料，材料费用总额实际数较计划数增加 1 040 元。运用连环替代法，可以计算各因素变动对材料费用总额的影响。

计划指标：　　　　　　$100 \times 8 \times 5 = 4\ 000$（元）　　　　　　　　　　①

第一次替代： 120×8×5＝4 800(元)　　　　　　　②
第二次替代： 120×6×5＝3 600(元)　　　　　　　③
第三次替代： 120×6×7＝5 040(元)　　　　　　　④
实际指标：
　　　　　　②－①＝4 800－4 000＝800(元)　　　　产量增加的影响
　　　　　　③－②＝3 600－4 800＝－1 200(元)　　材料节约的影响
　　　　　　④－③＝5 040－3 600＝1 440(元)　　　价格提高的影响
　　　　　　800－1 200＋1 440＝1 040(元)　　　　全部因素的影响

2．差额分析法

差额分析法是连环替代法的一种简化形式，是利用各个因素的比较值与基准值之间的差额，来计算各因素对分析指标的影响。

【例 9-2】 沿用表 9-2 中的资料。要求：采用差额分析法计算确定各因素变动对材料费用的影响。

解：(1) 由于产量增加对材料费用的影响为(120－100)×8×5＝800(元)。

(2) 由于材料消耗节约对材料费用的影响为(6－8)×120×5＝－1 200(元)。

(3) 由于价格提高对材料费用的影响为(7－5)×120×6＝1 440(元)。

因素分析法既可以全面分析各因素对某一经济指标的影响，也可以单独分析某一因素对某一经济指标的影响，在财务分析中应用颇为广泛。

采用因素分析法时，必须注意以下问题。

(1) 因素分解的关联性。构成经济指标的因素，必须在客观上存在因果关系，要能够反映形成该项指标差异的内在构成原因，否则就会失去应用价值。

(2) 因素替代的顺序性。确定替代因素时，必须根据各因素的依存关系，遵循一定的顺序并依次替代，不可随意加以颠倒，否则就会得出不同的计算结果。

(3) 顺序替代的顺序性。因素分析法在计算每一因素变动的影响时，都是在前一次计算的基础上进行的，并采用连环比较的方法来确定因素变化影响结果。

(4) 计算结果的假定性。由于因素分析法计算的各因素变动的影响数，会因替代顺序不同而有差别，因而计算结果不免带有假定性，即它不可能使每个因素计算的结果都达到绝对的准确。因此，分析时应力求使这种假定合乎逻辑，具有实际经济意义。这样，计算结果的假定性才不至于妨碍分析的有效性。

任务二　财务指标分析

无印良品神话缘何破灭

无印良品作为日本西友超市的自有品牌，是日本平价家居零售品牌，主打便宜、品质的衣食住产品。自 1991 年起，无印良品就开始了海外扩张之路，到现在 30 年时间，

成功把门店开到了全球27个国家。2005年，无印良品进入中国市场。2013年，海外事业部的营业收入为284亿日元。2017年，无印良品各类型门店共开出了474家，首次超过了日本本土的门店数量。2019年2月28日，无印良品在中国内地的门店数量达到256家，中国也是其在海外的最大市场。出于对中国市场消费潜力的看好，2019年12月，无印良品在其官网宣布将在中国开启家装业务（室内装饰）。

无印良品于2006年正式进入美国市场，目前无印良品在美国设有18家门店，年销售额约为1.02亿美元，占良品计划营业收入的2.5%。但2020年7月10日日本良品计画株式会社宣布，无印良品美国子公司已向美国法院申请破产保护，负债6 400万美元，原因是新冠肺炎疫情冲击下，业绩急剧恶化，已连续三个财年亏损，上财年亏损约1 000万美元。从该公司公布的近三年财务数据来看，尽管销售额每年都有所增长，但其始终处于亏损中，且亏损幅度一直在扩大。截至2020年2月的一财年最终亏损18亿日元，前一财年亏损9.4亿日元。并且在新冠肺炎疫情发生之前，无印良品美国子公司的经营就遇到了阻碍。据无印良品中国总部介绍，无印良品美国子公司由于高租金等高成本结构持续发生损失，美国子公司通过扩大顾客层来提高销售额、调整租金交涉等进行经营结构的重建。

【引入问题】

在分析公司财务状况时，如何正确评价公司的偿债能力？

总结和评价企业的财务状况和经营成果的分析指标包括偿债能力指标、营运能力指标、获利能力指标和发展能力指标。

一、偿债能力分析

现将后面举例时需要用到的资产负债表（表9-3）、利润表（表9-4）列示如下。

表9-3 资产负债表

编制单位： 2020年12月31日 单位：万元

资产	期末数	期初数	负债和所有者权益	期末数	期初数
流动资产			流动负债		
货币资金	9 000	8 000	短期借款	23 000	20 000
交易性金融资产	5 000	10 000	应付账款	12 000	10 000
应收账款	13 000	12 000	预收账款	4 000	3 000
预付账款	700	400	其他应付款	1 000	1 000
存货	52 000	40 000	流动负债合计	40 000	34 000
其他流动资产	800	600	非流动负债		
流动资产合计	80 500	71 000	长期借款	25 000	20 000
非流动资产			非流动负债合计	25 000	20 000
持有至到期投资	4 000	4 000	负债合计	65 000	54 000
固定资产	140 000	120 000	股东权益		
无形资产	5 500	5 000	实收资本（或股本）	120 000	120 000

续表

资产	期末数	期初数	负债和所有者权益	期末数	期初数
非流动资产合计	149 500	129 000	盈余公积	16 000	16 000
			未分配利润	29 000	10 000
			股东权益合计	165 000	146 000
资产总计	230 000	200 000	负债和股东权益总计	230 000	200 000

表 9-4 利润表

编制单位： 2020 年度 单位：万元

项目	本年数	上年数
一、营业收入	212 000	188 000
减：营业成本	124 000	109 000
税金及附加	12 000	10 800
销售费用	19 000	16 200
管理费用	10 000	8 000
财务费用	3 000	2 000
投资收益（损失以"一"号填列）	3 000	3 000
二、营业利润（亏损以"一"号填列）	47 000	45 000
加：营业外收入	1 500	1 000
减：营业外支出	6 500	6 000
三、利润总额（亏损以"一"号填列）	42 000	40 000
减：企业所得税费用（25%）	10 500	10 000
四、净利润（亏损以"一"号填列）	31 500	30 000

（一）短期偿债能力指标

短期偿债能力指标是指企业流动资产对流动负债及时足额偿还的保证程度，是衡量企业当前财务能力，特别是流动资产变现能力的重要标志。

企业短期偿债能力指标主要有流动比率、速动比率和现金流动负债比率三项。

1. 流动比率

流动比率是流动资产与流动负债的比率，它表明企业每 1 元流动负债有多少流动资产作为偿还保证，反映企业用可在短期内转变为现金的流动资产偿还到期流动负债的能力。其计算公式为

$$流动比率 = \frac{流动资产}{流动负债} \times 100\%$$

注意：流动资产－流动负债＝营运资金＝流动资金。

一般来说，这两个比率越高，说明企业资产的变现能力越强，短期偿债能力也越强；反之则弱。一般认为流动比率应在 2∶1 以上。当流动比率为 2∶1 时，表示流动资产是流动负债的两倍，即使流动资产有一半在短期内不能变现，也能保证全部的流动负债得到偿还。

运用流动比率进行分析时,要注意以下几个问题。

(1) 流动比率高,一般认为偿债保证程度较强,但并不一定有足够的现金或银行存款偿债,因为流动资产除货币资金以外,还有应收款项、存货、待摊费用等项目,有可能出现流动比率高,但真正用于偿债的现金和存款却严重短缺的现象,所以分析流动比率时,还需进一步分析流动资产的构成项目。

(2) 计算出来的流动比率,只有和同行业平均流动比率、本企业历史流动比率进行比较,才能知道这个比率是高还是低。这种比较通常并不能说明流动比率为什么这么高或低,要找出过高或过低的原因,还必须分析流动资产和流动负债所包括的内容以及经营上的因素。一般情况下,营业周期、流动资产中的应收账款和存货的周转速度是影响流动比率的主要因素。

当然,流动比率也有其局限性。

(1) 无法评估未来资金流量。流动性代表企业运用足够的现金流入以平衡所需现金流出的能力。而流动比率各项要素都来自资产负债表的时点指标,只能表示企业在某一特定时刻一切可用资源及需偿还债务的状态或存量,与未来资金流量并无因果关系。因此,流动比率无法用以评估企业未来资金的流动性。

(2) 未反映企业资金融通状况。在一个注重财务管理的企业中,持有现金的目的在于防范现金短缺现象。然而,现金属于非获利性或获利性极低的资产,一般企业均尽量减少现金数额。事实上,通常有许多企业在现金短缺时转向金融机构借款,此项资金融通的数额,未能在流动比率的公式中得到反映。

(3) 应收账款的偏差性。应收账款额度的大小往往受销货条件及信用政策等因素的影响,企业的应收账款一般具有循环性质,除非企业清算,否则,应收账款经常保持相对稳定的数额,因而不能将应收账款作为未来现金净流入的可靠指标。在分析流动比率时,如把应收账款的多寡视为未来现金流入量的可靠指标,而未考虑企业的销货条件、信用政策及其他有关因素,则难免会发生偏差。

(4) 存货价值确定的不稳定性。由存货而产生的未来短期现金流入量,常取决于销售毛利的大小。一般企业均以成本表示存货的价值,并据以计算流动比率。事实上,由存货而发生的未来短期内现金流入量,除销售成本外,还有销售毛利,但流动比率未考虑毛利因素。

(5) 粉饰效应。企业管理者为了显示出良好的财务指标,会通过一些方法粉饰流动比率。例如,对以赊购方式购买的货物,故意把接近年终要进的货推迟到下年年初再购买;或年终加速进货,将计划下年年初购进的货物提前至年内购进等,都会人为地影响流动比率。

【例 9-3】 沿用表 9-3 资料。要求:计算公司 2020 年的流动比率。(计算结果保留小数点后两位,下同)

解: 年初流动比率 $= \dfrac{71\,000}{34\,000} \times 100\% = 208.82\%$

年末流动比率 $= \dfrac{80\,500}{40\,000} \times 100\% = 201.25\%$

该企业 2020 年年初和年末的流动比率均超过一般公认标准(200%),一定程度上反映该企业具有较强的短期偿债能力。

2. 速动比率

速动比率是企业速动资产与流动负债的比率。这一指标主要是用于衡量企业流动资产中可以立即变现用于偿还流动负债的能力。计算公式为

$$速动比率 = \frac{速动资产}{流动负债} \times 100\%$$

速动比率 = 货币资金 + 交易性金融资产 + 应收账款 + 应收票据

= 流动资产 - 存货 - 预付账款 - 一年内到期的非流动资产 - 其他流动资产

传统经验认为，速动比率维持在1:1较为正常，它表明企业的每1元流动负债就有1元易于变现的流动资产来抵偿，短期偿债能力有可靠的保证。速动比率过低，企业的短期偿债风险较大；速动比率过高，企业在速动资产上占用资金过多，会增加企业投资的机会成本。但以上评判标准并不是绝对的。实际工作中，应考虑到企业的行业性质。例如商品零售行业，由于采用大量现金销售，几乎没有应收账款，速动比率大大低于1，也是合理的。相反，有些企业的速动比率虽然大于1，但速动资产中大部分是应收账款，并不代表企业的偿债能力强，因为应收账款能否收回具有很大的不确定性。在评价速动比率时，还应分析应收账款的质量。

【例9-4】 沿用表9-3资料，同时假设该公司2019年和2020年的其他流动资产均为待摊费用。要求：计算公司2020年的速动比率。

解：

$$年初速动比率 = \frac{8\,000 + 10\,000 + 12\,000}{34\,000} \times 100\% = 88.24\%$$

$$年末速动比率 = \frac{9\,000 + 5\,000 + 13\,000}{40\,000} \times 100\% = 67.5\%$$

分析表明该公司2020年年末的速动比率比年初有所降低，虽然该公司流动比率超过一般公认的标准，但由于流动资产中存货所占比重过大，导致公司速动比率未达到一般公认标准，公司实际短期偿债能力并不如想象中的好，需要采取一定的措施加以改进。

3. 现金流动负债比率

现金流动负债比率是企业在一定时期内的经营现金净流量与流动负债的比率，可以从现金流动的角度来反映企业当期偿付短期负债的能力。其计算公式为

$$现金流动负债比率 = \frac{年经营现金净流量}{年末流动负债} \times 100\%$$

现金流动负债比率越大，表明企业经营活动产生的现金净流量越多，越能保障企业按期偿还到期债务。但是，该指标也不是越大越好，指标过大，表明企业流动资金利用不充分，获利能力不强。

该指标从现金流入和流出的动态角度对企业的实际偿债能力进行考察，反映本期经营活动所产生的现金净流量足以抵付流动负债的倍数。

由于净利润与经营活动产生的现金净流量有可能背离，有利润的年份不一定有足够的现金（含现金等价物）来偿还债务，所以利用以收付实现制为基础计量的现金流动负债比率指标，能充分体现企业经营活动所产生的现金净流量，可以在多大程度上保证当期流动负债的偿还，直观地反映出企业偿还流动负债的实际能力。

一般该指标大于1，表示企业流动负债的偿还有可靠保证。该指标越大，表明企业经营活动产生的现金净流量越多，越能保障企业按期偿还到期债务，但也并不是越大越好，该指标过大，则表明企业流动资金利用不充分，盈利能力不强。

运用该指标时要注意以下两个问题。

(1) 对经营活动产生的现金净流量的计量。企业的现金流量分为三大类，即经营活动产生的现金流量、投资活动产生的现金流量、筹资活动产生的现金流量。计算企业现金流动负债比率时所取的数值仅为经营活动产生的现金流量。这是因为企业的现金流量来源主要取决于该企业的经营活动，评价企业的财务状况也主要是为了衡量企业的经营活动业绩。投资及筹资活动仅起到辅助作用且其现金流量具有偶然性、非正常性，因此用经营活动产生的现金流量来评价企业业绩更具有可比性。

(2) 对流动负债总额的计量。流动负债总额中包含有预收账款。由于预收账款并不需要企业当期用现金来偿付，因此在衡量企业短期偿债能力时应将其从流动负债中扣除。对于预收账款数额不大的企业，可以不予考虑。但如果一个企业存在大量的预收账款，则必须考虑其对指标的影响程度，进行恰当的分析处理。

另外，经营活动产生的现金净流量是过去一个会计年度的经营结果，而流动负债则是未来一个会计年度需要偿还的债务，两者的会计期间不同。因此，这个指标是建立在以过去一年的现金流量来估计未来一年的现金流量的假设基础之上的。使用这一财务比率时，需要考虑未来一个会计年度影响经营活动的现金流量变动的因素。

【例 9-5】 沿用表 9-3 资料，同时假设该企业 2019 年和 2020 年的经营现金净流量分别为 3 000 万元和 5 000 万元（经营现金净流量的数据可以从企业的现金流量表中获取）。要求：计算该公司 2019 年和 2020 年的现金流动负债比率。

解： 2020 年现金流动负债比率 $= \dfrac{3\ 000}{34\ 000} \times 100\% = 8.824\%$

2020 年现金流动负债比率 $= \dfrac{5\ 000}{40\ 000} \times 100\% = 12.5\%$

该公司 2020 年的现金流动负债比率比 2019 年有非常明显的提高，表明该公司的短期负债能力显著增强。

（二）长期偿债能力指标

长期偿债能力是企业偿还长期负债的能力。企业长期偿债能力的衡量指标主要有两项——资产负债率和产权比率。

1. 资产负债率

资产负债率又称负债比率，是企业负债总额对资产总额的比率，它主要表明总资产中有多大比例是通过借债筹集的以及企业资产对债权人权益的保障程度。这是一个用于衡量债权人资金的安全程度的指标。其计算公式为

$$资产负债率 = \dfrac{负债总额}{资产总额} \times 100\%$$

一般情况下，资产负债率越小，说明企业长期偿债能力越强。从债权人角度，该指标越小越好，表明企业对债权人的保障程度高。从所有者角度，指标越小不越好，表明

企业负债经营能力差。

这一比率可以测知公司扩展经营能力的大小，并揭示股东权益运用的程度。其比率越高，公司扩展经营的能力越大，股东权益越能得到充分利用，越有机会获得更大的利润，为股东带来更多的收益，但举债经营要承担较大的风险。反之，如果经营不佳，则借贷的利息由股东权益来弥补，如果负债过多乃至于无法支付利息或偿还本金，则有可能被债权人强迫清偿或改组。

在分析时，债务的账龄结构、债务的偿付期限数额与资产变现期限、数额的对称结构、资产的变现质量等方面因素值得考虑。

【例 9-6】 沿用表 9-3 资料。要求：计算该公司 2020 年的资产负债率。

解：
$$年初资产负债率 = \frac{54\,000}{200\,000} \times 100\% = 27\%$$

$$年末资产负债率 = \frac{65\,000}{230\,000} \times 100\% = 28.26\%$$

该公司 2020 年年初和年末的资产负债率均不高，说明其长期偿债能力较强，这样有助于增强债权人对公司出借资金的信心。

2. 产权比率

产权比率也叫"债务股权比率"，产权比率是负债总额与主权资本总额（或股东权益）的比率。反映了由债权人提供的资金与由股东提供的资本的比例关系。也表明了由债权人提供的资金受股东权益的保护程度。其计算公式为

$$产权比率 = \frac{负债总额}{主权资本总额} \times 100\% = \frac{负债总额}{股东权益} \times 100\%$$

主权资本 = 实收资本 + 资本公积 + 留存收益

留存收益 = 盈余公积 + 未分配利润

产权比率不仅反映了由债务人提供的资本与所有者提供的资本的相对关系，而且反映了企业自有资金偿还全部债务的能力，因此它又是衡量企业负债经营是否安全有利的重要指标。一般来说，这一比率越低，表明企业长期偿债能力越强，债权人权益保障程度越高，承担的风险越小，一般认为这一比率为 1∶1，即 100% 以下时，应该是有偿债能力的，但还应该结合企业的具体情况加以分析。当企业的资产收益率大于负债成本率时，负债经营有利于提高资金收益率，获得额外的利润，这时的产权比率可适当高些。产权比率高，是高风险、高报酬的财务结构；产权比率低，是低风险、低报酬的财务结构。

【例 9-7】 沿用表 9-3 资料。要求：计算该公司 2020 年的产权比率。

解：
$$年初产权比率 = \frac{54\,000}{146\,000} \times 100\% = 36.99\%$$

$$年末产权比率 = \frac{65\,000}{165\,000} \times 100\% = 39.39\%$$

分析表明该公司 2021 年年初和年末的产权比率都不高，同资产负债的计算结果可以互相印证，表明公司的长期偿债能力较强，债权人的保障程度较高。

3. 或有负债比率

或有负债比率是指企业或有负债余额对所有者权益总额的比率，反映企业所有者权

益应对可能发生的或有负债的保障程度。其计算公式为

$$或有负债比率 = \frac{或有负债余额}{所有者权益总额} \times 100\%$$

或有负债总额＝已贴现商业承兑汇票金额＋对外担保金额＋未决诉讼未决仲裁金额（除贴现与担保引起的诉讼或仲裁）＋其他或有负债金额

一般情况下，或有负债比率越低，表明企业的长期偿债能力越强，所有者权益应对或有负债的保障程度越高；或有负债比率越高，表明企业承担的相关风险越大。

【例9-8】 沿用表9-3资料。要求：计算该公司2020年的或有负债比率。

解： $$年初或有负债比率 = \frac{2\,000}{146\,000} \times 100\% = 1.37\%$$

$$年末或有负债比率 = \frac{1\,500}{165\,000} \times 100\% = 0.91\%$$

该公司2020年年末的或有负债比率比2020年年初有所降低，表明该公司应对或有负债可能引起的连带偿还等风险的能力增强。

4. 已获利息保障倍数

已获利息保障倍数又称已获利息倍数，是指企业息税前利润与债务利息之比，用于衡量偿付借款利息的能力，它是衡量企业支付负债利息能力的指标。

$$已获利息保障倍数 = \frac{息税前利润}{债务利息} = \frac{净收益 + 利息 + 所得税}{债务利息} = \frac{税前利润 + 债务利息}{债务利息}$$

式中，息税前利润为利润表中未扣除债务利息和所得税前的利润；债务利息本期发生的全部应付利息，不仅包括财务费用中的利息费用，还应包括计入固定资产成本的资本化利息。资本化利息虽然不在利润表中扣除，但仍然是要偿还的。已获利息保障倍数的重点是衡量企业支付利息的能力，没有足够大的息税前利润，利息的支付就会发生困难。

已获利息保障倍数不仅反映了企业获利能力的大小，而且反映了获利能力对偿还到期债务的保证程度，它既是企业举债经营的前提依据，也是衡量企业长期偿债能力大小的重要标志。要维持正常偿债能力，已获利息保障倍数至少应大于1，且比值越高，企业长期偿债能力越强。如果已获利息保障倍数过低，企业将面临亏损、偿债的安全性与稳定性下降的风险。

【例9-9】 沿用表9-4资料，同时假设表中的财务费用全部为利息支出。要求：计算该公司2019年和2020年的已获利息保障倍数。

解： $$2019年已获利息保障倍数 = \frac{40\,000 + 2\,000}{2\,000} = 21$$

$$2020年已获利息保障倍数 = \frac{42\,000 + 3\,000}{3\,000} = 15$$

从以上结果可以看出，该公司2019年和2020年的已获利息保障倍数都较高，表明该公司具有较强的偿还负债利息的能力。

5. 带息负债比率

带息负债比率是指企业某一时点的带息负债总额与负债总额的比率，反映企业负债中带息负债的比重，在一定程度上体现了企业未来的偿债（尤其是偿还利息）压力。其计算公式为

$$带息负债比率 = \frac{带息负债总额}{负债总额} \times 100\%$$

带息负债总额＝短期借款＋一年内到期的长期负债＋长期借款＋应付债券＋应付利息

一般情况下,带息负债比率越低,表明企业的偿债压力越低,尤其是偿还债务利息的压力越低;带息负债比率越高,表明企业所承担的偿还债务和利息的风险越大。

【例 9-10】 沿用表 9-3 资料,同时假设该公司 2020 年年初和年末的短期借款和长期借款均为带息负债。要求:计算该公司 2020 年年初和年末的带息负债比率。

解:

$$年初带息负债比率 = \frac{40\ 000}{54\ 000} \times 100\% = 74.07\%$$

$$年末带息负债比率 = \frac{48\ 000}{65\ 000} \times 100\% = 73.85\%$$

该公司 2020 年年末的带息负债比率比 2020 年年初略有降低,但带息负债占负债总额的比重较大,表明该公司承担了较大的偿还债务及其利息的压力。

二、营运能力分析

营运能力是企业基于外部市场环境的约束,通过内部人力资源和生产资料的配置组合而对财务目标实现所产生作用的大小。营运能力指标主要包括生产资料营运能力指标。生产资料的营运能力实际上就是企业的总资产及各个组成要素的营运能力。资产营运能力的强弱取决于资产的周转速度、资产运行状况、资产管理水平等多种因素。

资金的周转速度,通常用周转率和周转期来表示。①周转率是企业在一定时期内资产的周转额与平均余额的比率,反映企业资产在一定时期的周转次数。周转次数越多,表明周转速度越快,资产营运能力越强。②周转期是周转次数的倒数与计算期天数的乘积,反映资金周转一次所需要的天数。周转期越短,表明周转速度越快,资产营运能力越强。其计算公式为

$$周转率(周转次数) = \frac{周转额}{平均资产余额}$$

$$周转期(周转天数) = \frac{计算期天数}{周转次数} = 平均资产余额 \times \frac{计算期天数}{周转额}$$

生产资料营运能力可以从流动资产周转情况、固定资产周转情况、总资产周转情况等方面进行分析。

(一) 流动资产营运能力指标

反映流动资产周转情况的指标主要有应收账款周转率、存货周转率和流动资产周转率。

1. 应收账款周转率

应收账款周转率是企业一定时期营业收入(或销售收入,本章下同)与平均应收账款余额的比率,反映企业应收账款变现速度的快慢和管理效率的高低。其计算公式为

$$应收账款周转率(周转次数) = \frac{营业收入}{平均应收账款余额}$$

$$平均应收账款余额 = \frac{应收账款余额年初数 + 应收账款余额年末数}{2}$$

应收账款周转期表示企业从取得应收账款的权利到收回款项、转换为现金所需要的时间,等于360除以应收账款周转率。一般来说,应收账款周转率越高,平均收账期越短,说明应收账款的收回越快。否则,企业的营运资金会过多地呆滞在应收账款上,影响正常的资金周转。季节性经营的企业使用这个指标时不能反映实际情况,大量使用分期付款结算方式,大量使用现金结算的销售,年末大量销售或年末销售大幅度下降,这些因素都会对计算结果产生较大的影响。财务报表的外部使用人可以将计算出的指标与该企业前期指标、与行业平均水平或其他类似企业的指标相比较,判断该指标的高低。但仅根据指标的高低分析不出上述各种原因。

【例9-11】 沿用表9-3和表9-4资料,同时假设该公司2018年年末的应收账款余额为11 000万元。要求:计算应收账款周转率。

解: 2019年应收账款周转率=188 000÷11 500=16.35

2020年应收账款周转率=212 000÷12 500=16.96

以上计算结果表明,公司2020年的应收账款周转率比2019年有所改善,表明公司营运能力有所提高,且对流动资产的变现能力和周转速度也有促进作用。

2. 存货周转率

存货周转率是企业一定时期主营业务成本与平均存货余额的比率。用于反映存货的周转速度,即存货的流动性及存货资金占用量是否合理,促使企业在保证生产经营连续性的同时,提高资金的使用效率,增强企业的短期偿债能力。其计算公式为

$$存货周转率(周转次数) = \frac{营业成本}{平均存货余额}$$

$$平均存货余额 = \frac{存货余额年初数 + 存货余额年末数}{2}$$

$$存货周转期(周转天数) = \frac{平均存货余额 \times 360}{营业成本}$$

存货周转率是企业营运能力分析的重要指标之一,在企业管理决策中被广泛地使用。存货周转率不仅可以用于衡量企业生产经营各环节中存货营运效率,而且被用于评价企业的经营业绩,反映企业的绩效。存货周转率是对流动资产周转率的补充说明,通过存货周转率的计算与分析,可以测定企业一定时期内存货资产的周转速度,是反映企业购、产、销平衡效率的一种尺度。存货周转率越高,表明企业存货资产变现能力越强,存货及占用在存货上的资金周转速度越快。

【例9-12】 沿用表9-3和表9-4的资料。要求:计算该公司2020年的存货周转期。

解: 平均存货余额=(40 000+52 000)÷2=46 000(万元)

存货周转率(次)=124 000÷46 000=2.7(次)

存货周转期(天)=360÷2.7=133.33(天)

3. 流动资产周转率

流动资产周转率是销售(营业)收入净额与平均流动资产占用额的比率,它反映的

是全部流动资产的利用效率。流动资产周转率是分析流动资产周转情况的一个综合指标。其计算公式为

$$流动资产周转率=\frac{主营业务收入净额}{平均流动资产占用额}（次）$$

流动资产周转率反映了企业流动资产的周转速度，是从企业全部资产中流动性最强的流动资产角度对资产的利用效率进行分析，以进一步揭示影响资产质量的主要因素。

该指标将主营业务收入净额与资产中最具活力的流动资产相比较，既能反映一定时期流动资产的周转速度和使用效率，又能进一步体现每单位流动资产实现价值补偿的高低，以及补偿速度的快慢。

要实现该指标的良性变动，应以主营业务收入增幅高于流动资产增幅作保证。在企业内部，通过对该指标的分析对比，一方面可以促进加强内部管理，充分有效地利用其流动资产，如降低成本、调动暂时闲置的货币资金创造收益等；另一方面也可以促进企业采取措施扩大生产或服务领域，提高流动资产的综合使用效率。

一般情况下，该指标越高，表明企业流动资产周转速度越快，利用越好。在较快的周转速度下，流动资产会相对节约，其意义相当于流动资产投入的扩大，在某种程度上增强了企业的创收能力；而周转速度慢，则需补充流动资金参加周转，形成资金浪费，降低企业创收能力。

应该注意的是，流动资产周转率要结合存货、应收账款一并进行分析，它和反映盈利能力的指标结合在一起使用，可全面评价企业的盈利能力。

【例 9-13】 沿用表 9-3 和表 9-4 的资料。要求：计算该公司 2020 年的流动资产周转期。

解： 平均流动资产总额＝(71 000＋80 500)÷2＝75 750(万元)

流动资产周转率(次)＝212 000÷75 750＝2.8(次)

流动资产周转期(天)＝360÷2.8＝128.57(天)

（二）固定资产营运能力指标

固定资产周转率又称固定资产营运效率，是指企业年产品销售（营业）收入净额与平均固定资产净值的比率。它是反映企业固定资产周转情况，从而衡量固定资产利用效率的一项指标。其计算公式为

$$固定资产周转率（营运效率）=\frac{主营业务收入净额}{平均固定资产净值}=\frac{平均流动资产余额}{平均固定资产余额}\times 流动资产周转率$$

固定资产周转率主要用于分析对厂房、设备等固定资产的利用效率，比率越高，说明固定资产利用率越高，管理水平越好。如果固定资产周转率与同行业平均水平相比偏低，则说明企业对固定资产的利用率较低，可能会影响企业的获利能力。固定资产周转率的注意事项如下。

首先，这一指标的分母采用固定资产净值，因此指标的比较将受到折旧方法和折旧年限的影响，应注意其可比性问题。

其次，当企业固定资产净值率过低（如因资产陈旧或过度计提折旧），或者当企业

属于劳动密集型企业时,这一比率就可能没有太大的意义。

【例9-14】 沿用表9-3和表9-4资料,同时假设该公司2018年年末的固定资产净值为118 000万元。要求:计算该公司的固定资产周转率。

解: 2019年固定资产周转率=188 000÷119 000=1.58
2020年固定资产周转率=212 000÷130 000=1.63

以上计算结果表明,公司2020年的固定资产周转率比2019年有所加快,表明公司营运能力有所提高。

(三) 总资产营运能力指标

总资产周转率是指企业在一定时期内销售(营业)收入净额与平均资产总额的比值,是综合评价企业全部资产的经营质量和利用效率的重要指标。其计算公式为

$$总资产周转率(次数)=\frac{主营业务收入净额}{平均资产总额}=\frac{主营业务收入净额}{\frac{年初资产总额+年末资产总额}{2}}$$

$$总资产周转天数=\frac{365}{总资产周转率}=\frac{365\times 平均资产总额}{主营业务收入净额}$$

这一指标是用于显示企业利用每一元的资产能够得到多少元的销售收入,或一年中为达到即定的销售收入净额,需将所有的资产运行多少次。

总资产周转率综合反映了企业整体资产的营运能力,一般来说,资产的周转次数越多或周转天数越少,表明其周转速度越快,营运能力也就越强。在此基础上,应进一步从各个构成要素进行分析,以便查明总资产周转率升降的原因。企业可以通过薄利多销的办法,加速资产的周转,带来利润绝对额的增加。存货周转率分析的目的是从不同的角度和环节上找出存货管理中的问题,使存货管理在保证生产经营连续性的同时,尽可能少占用经营资金,提高资金的使用效率,增强企业短期偿债能力,促进企业管理水平的提高。

【例9-15】 沿用表9-3和表9-4的资料。要求:计算该公司2020年的总资产周转期。

解: 平均资产总额=(200 000+230 000)÷2=215 000(万元)
总资产周转率=212 000÷215 000=0.99(次)
总资产周转期=360÷0.99=365.64(天)

切记:计算平均资产总额时应当采用$\frac{期初数+期末数}{2}$的公式。

三、获利能力分析

获利能力就是企业资金增值的能力,通常表现为企业收益数额的大小与水平的高低。获利能力指标主要包括营业利润率、成本费用利润率、总资产报酬率和净资产收益率四项。实务中,上市公司经常采用每股股利、每股净资产等指标评价其获利能力。

(一) 销售毛利率、销售利润率与销售净利润率

1. 销售毛利率

销售毛利率是指毛利占销售收入的百分比，简称毛利率，其中毛利是销售收入与销售成本的差额。其计算公式为

$$销售毛利率 = \frac{销售收入 - 销售成本}{销售收入} \times 100\%$$

销售毛利率表示每一元销售收入扣除销售成本后，有多少钱可以用于各项期间费用和形成盈利。销售毛利率是企业销售净利率的最初基础，没有足够大的毛利率便不能盈利。

2. 销售利润率

销售利润率是被广泛采用的用于评估企业营运效益的比率，是企业利润总额与产品销售净收入的比率。销售利润率是衡量企业销售收入的收益水平的指标。属于盈利能力类指标，其他衡量盈利能力的指标还有资产利润率、权益净利率。其计算公式为

$$销售利润率 = \frac{利润总额}{产品销售净收入} \times 100\%$$

式中，产品销售净收入为扣除销售折让、销售折扣和销售退回之后的销售净额。销售利润率越高，说明销售获利水平越高。在产品销售价格不变的条件下，利润的多少要受产品成本和产品结构等的影响。产品成本降低，产品结构中利润率高的产品比重上升，销售利润率就提高；反之，产品成本上升，产品结构中利润率高的产品比重下降，销售利润率就下降。分析、考核销售利润率，对改善产品结构，促进成本降低等都有积极的作用。

3. 销售净利润率

销售净利润率是净利润占销售收入的百分比。该指标反映每一元销售收入带来的净利润的多少，表示销售收入的收益水平。其计算公式为

$$销售净利润率 = \frac{净利润}{销售收入} \times 100\%$$

销售净利润率与净利润成正比关系，与销售收入成反比关系，企业在增加销售收入额的同时，必须相应地获得更多的净利润，才能使销售净利润率保持不变或有所提高。通过分析销售净利润率的升降变动，可以促使企业在扩大销售的同时，注意改进经营管理，提高盈利水平。

一般来讲，该指标越大，说明企业销售的盈利能力越强。一个企业如果能保持良好的持续增长的销售净利率，应该讲企业的财务状况是好的，但并不能绝对地讲销售净利率越大越好，还必须看企业的销售增长情况和净利润的变动情况。

【例 9-16】 沿用表 9-3 和表 9-4 资料。要求：计算该公司 2019 年和 2020 年的销售净利润率。

解： $2019 年销售净利润率 = \frac{30\ 000}{188\ 000} \times 100\% = 15.96\%$

$2020 年销售净利润率 = \frac{31\ 500}{212\ 000} \times 100\% = 14.86\%$

该公司 2020 年的销售净利润率比 2019 年有所下降，表明该公司在经营业务上有问题，需要多方面进行分析。

（二）成本费用利润率

成本费用利润率是企业一定期间的利润总额与成本费用总额的比率。成本费用利润率指标表明每付出一元成本费用可获得多少利润，体现了经营耗费所带来的经营成果。该项指标越高，利润就越大，反映企业的经济效益越好。其计算公式为

$$成本费用利润率 = \frac{利润总额}{成本费用总额} \times 100\%$$

式中，利润总额和成本费用总额来自企业的损益表。成本费用总额一般指主营业务成本、主营业务税金及附加和三项期间费用。

分析时，可将成本费用总额与营业利润额进行对比，计算成本费用营业利润率指标。其计算公式为

$$成本费用营业利润率 = \frac{营业利润额}{成本费用总额} \times 100\%$$

如利润中还包括其他业务利润，而其他业务利润与成本费用也没有内在联系，分析时，还可将其他业务利润扣除。

【例 9-17】 沿用表 9-4 资料。要求：计算该公司 2019 年和 2020 年的成本费用营业利润率。

解： 2019 年成本费用营业利润率 $= \frac{40\ 000}{146\ 000} \times 100\% = 27.4\%$

2020 年成本费用营业利润率 $= \frac{42\ 000}{168\ 000} \times 100\% = 25\%$

该公司 2020 年的成本费用营业利润率比 2019 年有所下降，表明该公司在经营业务上有问题，需要多方面分析检查，找出原因。

（三）盈余现金保障倍数

盈余现金保障倍数（又称盈利现金比率）是指企业一定时期经营现金净流量与净利润的比值，反映了企业当期净利润中现金收益的保障程度，真实地反映了企业盈余的质量。盈余现金保障倍数从现金流入和现金流出的动态角度，对企业收益的质量进行评价，对企业的实际收益能力再一次修正。其计算公式为

$$盈余现金保障倍数 = \frac{经营现金净流量}{净利润}$$

盈余现金保障倍数在收付实现制的基础上，充分反映出企业当期净收益中有多少是有现金保障的，挤掉了收益中的水分，体现出企业当期收益的质量状况。同时，减少了权责发生制会计对收益的操纵。

一般而言，当企业当期净利润大于 0 时，该指标应当大于 1。该指标越大，表明企业经营活动产生的净利润对现金的贡献越大。但是，由于指标分母变动较大，致使该指标的数值变动也比较大，所以，对该指标应根据企业实际效益状况有针对性地进行

分析。

【例 9-18】 沿用表 9-4 资料，同时假设该公司 2019 年和 2020 年的经营现金净流量分别为 30 000 万元和 50 000 万元。要求：计算公司 2019 年和 2020 年的盈余现金保障倍数。

解： 2019 年盈余现金保障倍数 $= \dfrac{30\,000}{30\,000} \times 100\% = 1$

2020 年盈余现金保障倍数 $= \dfrac{50\,000}{31\,500} \times 100\% = 1.59$

该公司 2020 年的盈余现金保障倍数比 2019 年有较大幅度的提高，表明该公司的收益流动性有所提高。

（四）总资产报酬率

总资产报酬率又称总资产利润率、总资产回报率、资产总额利润率，是指企业息税前利润与平均总资产之间的比率。用于评价企业运用全部资产的总体获利能力，是评价企业资产营运效益的重要指标。其计算公式为

$$总资产报酬率 = \frac{利润总额 + 利息支出}{平均总资产} \times 100\%$$

式中， $平均总资产 = \dfrac{期初资产总额 + 期末资产总额}{2}$

需要注意的是，计算总资产报酬率指标时要包括利息支出。因为，既然采用全部资产，从利润中没有扣除自有资本的等价报酬——股利，那么，同样也不能扣除借入资本的等价报酬——利息。何况从企业对社会的贡献来看，利息和利润具有同样的经济意义。总资产报酬率高，说明企业资产的运用效率好，也意味着企业的资产盈利能力强，所以，这个比率越高越好。评价总资产报酬率时，需要与企业前期的比率、同行业其他企业的这一比率进行比较，并进一步找出影响该指标的不利因素，以利于企业加强经营管理。

总资产报酬率越高，表明资产利用效率越高，说明企业在增加收入、节约资金使用等方面取得了良好的效果，企业的资产运营越有效；该指标越低，说明企业资产利用效率低，应分析差异原因，提高销售利润率，加速资金周转，提高企业经营管理水平。

【例 9-19】 沿用表 9-3 和表 9-4 资料，同时假设该公司 2018 年总资产为 180 000 万元。要求：计算该公司 2019 年和 2020 年的总资产报酬率。

解： 2019 年总资产报酬率 $= \dfrac{40\,000 + 2\,000}{(180\,000 + 200\,000) \div 2} = 22.11\%$

2020 年总资产报酬率 $= \dfrac{42\,000 + 3\,000}{(200\,000 + 230\,000) \div 2} = 20.93\%$

由计算结果可知，该公司 2020 年的总资产报酬率低于 2019 年，需要结合公司资产的使用情况、增产节约情况，以及成本效益指标一起分析，以改进管理，提高资产利用效率和企业经营管理水平，增强盈利能力。

（五）净资产收益率

净资产收益率又称股东权益报酬率、净值报酬率、权益报酬率、权益利润率、净资

产利润率,是衡量公司盈利能力的重要指标。这一指标是企业一定时期内净利润与平均净资产的比值,体现了企业自有资本获得净收益的能力。其计算公式为

$$净资产收益率 = \frac{净利润}{平均净资产} \times 100\%$$

式中,

$$平均净资产 = \frac{所有者权益年初数 + 所有者权益年末数}{2}$$

一般认为,企业净资产收益率越高,企业自有资本获取收益的能力越强,营运效益越好,对企业投资人、债权人的保证程度就越好。

企业资产包括两部分:一部分是股东的投资,即所有者权益(它是股东投入的股本、企业公积金和留存收益等的总和);另一部分是企业借入和暂时占用的资金。企业适当地运用财务杠杆可以提高资金的使用效率,借入的资金过多会增大企业的财务风险,但一般可以提高盈利,借入的资金过少会降低资金的使用效率,而净资产收益率是衡量股东资金使用效率的重要财务指标。

【例9-20】 沿用表9-3和表9-4资料,同时假设该公司2018年的年所有者权益为130 000万元。要求:计算该公司2019年和2020年的净资产收益率。

解: $2019年净资产收益率 = \dfrac{30\ 000}{138\ 000} \times 100\% = 21.74\%$

$2020年净资产收益率 = \dfrac{31\ 500}{155\ 500} \times 100\% = 20.26\%$

该公司2020年的净资产收益率比2019年降低了约1%,表明该公司的净资产获利能力可能有问题,经检查分析可以发现是由于该公司所有者权益的增长快于净利润的增长引起的。

(六)资本收益率

资本收益率又称资本利润率,是指企业净利润(即税后利润)与平均资本(即资本性投入及其资本溢价)的比率,用以反映企业实际获得投资额的回报水平。其计算公式为

$$资本收益率 = \frac{净利润}{平均资本} \times 100\%$$

式中,

$$平均资本 = \frac{实收资本(股本)年初数 + 资本公积年初数 + 实收资本(股本)年末数 + 资本公积年末数}{2}$$

资本收益率越高,说明企业自有投资的经济效益越好,投资者的风险越少,值得投资和继续投资。因此,它是投资者和潜在投资者进行投资决策的重要依据。对企业经营者来说,如果资本收益率高于债务资金成本率,适度负债经营对投资者来说是有利的;反之,如果资本收益率低于债务资金成本率,过高的负债经营就将损害投资者的利益。

【例9-21】 沿用表9-3和表9-4资料,同时假设该公司2018年的年末实收资本为120 000万元(无资本公积)。要求:计算该公司2019年和2020年的资本收益率。

解: $2019年资本收益率 = \dfrac{30\ 000}{120\ 000} \times 100\% = 25\%$

$$2020\text{年资本收益率} = \frac{31\,500}{120\,000} \times 100\% = 26.25\%$$

该公司2020年的资本收益率比2019年上升了1%，经检查分析可以发现是由于该公司的资本没有变化，净利润有所增长引起的。

（七）每股收益

每股收益是综合反映企业获利能力的重要指标，可用于判断和评价管理层的经营业绩。

1. 基本每股收益

基本每股收益的计算公式为

$$\text{基本每股收益} = \frac{\text{归属于公司普通股股东的净利润}}{\text{发行在外的普通股加权平均数}}$$

【例9-22】 某上市公司2020年归属于普通股股东的净利润为25 000万元。2019年年末的股本为8 000万股，2020年2月8日，经公司2020年股东大会决议，以截至2018年年末公司总股本为基础，向全体股东每10股送红股10股，工商注册登记变更完成后，公司总股本变为16 000万股。2020年11月29日发行新股6 000万股。要求：计算基本每股收益。

解： $$\text{基本每股收益} = \frac{25\,000}{8\,000 + 8\,000 + 6\,000 \times \frac{1}{12}} = 1.52（\text{元/股}）$$

在本例计算中，公司2020年分配10送10导致股本增加8 000万股，由于送红股是将公司以前年度的未分配利润转为普通股，转化与否都一直作为资本使用，因此新增的这8 000万股不需要按照实际增加的月份加权计算，可以直接计入分母；而公司发行新股6 000万股，这部分股份由于在11月底增加，对全年的利润贡献只有1个月，因此应该按照1/12的权数进行加权计算。

2. 稀释每股收益

企业存在稀释性潜在普通股的，应当计算稀释每股收益。潜在普通股主要包括可转换公司债券、认股权证和股份期权等。

对于可转换公司债券，计算稀释每股收益时，分子的调整项目为可转换公司债券当期已确认为费用的利息等的税后影响额；分母的调整项目为假定可转换公司债券当期期初或发行日转换为普通股的股数加权平均数。

认股权证、股份期权等的行权价格低于当期普通股平均市场价格时，应当考虑其稀释性。

计算稀释每股收益时，作为分子的净利润金额一般不变；分母的调整项目为增加的普通股股数，同时还应考虑时间权数。

行权价格和拟行权时转换的普通股股数，按照有关认股权证合同和股份期权合约确定。基本每股收益公式中的当期普通股平均市场价格，通常按照每周或每月具有代表性的股票交易价格进行简单算术平均计算。在股票价格比较平稳的情况下，可以采用每周或每月股票的收盘价作为代表性价格；在股票价格波动较大的情况下，可以采用每周或每月股票最高价与最低价的平均值作为代表性价格。无论采用何种方法计算平均市场价格,一经确定,不得随意变更,除非有确凿证据表明原计算方法不再适用。当期发行认股权证或股份期权的,普通股平均市场价格应当自认股权证或股份期权的发行日起计算。

【例 9-23】 某上市公司 2020 年 7 月 1 日按面值发行年利率 3‰ 的可转换公司债券,面值 10 000 万元,期限为 5 年,利息每年年末支付一次,发行结束一年后可以转换股票,转换价格为每股 5 元,即每 100 元债券可转换为 1 元面值的普通股 20 股。2020 年该公司归属于普通股股东的净利润为 30 000 万元,2020 年发行在外的普通股加权平均数为 40 000 万股,债券利息不符合资本化条件,直接计入当期损益,企业所得税税率 25%。假设不考虑可转换公司债券在负债成分和权益成分之间的分拆,且债券票面利率等于实际利率。要求:计算稀释每股收益。

解:基本每股收益 $= \dfrac{30\,000}{40\,000} = 0.75(元)$

假设全部转股,所增加的净利润 $= 10\,000 \times 3\% \times \dfrac{6}{12} \times (1-25\%) = 112.5(万元)$

假设全部转股,所增加的年加权平均普通股股数 $= \dfrac{10\,000}{100} \times 20 \times \dfrac{6}{12} = 1\,000(万股)$

增量股的每股收益 $= \dfrac{112.5}{1\,000} = 0.1125(元)$

增量股的每股收益小于基本每股收益,可转换债券具有稀释作用。

稀释每股收益 $= \dfrac{30\,000+112.5}{40\,000+1\,000} = 0.73(元)$

在分析每股收益指标时,应注意企业利用回购库存股的方式减少发行在外的普通股股数,使每股收益简单增加。另外,如果企业将盈利用于派发股票股利或配售股票,就会使企业流通在外的股票数量增加,这样将会大量稀释每股收益。在分析上市公司公布的信息时,投资者应注意区分公布的每股收益是按原始股股数还是按完全稀释后的股份计算规则计算的,以免受到误导。

对投资者来说,每股收益是一个综合性的盈利概念,能比较恰当地说明收益的增长或减少。人们一般将每股收益视为企业能否成功地达到其利润目标的计量标志,也可以将其看成一家企业管理效率、盈利能力和股利来源的标志。

每股收益这一财务指标在不同行业、不同规模的上市公司之间具有相当大的可比性,因而在各上市公司之间的业绩比较中被广泛地加以引用。此指标越大,盈利能力越好,股利分配来源越充足,资产增值能力越强。

(八) 每股股利

每股股利是企业股利总额与企业流通股数的比值。其计算公式为

$$每股股利 = \dfrac{股利总额}{流通股数}$$

【例 9-24】 某上市公司 2020 年发放普通股股利 3 600 万元,年末发行在外的普通股股数为 12 000 万股。要求:计算每股股利。

解：$$\text{每股股利} = \frac{3\ 600}{12\ 000} = 0.3(\text{元})$$

每股股利反映的是上市公司每一普通股获取股利的大小。每股股利越大，则企业股本获利能力就越强；每股股利越小，则企业股本获利能力就越弱。但须注意，上市公司每股股利发放多少，除受上市公司获利能力大小影响以外，还取决于企业的股利发放政策。如果企业为了增强发展后劲增加公积金，则当前的每股股利必然会减少；反之，则当前的每股股利会增加。

反映每股股利和每股收益之间关系的一个重要指标是股利发放率，即每股股利分配额与当期的每股收益之比。借助该指标，投资者可以了解一家上市公司的股利发放政策。

（九）市盈率

市盈率是股票每股市价与每股收益之间的比率，其计算公式为

$$\text{市盈率} = \frac{\text{每股市价}}{\text{每股收益}}$$

【例 9-25】 沿用例 9-22 的资料，同时假定该上市公司 2020 年年末每股市价 30.4 元，要求：计算该公司 2020 年年末市盈率。

解：$$\text{市盈率} = \frac{30.4}{1.52} = 20(\text{倍})$$

影响企业股票市盈率的因素：①上市公司盈利能力的成长性。如果上市公司预期盈利能力不断提高，说明企业具有较好的成长性，虽然目前市盈率较高，也值得投资者进行投资。②投资者所获取报酬率的稳定性。如果上市公司经营效益良好且相对稳定，则投资者获取的收益也较高且稳定，投资者就愿意持有该企业的股票，则该企业的股票市盈率会由于众多投资者的普遍看好而相应提高。③市盈率也受到利率水平变动的影响。当市场利率水平变化时，市盈率也做相应的调整。在股票市场的实务操作中，利率与市盈率之间的关系常用：市场平均市盈率=1/市场利率表示，所以，上市公司的市盈率一直是广大股票投资者进行中长期投资的重要决策指标。

使用市盈率进行分析的前提是每股收益维持在一定水平之上，如果每股收益很小或接近亏损，但股票市价不会降至为零，会导致市盈率极高，此时很高的市盈率不能说明任何问题；此外，以市盈率衡量股票投资价值尽管具有市场公允性，但还存在一些缺陷：①股票价格的高低受很多因素影响，非理性因素的存在会使股票价格偏离其内在价值；②市盈率反映了投资者的投资预期，但由于市场不完全和信息不对称，投资者可能会对股票做出错误的估计。因此，通常难以根据某一股票在某一时期的市盈率对其投资价值做出判断，应该进行不同期间以及同行业不同公司之间的比较或与行业平均市盈率进行比较，以判断股票的投资价值。

四、发展能力分析

发展能力是企业在生存的基础上，扩大规模、壮大实力的潜在能力。分析发展能力主要考察以下四项指标——营业收入增长率、资本保值增值率、总资产增长率和营业利润增长率。

（一）营业收入增长率

营业收入增长率是企业本年营业收入增长额与上年营业收入总额的比率，反映企业营业收入的增减变动情况。其计算公式为

$$营业收入增长率 = \frac{本年营业收入增长额}{上年营业收入总额} \times 100\%$$

式中，　　　本年营业收入增长额＝本年营业收入总额－上年营业收入总额

营业收入增长率是衡量企业经营状况和市场占有能力、预测企业经营业务拓展趋势的重要标志。不断增加的主营业务收入，是企业生存的基础和发展的条件。

该指标若大于 0，表示企业本年的主营业务收入有所增长，指标值越高，表明增长速度越快，企业市场前景越好；若该指标小于 0，则说明存在产品或服务不适销对路、质次价高等方面问题，市场份额萎缩。

该指标在实际操作时，应结合企业历年的主营业务收入水平、企业产品或服务市场占有情况、行业未来发展及其他影响企业发展的潜在因素进行前瞻性预测，或者结合企业前三年的业务增长率作出趋势性分析判断。

【例 9-26】 沿用表 9-4 资料。要求：计算该公司 2020 年的营业收入增长率。

解： 2020 年营业收入增长率＝(212 000－188 000)÷188 000×100%＝12.77%

（二）资本保值增值率

资本保值增值率是企业扣除客观因素后的年末所有者权益总额与年初所有者权益总额的比率，反映企业当年资本在企业自身努力下实际增减变动的情况。其计算公式为

$$资本保值增值率 = \frac{扣除客观因素后的年末所有者权益总额}{年初所有者权益总额} \times 100\%$$

一般认为，资本保值增值率越高，表明企业的资本保全状况越好，所有者权益增长越快，债权人的债务越有保障。该指标通常应当大于 100%。

【例 9-27】 沿用表 9-4 资料，同时假设不存在客观因素。要求：计算该公司 2020 年的资本保值增值率。

解： 2020 年资本保值增值率＝165 000÷146 000×100%＝113.01%

（三）资本积累率

资本积累率是指企业本年所有者权益增长额与年初所有者权益之间的比率。资本积累率表示企业当年资本的积累能力，是评价企业发展潜力的重要指标。

$$资本积累率 = \frac{本年所有者权益增长额}{年初所有者权益} \times 100\%$$

本年所有者权益增长额＝所有者权益年末数－所有者权益年初数

资本积累率是企业当年所有者权益总的增长率，反映了企业所有者权益在当年的变动水平。这一指标体现了企业资本的积累情况，是企业发展强盛的标志，也是企业扩大再生产的源泉，展示了企业的发展潜力。

资本积累率反映了投资者投入企业资本的保全性和增长性，该指标越高，表明企业

的资本积累越多,企业资本保全性越强,应对风险、持续发展的能力越大。该指标如为负值,表明企业资本受到侵蚀,所有者利益受到损害,应给予充分重视。

【例9-28】 沿用表9-4资料。要求:计算该公司2020年的资本积累率。

解: 2020年资本积累率=(165 000-146 000)÷146 000×100%=13.01%

(四) 总资产增长率

总资产增长率是企业本年总资产增长额与年初资产总额之间的比率,反映企业本期资产规模的增长情况。其计算公式为

$$总资产增长率=\frac{本年总资产增长额}{年初资产总额}\times 100\%$$

式中, 本年总资产增长额=年末资产总额-年初资产总额

总资产增长率是从企业资产总量扩张方面来衡量企业的发展能力,表明企业规模增长水平对企业发展后劲的影响。总资产增长率越高,表明企业一定时期内资产经营规模扩张的速度越快。但在分析时,需要关注资产规模扩张的质和量的关系,以及企业的后续发展能力,避免盲目扩张。

【例9-29】 沿用表9-4资料。要求:计算该公司2020年的总资产增长率。

解: 2020年总资产增长率=(230 000-200 000)÷200 000×100%=15%

(五) 营业利润增长率

营业利润增长率是企业本年营业利润增长额与上年营业利润总额之间的比率,反映企业营业利润的增减变动情况。其计算公式为

$$营业利润增长率=\frac{本年营业利润增长额}{上年营业利润总额}\times 100\%$$

式中, 本年营业利润增长额=本年营业利润总额-上年营业利润总额

【例9-30】 沿用表9-4资料。要求:计算该公司2020年的营业利润增长率。

解: 2020年营业利润增长率=(47 000-45 000)÷45 000×100%=4.44%

任务三 财务综合分析

引导案例

2021年3月2日晚间,京东公布了2020年第四季度和全年财报。数据显示,京东第四季度营业收入1 707亿元,同比增长26.6%,市场预期1667.2亿元。2020年第四季度净利润36.33亿元,市场预期亏损3.13亿元,2019年同期亏损48.05亿元。京东月活用户同比增长41%(3.62亿元)。

2020年全年,京东净收入为5 769亿元,同比增长24.9%;其中,全年净服务收入为662亿元,同比大幅增长44.1%,全年归属于普通股股东的净利润达到122亿元,

非美国通用会计准则下（Non-GAAP）归属于普通股股东的净利润增长211%（107亿元）。2020年全年京东的自由现金流增长至195亿元。

2019年京东GMV首次突破2万亿，第四季度超过七成新用户来自下沉市场。业绩公布后，京东开盘股价迅速拉升，截至发稿上涨10.02%。数据显示，京东2020年的年度活跃购买用户数增长至3.62亿，环比截至第三季度末的年度活跃购买用户数增长2 760万，单季新增年度活跃购买用户数创下过去12个季度以来的新高。

尤其是京东2019年9月上线的社交电商京喜，在下沉市场上为京东贡献了不少新用户的增长。通过几个月的发展，疫情暴发前，京喜日均单量已经超过100万，京喜的新客以来自低线市场的消费者居多，他们比较喜欢社交属性，冲动型购买，转换率相对更高。目前京东已经布局了100多个产业带，未来的目标是要连接1 000个产业带。在经营方面，京喜将和京东物流一起协同发展。

【引入问题】

如何选取适当的财务指标来正确评价公司？

财务评价是对企业财务状况和经营情况进行的总结、考核和评价，它以企业的财务报表和其他财务分析资料为依据，注重对企业财务分析指标的综合考核。

财务综合评价的方法有很多，包括杜邦分析法、沃尔评分法等。而目前我国企业经营绩效评价主要使用的是功效系数法。功效系数法又叫功效函数法，它根据多目标规划原理，对每一项评价指标确定一个满意值和不允许值，以满意值为上限，以不允许值为下限，计算各指标实现满意值的程度，并以此确定各指标的分数，再经过加权平均进行综合，从而评价被研究对象的综合状况。

运用功效系数法进行经营业绩综合评价的一般步骤包括：选择业绩评价指标，确定各项业绩评价指标的标准值，确定各项业绩评价指标的权数，计算各类业绩评价指标得分，计算经营业绩综合评价分数，得出经营业绩综合评价分级。在这一过程中，正确选择评价指标特别重要。一般来说，指标选择要根据评价目的和要求，考虑分析评价的全面性、综合性。2002年财政部等五部委联合发布了《企业效绩评价操作细则（修订）》。我国企业多数执行或参照执行该操作细则。需要指出的是，《企业效绩评价操作细则（修订）》中提到的效绩评价体系，既包括财务评价指标，又包括非财务指标，避免了单纯从财务方面评价绩效的片面性。运用科学的财务绩效评价手段，实施财务绩效综合评价，不仅可以真实反映企业经营绩效状况，判断企业的财务管理水平，而且有利于适时揭示财务风险，引导企业持续、快速、健康地发展。

一、杜邦分析法

杜邦分析法，又称杜邦财务分析体系，简称杜邦体系，是利用各主要财务比率指标之间的内在联系，对企业财务状况及经济效益进行综合系统分析评价的方法。该体系是以净资产收益率为起点，以总资产净利率和权益乘数为核心，重点揭示企业获利能力及权益乘数对净资产收益率的影响，以及各相关指标间的相互影响作用关系。因其最初由美国杜邦企业成功应用而得名。

杜邦分析法将净资产收益率（权益净利率）分解如图 9-1 所示。其分析关系式如下。

净资产收益率＝销售净利率×总资产周转率×权益乘数

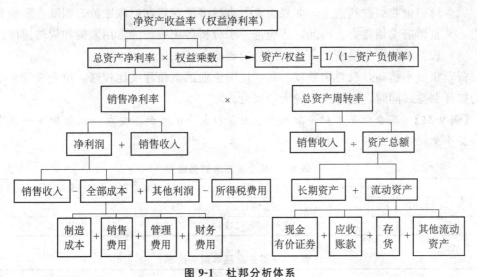

图 9-1　杜邦分析体系

注：① 本章销售净利率即营业净利率，销售收入即营业收入，销售费用即营业费用。
　　② 图中有关资产、负债与权益指标通常用平均值计算。

运用杜邦分析法需要抓住以下几点。

（1）净资产收益率是一个综合性最强的财务分析指标，是杜邦分析体系的起点。

财务管理的目标之一是使股东财富最大化，净资产收益率反映了企业所有者投入资本的获利能力，说明了企业筹资、投资、资产营运等各项财务及其管理活动的效率，而不断提高净资产收益率是使所有者权益最大化的基本保证。所以，这一财务分析指标是企业所有者、经营者都十分关心的。而净资产收益率高低的决定因素主要有三个，即销售净利率、总资产周转率和权益乘数。这样，在进行分解之后，就可以将净资产收益率这一综合性指标升降变化的原因具体化，从而它比只用一项综合性指标更能说明问题。

（2）销售净利率反映了企业净利润与销售收入的关系，它的高低取决于销售收入与成本总额的高低。

要想提高销售净利率，一是要扩大销售收入，二是要降低成本费用。扩大销售收入既有利于提高销售净利率，又有利于提高总资产周转率。降低成本费用是提高销售净利率的一个重要因素，从杜邦分析图可以看出成本费用的基本结构是否合理，从而找出降低成本费用的途径和加强成本费用控制的办法。如果企业财务费用支出过高，就要进一步分析其负债比率是否过高；如果管理费用过高，就要进一步分析其资金周转情况等。从图 9-1 中还可以看出，提高销售净利率的另一个途径是提高其他利润。为了详细地了解企业成本费用的发生情况，在具体列示成本总额时，还可根据重要性原则，将那些影响较大的费用单独列示，以便为寻求降低成本的途径提供依据。

（3）影响总资产周转率的一个重要因素是资产总额。

资产总额由流动资产与长期资产组成，它们的结构合理与否将直接影响资产的周转速度。一般来说，流动资产直接体现企业的偿债能力和变现能力，而长期资产则体现了

企业的经营规模、发展潜力。两者之间应该有一个合理的比例关系。如果发现某项资产比重过大，影响资金周转，就应深入分析其原因，例如企业持有的货币资金超过业务需要，就会影响企业的盈利能力；如果企业占有过多的存货和应收账款，则既会影响获利能力，又会影响偿债能力。因此，还应进一步分析各项资产的占用数额和周转速度。

（4）权益乘数主要受资产负债率指标的影响。

资产负债率越高，权益乘数就越高，说明企业的负债程度比较高，给企业带来了较多的杠杆利益，同时，也带来了较大的风险。

【例 9-31】 某企业基本财务数据如表 9-5 和表 9-6 所示。要求：试分析该企业净资产收益率变化的原因。

表 9-5 某企业基本财务数据　　　　　　　　　　　　　　单位：万元

年度	净利润	销售收入	平均资产总额	平均负债总额	全部成本	制造成本	销售费用	管理费用	财务费用
2019	10 284.04	411 224.01	306 222.94	205 677.07	403 967.43	373 534.53	10 203.05	18 667.77	1 562.08
2020	12 653.92	757 613.81	330 580.21	215 659.54	736 747.24	684 261.91	21 740.96	25 718.20	5 026.17

表 9-6 某企业基本财务比率

年度	2019 年	2020 年
净资产收益率/%	10.23	11.01
权益乘数	3.05	2.88
资产负债率/%	67.2	65.2
总资产净利率/%	3.36	3.83
销售净利率/%	2.5	1.67
总资产周转率/次	1.34	2.29

解：（1）对净资产收益率的分析。

该企业的净资产收益率在 2019 年至 2020 年间出现了一定程度的好转，从 2019 年的 10.23% 增加至 2020 年的 11.01%。企业的投资者在很大程度上依据这个指标来判断是否投资或是否转让股份，考察经营者业绩和决定股利分配政策。这些指标对企业的管理者来说也是至关重要的。

净资产收益率＝权益乘数×总资产净利率

2019 年　　　10.23%＝3.05×3.36%
2020 年　　　11.01%＝2.88×3.83%

通过分解可以明显地看出，该企业净资产收益率的变动在于资本结构（权益乘数）变动和资产利用效果（总资产净利率）变动两方面共同作用的结果，而该企业的总资产净利率太低，显示出很差的资产利用效果。

（2）对总资产净利率的分析。

总资产净利率＝销售净利率×总资产周转率

2019 年　　　3.36%＝2.5%×1.34
2020 年　　　3.83%＝1.67%×2.29

通过分解可以看出 2020 年该企业的总资产周转率有所提高，说明资产的利用得到了比较好的控制，显示出比前一年较好的效果，表明该企业利用其总资产产生销售收入的效率在增加。总资产周转率提高的同时，销售净利率的减少阻碍了总资产净利率的增加。

(3) 对销售净利率的分析。

$$销售净利率 = \frac{净利润}{销售收入}$$

2019 年　　　　　2.5% = 10 284.04 ÷ 411 224.01
2020 年　　　　　1.67% = 12 653.92 ÷ 757 613.81

该企业 2020 年大幅提高了销售收入，但是净利润的提高幅度却很小，分析其原因是成本费用增多，从表 6-5 可知，全部成本从 2019 年的 403 967.43 万元增加到 2020 年的 736 747.24 万元，与销售收入的增加幅度大致相当。

(4) 对全部成本的分析。

$$全部成本 = 制造成本 + 销售费用 + 管理费用 + 财务费用$$

2019 年　　403 967.43 = 373 534.53 + 10 203.05 + 18 667.77 + 1 562.08
2020 年　　736 747.24 = 684 261.91 + 21 740.96 + 25 718.20 + 5 026.17

本例中，导致该企业净资产收益率小的主要原因是全部成本过大。也正是因为全部成本的大幅提高导致了净利润提高幅度不大，而销售收入大幅增加，就引起了销售净利率的降低，显示出该企业销售盈利能力的降低。资产净利率的提高当归功于总资产周转率的提高，销售净利率的减少却起到了阻碍的作用。

(5) 对权益乘数的分析。

$$权益乘数 = \frac{资产总额}{权益总额}$$

2019 年　　　　$3.05 = \dfrac{306\ 222.94}{306\ 222.94 - 205\ 677.07}$

2020 年　　　　$2.88 = \dfrac{330\ 580.21}{330\ 580.21 - 215\ 659.54}$

该企业的权益乘数下降，说明企业的资本结构在 2019 年至 2020 年发生了变动，2020 年的权益乘数较 2019 年有所减少。权益乘数越小，企业负债程度越低，偿还债务能力越强，财务风险有所降低。这个指标同时也反映了财务杠杆对利润水平的影响。该企业的权益乘数一直位于 2~5，即负债率为 50%~80%，属于激进战略型企业。管理者应该准确把握企业所处的环境，准确预测利润，合理控制负债带来的风险。

(6) 结论。

对于该企业，最为重要的就是要努力降低各项成本，在控制成本上下功夫，同时要保持较高的总资产周转率。这样，可以使销售净利率得到提高，进而使总资产净利率有大的提高。

【例 9-32】 光明玻璃股份有限公司（上市公司）的杜邦财务分析案例。

光明玻璃股份有限公司是拥有 30 多年历史的大型玻璃生产基地。近年来机遇和挑战并存，公司为了确保在未来市场逐渐扩展的同时，使经济效益稳步上升，维持行业排头兵的位置，拟对公司近两年的财务状况和经济效益情况，运用杜邦财务分析方法进行全面分析，以便找出公司在这方面取得的成绩和存在的问题，并针对问题提出改进措施。公司近三年的资产负债表和利润表资料见表 9-7 和表 9-8。

表 9-7　光明玻璃股份有限公司资产负债表　　　　　　单位：千元

资产				负债及所有者权益			
项目	金额			项目	金额		
	前年	上年	本年		前年	上年	本年
流动资产合计	398 400	1 529 200	1 745 300	流动负债合计	395 000	493 900	560 000
长期投资	14 200	68 600	20 900	长期负债合计	31 400	86 200	128 300
固定资产净值	313 200	332 300	473 400	负债总计	426 400	580 100	688 300
在建工程	21 510	31 600	129 500				
递延资产		100 000	6 900				
无形及其他资产		147 500	155 500	所有者权益合计	320 910	1 629 100	1 843 200
资产总计	747 310	2 209 200	2 531 500	权益合计	747 310	2 209 200	2 531 500

表 9-8　光明玻璃股份有限公司利润表　　　　　　单位：千元

项目	金额		
	前年	上年	本年
一、产品销售收入	881 000	948 800	989 700
减：产品销售成本	316 400	391 000	420 500
产品销售费用	9 900	52 700	43 500
产品销售税金	95 300	99 600	89 000
二、产品销售利润	459 400	405 500	436 700
加：其他业务利润			
减：管理费用	164 900	107 000	97 200
财务费用	13 400	3 600	18 500
三、营业利润	281 100	294 900	321 000
加：投资收益			
营业外收入			
减：营业外支出			
四、利润总额	281 100	294 900	321 000
减：所得税	84 330	88 470	96 300
五、净利润	196 770	206 430	224 700

要求：

(1) 计算该公司上年和本年的净资产收益率，并确定本年较上年的总差异。

(2) 对净资产收益率的总差异进行总资产净利率和权益乘数的两因素分析，并确定各因素变动对总差异影响的份额。

(3) 对总资产净利率的总差异进行销售净利率和总资产周转率的两因素分析，确定各因素变动对总资产净利率的总差异影响的份额。

(4) 对两年销售净利率的变动总差异进行构成比率因素分析，找出各构成比率变动对总差异的影响份额。

（5）运用上述分析的结果，归纳影响该公司净资产收益率变动的有利因素和不利因素，找出产生不利因素的主要问题和原因，并针对问题提出相应的改进意见，使这些改进建议付诸实施，能促使该公司的生产经营管理更加完善，竞争力更加提高。

解：（1）计算该公司上年和本年的净资产收益率并确定本年较上年的总差异。

① 上年净资产收益率＝206 430÷[（320 910＋1 629 100）÷2]
  ＝206 430÷975 005
  ＝21.17％

② 本年净资产收益率＝224 700÷[（1 629 100＋1 843 200）÷2]
  ＝224 700÷1 736 150
  ＝12.94％

③ 本年净资产收益率较上年总差异＝12.94％－21.17％
  ＝－8.23％

计算结果表明，本年较上年净资产收益率下降了8.23％。

（2）对净资产收益率的总差异进行总资产净利率和权益乘数两因素分析，并确定各因素变动对总差异影响的份额。

① 上年净资产收益率＝上年总资产净利率×上年权益乘数
  ＝{206 430÷[（74 7310＋2 209 200）÷2]}×{[（747 310
  ＋2 209 200）÷2]÷[（320 910＋1 629 100）÷2]}
  ＝（206 430÷1 478 255）×（1 478 255÷975 005）
  ＝13.96％×1.516 2
  ＝21.17％

② 本年净资产收益率＝本年总资产净利率×本年权益乘数
  ＝{224 700÷[（2 209 200＋2 531 500）÷2]}×{[（2 209 200
  ＋2 531 500）÷2]÷[（1 629 100＋1 843 200）÷2]}
  ＝（224 700÷2 370 350）×（2 370 350÷1 736 150）
  ＝9.48％×1.365 3
  ＝12.94％

③ 总资产净利率变动对净资产收益率的影响＝（9.48％－13.96％）×1.516 2
  ＝－6.8％

④ 权益乘数变动对净资产收益率的影响＝9.48％×（1.365 3－1.516 2）
  ＝－1.43％

（3）对总资产净利率的总差异进行销售净利率和总资产周转率的两因素分析，确定各因素变动对总资产净利率的总差异的影响份额。

① 上年总资产净利率＝上年销售净利率×上年总资产周转率
  ＝（上年净利润÷上年销售收入）×（上年销售收入÷平均资产总额）
  ＝（206 430÷948 800）×{948 800÷[（747 310＋2 209 200）÷2]}

$$=21.75\% \times 0.641\ 8$$
$$=13.96\%$$

② 本年总资产净利率＝本年销售净利率×本年总资产周转率
$$=(224\ 700 \div 989\ 700) \times (989\ 700 \div 2\ 370\ 350)$$
$$=22.70\% \times 0.417\ 5$$
$$=9.84\%$$

③ 本年总资产净利率较上年总差异＝$9.48\% - 13.96\%$
$$=-4.48\%$$

④ 销售净利率变动对总差异的影响＝$(22.70\% - 21.75\%) \times 0.641\ 8$
$$=0.61\%$$

⑤ 总资产周转率变动对总差异的影响＝$22.70\% \times (0.417\ 5 - 0.641\ 8)$
$$=-5.09\%$$

(4) 对两年销售净利率的变动总差异进行构成比率分析，找出各构成比率变动的对总差异的影响份额。

① 本年较上年销售净利率总差异＝$22.70\% - 21.75\%$
$$=0.95\%$$

② 销售成本率的变动影响＝$(391\ 000 \div 948\ 800) - (420\ 500 \div 989\ 700)$
$$=41.21\% - 42.49\%$$
$$=-1.28\%$$

③ 销售费用率的变动影响＝$(52\ 700 \div 948\ 800) - (43\ 500 \div 989\ 700)$
$$=5.55\% - 4.40\%$$
$$=1.15\%$$

④ 销售税金率的变动影响＝$(99\ 600 \div 948\ 800) - (89\ 000 \div 989\ 700)$
$$=10.5\% - 9\%$$
$$=1.5\%$$

⑤ 销售管理费用率的变动影响＝$(107\ 000 \div 948\ 800) - (97\ 200 \div 989\ 700)$
$$=11.28\% - 9.82\%$$
$$=1.46\%$$

⑥ 销售财务费用率的变动影响＝$(3\ 600 \div 948\ 800) - (18\ 500 \div 989\ 700)$
$$=0.38\% - 1.87\%$$
$$=-1.49\%$$

⑦ 销售所得税金率的变动影响＝$(88\ 470 \div 948\ 800) - (96\ 300 \div 989\ 700)$
$$=9.32\% - 9.73\%$$
$$=-0.41\%$$

⑧ 汇总差异＝$-1.28\% + 1.15\% + 1.5\% + 1.46\% - 1.49\% - 0.41\%$
$$=0.93\%$$

(5) 通过上述分析可得以下结论。

该公司的净资产收益率本年较上年减少了8.23%，影响此总差异的直接原因主要有总资产净利率和权益乘数，计算结果表明，此两种因素从总体上看均为不利因素，其中总资产净利率下降影响份额为 6.8%，权益乘数下降影响份额为 1.43%。对于权益乘数下降所引起的对净资产收益率影响，今后可考虑适当增加负债，利用财务杠杆来改善权益乘数，以提高净资产收益率。引起总资产净利率下降的主要原因是总资产周转率的延缓，对于这个不利因素，今后要通过强化企业管理，优化资源管理，缩短生产经营周期，加强资金周转来解决。在总资产净利率下降这个不利因素中也有积极的一面，即销售净利率提高的积极影响被总资产周转率下降产生的消极影响所掩盖。销售净利润的上升，总体来看是积极因素，引起其上升的有利因素主要有三个：销售费用率下降、销售税金率下降和销售管理费用率下降。但是也应该注意，在销售上升的积极因素中，也包含三个不利因素，即销售成本率、销售财务费用率和销售所得税金率的升高，只是这三个因素的升高对销售净利率的负影响被前三个有利因素的正影响所抵消。由于税金因素是客观因素，企业主要是适应，所以提高销售净利率，企业主要应从其他四个方面挖掘潜力，具体建议是：继续巩固和扩展销售费用率和销售管理费用率的降低的成果，今后的工作重点应放在狠抓销售成本率的降低上。至于销售财务费用率的上升问题，应把它与利用财务杠杆引起的销售净利率的提高加以对比才能做出正确的判断。

二、沃尔评分法

企业财务综合分析的先驱者之一是亚历山大·沃尔。他在 20 世纪初出版的《信用晴雨表研究》和《财务报表比率分析》中提出了信用能力指数的概念，他把若干个财务比率用线性关系结合起来，以此来评价企业的信用水平，被称为沃尔评分法。他选择了七种财务比率，分别给定了其在总评价中所占的比重，总和为 100 分；然后，确定标准比率，并与实际比率相比较，评出每项指标的得分，求出总评分。

【例 9-33】 某企业是一家中型电力企业，2020 年的财务状况评分结果见表 9-9。要求：运用沃尔评分法进行分析。

表 9-9 某企业沃尔综合评分表

财务比率	比重①	标准比率②	实际比率③	相对比率④=③÷②	综合指数⑤=①×④
流动比率	25	2.00	1.66	0.83	20.75
净资产/负债	25	1.50	2.39	1.59	39.75
资产/固定资产	15	2.50	1.84	0.736	11.04
销售成本/存货	10	8	9.94	1.243	12.43
销售收入/应收账款	10	6	8.61	1.435	14.35
销售收入/固定资产	10	4	0.55	0.1375	1.38
销售收入/净资产	5	3	0.40	0.133	0.67
合计	100				100.37

解：从表 9-9 可知，该企业的综合指数为 100.37，总体财务状况是不错的，综合评分达到了标准的要求。但由于该方法技术上的缺陷，夸大了达到标准的程度。尽管沃尔评分法在理论上还有待证明，在技术上也不完善，但它还是在实践中被广泛地加以应用。

沃尔评分法从理论上讲有一个弱点,就是不能证明为什么要选择这七个指标,而不是更多些或更少些,或者选择别的财务比率,以及不能证明每个指标所占比重的合理性。沃尔的分析法从技术上讲有一个问题,就是当某一个指标严重异常时,会对综合指数产生不合逻辑的重大影响。这个缺陷是由相对比率与比重相"乘"而引起的。财务比率提高一倍,其综合指数增加100%;而财务比率缩小至原来的50%,其综合指数只减少50%。

现代社会与沃尔的时代相比,已有很大的变化。一般认为企业财务评价的内容首先是盈利能力,其次是偿债能力,再次是成长能力,它们之间大致可按5:3:2的比例来进行分配。盈利能力的主要指标是总资产报酬率、销售净利率和净资产收益率,这三个指标可按2:2:1的比例来安排。偿债能力有四个常用指标,成长能力有三个常用指标(都是本年增量与上年实际量的比值)。假定仍以100分为总评分。

【例9-34】 沿用例9-33,以中型电力生产企业的标准值为评价基础,则其综合评分标准见表9-10。

表9-10 综合评分表

指标	评分值	标准比率/%	行业最高比率/%	最高评分	最低评分	每分比率的差
盈利能力:						
总资产报酬率	20	5.5	15.8	30	10	1.03
销售净利率	20	26.0	56.2	30	10	3.02
净资产收益率	10	4.4	22.7	15	5	3.66
偿债能力:						
自有资本比率	8	25.9	55.8	12	4	7.475
流动比率	8	95.7	253.6	12	4	39.475
应收账款周转率	8	290	960	12	4	167.5
存货周转率	8	800	3 030	12	4	557.5
成长能力:						
销售增长率	6	2.5	38.9	9	3	12.13
净利增长率	6	10.1	51.2	9	3	13.7
总资产增长率	6	7.3	42.8	9	3	11.83
合 计	100			150	50	

要求:运用沃尔评分法进行分析。

解:标准比率以本行业平均数为基础,在给每个指标评分时,应规定其上限和下限,以减少个别指标异常对总分造成不合理的影响。上限可定为正常评分值的1.5倍,下限可定为正常评分值的0.5。此外,给分不是采用"乘"的关系,而是采用"加"或"减"的关系来处理,以克服沃尔评分法的缺点。例如,总资产报酬率每分比率的差为 1.03%=(15.8%−5.5%)÷(30−20)。总资产报酬率每提高1.03%,多给1分,但该项得分不得超过30分。

根据这种方法,对该企业的财务状况重新进行综合评价,得124.94分(表9-11),是一个中等略偏上水平的企业。

表 9-11 财务情况评分

指 标	实际比率①	标准比率②	差异③=①-②	每分比率的差④	调整分⑤=③÷④	标准评分值⑥	得分⑦=⑤+⑥
盈利能力：							
总资产报酬率	10	5.5	4.5	1.03	4.37	20	24.37
销售净利率	33.54	26.0	7.54	3.02	2.50	20	22.50
净资产收益率	13.83	4.4	9.43	3.66	2.58	10	12.58
偿债能力：							
自有资本比率	72.71	25.9	46.81	7.475	6.26	8	14.26
流动比率	166	95.7	70.3	39.475	1.78	8	9.78
应收账款周转率	861	290	571	167.5	3.41	8	11.41
存货周转率	994	800	194	557.5	0.35	8	8.35
成长能力：							
销售增长率	17.7	2.5	15.2	12.13	1.25	6	7.25
净利增长率	-1.74	10.1	-11.84	13.7	-0.86	6	5.14
总资产增长率	46.36	7.3	39.06	11.83	3.30	6	9.30
合 计						100	124.94

沃尔评分法是评价企业总体财务状况的一种相对比较可取与实用的方法，这一方法的关键在于指标的选定、权重的分配以及标准值的确定等。

同 步 测 试

一、单项选择题

1. 对资产负债率的正确评价有（　　）。
   A. 从债权人角度看，负债比率越大越好
   B. 从债权人角度看，负债比率大小无所谓
   C. 从股东角度看，负债比率越高越好
   D. 从股东角度看，当全部资本利润率高于债务利息率时，负债比率越高越好
2. 如果流动比率过高，意味着企业存在以下几种可能（　　）。
   A. 不存在闲置现金　　　　　　　　B. 不存在存货积压
   C. 应收账款周转缓慢　　　　　　　D. 偿债能力很差
3. 若流动比率大于1，则下列结论一定成立的是（　　）。
   A. 速动比率大于1　　　　　　　　B. 营运资金大于零
   C. 资产负债率大于1　　　　　　　D. 短期偿债能力绝对有保障
4. 计算速动比率时，从流动资产中扣除存货的重要原因不包括（　　）。
   A. 存货的价值较大　　　　　　　　B. 存货的质量难以保证

  C. 存货的变现能力较弱   D. 存货的变现能力不稳定

5. 下列不属于短期偿债能力指标的是（　　）。
  A. 流动比率   B. 速动比率
  C. 产权比率   D. 现金流动负债比率

6. 下列经济业务会使企业的速动比率提高的是（　　）。
  A. 销售产成品   B. 收回应收账款
  C. 购买短期债券   D. 用固定资产对外进行长期投资

7. 由于存在（　　）情况，流动比率往往不能正确反映偿债能力。
  A. 大量销售为赊销   B. 年末销售大幅度变动
  C. 企业销售均衡   D. 不使用分期付款结算方式

8. 在利息保障倍数指标中，利息费用是指本期发生的全部应付利息，不仅包括计入财务费用的利息费用，还应包括（　　）。
  A. 汇兑损溢
  B. 购建固定资产而发行债券的当年利息
  C. 固定资产已投入使用之后的应付债券利息
  D. 银行存款利息收入

9. 当销售利润率一定时，投资报酬率的高低直接取决于（　　）。
  A. 销售收入的多少   B. 营业利润的高低
  C. 投资收益的大小   D. 资产周转率的快慢

10. 在计算总资产周转率时使用的收入指标是（　　）。
  A. 补贴收入   B. 其他业务收入
  C. 投资收入   D. 主营业务收入

11. 销售毛利率指标具有明显的行业特点，一般来说，（　　）毛利率水平比较低。
  A. 重工业企业   B. 轻工业企业
  C. 商品零售行业   D. 服务行业

12. 企业当年实现销售收入 3 800 万元，净利润 480 万元，资产周转率为 3，则总资产收益率为（　　）。
  A. 4.21%   B. 12.63%   C. 25.26%   D. 37.89%

13. 必须对企业经营理财的各个方面，包括营运能力、偿债能力、获利能力及发展能力的全部信息予以详尽地了解和掌握的是（　　）。
  A. 企业所有者   B. 企业经营决策者
  C. 企业债权人   D. 政府

14. 下列公式中不正确的是（　　）。
  A. 经营净收益＝净利润－非经营净收益
  B. 经营所得现金＝经营净收益＋非付现费用
  C. 净收益营运指数＝$\dfrac{经营净收益}{净利润}$
  D. 销售现金比率＝$\dfrac{经营活动现金流量净额}{经营所得现金}$

15. 影响速动比率可信性的重要因素是（ ）。
    A. 存货的变现能力   B. 交易性金融资产的变现能力
    C. 长期股权投资的变现能力   D. 应收账款的变现能力
16. 不能反映企业盈利能力的财务指标有（ ）。
    A. 资产利润率   B. 销售利润率
    C. 资产负债率   D. 净资产收益率
17. 净资产收益率＝（ ）。
    A. $\dfrac{净利润}{净资产}$ B. $\dfrac{净利润}{股权资本}$
    C. $\dfrac{利润总额}{股权资本}$ D. $\dfrac{税后利润}{所有者权益}$
18. 销售毛利率＋（ ）＝1。
    A. 变动成本率   B. 销售成本率
    C. 成本费用率   D. 销售利润率
19. 庆英公司 2019 年实现利润情况如下：主营业务利润 3 000 万元，其他业务利润 68 万元，资产减值准备 56 万元，营业费用 280 万元，管理费用 320 万元，主营业务收入实现 4 800 万元，则营业利润率是（ ）。
    A. 62.5%   B. 64.2%   C. 51.4%   D. 50.25%
20. 下列不属于影响企业股票市盈率的因素是（ ）
    A. 公司盈利能力的成长性   B. 公司报酬的稳定性
    C. 利率变动   D. 长期借款的增加

二、多项选择题

1. 下列各项中，在其他因素不变的情况下，可以减少总资产周转率的有（ ）。
    A. 用银行存款购置固定资产   B. 平均应收账款余额增加
    C. 现金多余时将其购买有价证券   D. 营业收入减少
2. 下列各项中，属于评价企业债务风险状况基本指标的有（ ）。
    A. 资产负债率   B. 已获利息倍数
    C. 速动比率   D. 或有负债比率
3. 下列经济业务会影响企业存货周转率的是（ ）。
    A. 收回应收账款   B. 销售产成品
    C. 期末购买存货   D. 偿付应付账款
4. 总资产收益率是反映企业（ ）的指标。
    A. 资产综合利用效果   B. 企业总资产获利能力
    C. 偿债能力   D. 资金周转效率
5. 应收账款周转率下降的原因主要有（ ）。
    A. 赊销的比率   B. 客户故意拖延
    C. 企业的收账政策   D. 企业的信用政策
6. 下列关于市盈率的说法中，正确的有（ ）。

A. 市盈率越高，意味着企业未来成长的潜力越大
B. 上市公司的市盈率一直是广大股票投资者进行短期投资的重要决策指标
C. 市盈率越高，说明投资于该股票的风险越大
D. 市盈率越高，投资者对该股票的评价越高

7. 提高销售净利率的途径主要包括（　　）。
   A. 扩大销售收入　　　　　　B. 提高负债比率
   C. 降低成本费用　　　　　　D. 提高成本费用

8. 下列说法正确的有（　　）。
   A. 上市公司每股股利发放多少，除受上市公司获利能力大小影响以外，还取决于企业的股利发放政策
   B. 上市公司的市盈率一直是广大股票投资者进行短期投资的重要决策指标
   C. 市盈率越高，意味着企业未来成长的潜力越大，也即投资者对该股票的评价越高
   D. 市净率 $=\dfrac{\text{每股市价}}{\text{每股净利润}}$

9. 影响企业资产周转率（资产运用效率）的因素包括（　　）。
   A. 企业所处行业及其经营背景　　B. 企业经营周期长短
   C. 资产的构成及其质量　　　　　D. 企业采用的财务政策

10. 盈余现金保障倍数反映了（　　）。
    A. 企业盈余的质量
    B. 减少了权责发生制会计对收益的操纵
    C. 经营现金净流量同净利润的比值
    D. 该指标越大越好

三、计算题

1. 大发公司2019年资产负债表和利润表见表9-12和表9-13。

表9-12　大发公司资产负债表　　　　　单位：万元

资　产	期初数	期末数	负债及所有者权益	期初数	期末数
流动资产			流动负债		
现金	120	130	短期借款	210	200
应收账款	240	270	应付账款	280	400
存货	310	300	流动负债合计	490	600
流动资产合计	670	700	长期负债	260	300
固定资产	710	880	所有者权益		
无形资产	170	220	实收资本	600	600
			资本公积	60	80
			盈余公积	140	220
			所有者权益合计	800	900
资产总计	1 550	1 800	负债及所有者权益合计	1 550	1 800

表 9-13 大发公司利润表　　　　　　　　　　　　单位：万元

项　目	金　额
一、主营业务收入净额	1800
减：主营业务成本	1321
主营业务税金及附加	55
主营业务营业费用	85
二、主营业务利润	339
加：其他业务利润	12
减：管理费用	170
财务费用	30
三、营业利润	151
加：营业外净收支	6
四、利润总额	157
减：所得税	52
五、税后利润	105

要求：试计算如下指标，并根据指标的计算结果对该公司的财务状况加以分析。

(1) 应收账款周转次数、应收账款周转天数。

(2) 存货周转次数、存货周转天数、营业周期。

(3) 速动比率。

(4) 现金比率。

(5) 有形净值债务率。

(6) 销售利润率。

(7) 实收资本收益率。

(8) 产权比率。

2. 某企业 2020 年销售收入为 1 000 万元，销售净利率为 20%，该公司的普通股股数为 50 万股，目前每股市价 25 元，公司计划下年每季度发放现金股利每股 0.25 元。下年度资金预算需 700 万元，按资产负债率 50% 的比例筹资。要求：

(1) 计算每股收益。

(2) 计算市盈率。

(3) 计算公司下年尚需从外部筹措的权益资金。

3. A 公司是国内具有一定知名度的大型企业集团，近年来一直致力于品牌推广和规模扩张，每年资产规模保持 20% 以上的增幅。为了对各控股子公司进行有效的业绩评价，A 公司从 2012 年开始采用了综合绩效评价方法，从盈利能力、资产质量、债务风险和经营增长状况四个方面对各控股子公司财务绩效进行定量评价。同时，A 公司还从战略管理、发展创新、经营决策、风险控制、基础管理、人力资源、行业影响和社会贡献八个方面对各控股子公司进行管理绩效定性评价。

为便于操作，A 公司选取财务指标中权数最高的基本财务指标——净资产收益率作为标准，对净资产收益率达到 15% 及以上的子公司总经理进行奖励，奖励水平为该总经

理当年年薪的20%。表9-14为A公司下属的M控股子公司2019年的相关财务数据。

表 9-14　A 公司下属的 M 控股子公司 2019 年的相关财务数据

项　目	金额/亿元
营业收入	7.48
利息支出	0.12
利润总额	0.36
净利润	0.26
平均负债总额	3.06
平均资产总额	6.8

要求：

(1) 分别计算M公司2019年的下列财务指标：①息税前利润；②财务杠杆系数；③营业净利率；④总资产周转率；⑤权益乘数；⑥净资产收益率。

(2) 判断A公司仅使用净资产收益率作为标准对子公司总经理进行奖励是否恰当，并简要说明理由。

实 训 项 目

1. 创业财务计划书中财务报表分析

编制本组创业计划未来3年的预计收入、支出明细表，据此编制未来3年的资产负债表和利润表，并进行初步的财务分析。

2. 关于具体企业的财务报表分析

按教学班级进行分组，每组5～8人，由学校出面联系和学校签订实训基地协议的一家企业，用其最近三年财务报表做财务比率分析，到网上或图书馆找出最能代表该行业的数据作为比较参数，做出评价和结论，由每组组长完成调查分析报告的撰写。

参 考 文 献

[1] 财政部会计资格评价中心. 财务管理 [M]. 北京：经济科学出版社，2020.

[2] 姚江红，张荣斌. 财务管理 [M]. 南京：南京大学出版社，2019.

[3] 汪平. 财务理论 [M]. 北京：经济管理出版社，2008.

[4] 斯蒂芬 A. 罗斯，伦道夫 W. 威斯特菲尔德，杰弗利 F·杰富. 公司理财 [M]. 吴世农，沈艺峰，王志强，等译. 北京：机械工业出版社，2017.

[5] 埃斯瓦斯·达莫达兰. 估值：难点、解决方案及相关案例 [M]. 李必龙，李羿，郭海，等译. 北京：经济管理出版社，2015.